実録
7人の勝負師

成金鈴久
松谷天一坊
非命の栄之助
白眉の入丸将軍
梟雄島徳
不敗のヘ昭
天下の雨敬

1. 成金鈴久（鈴木久五郎）

伝説の大盤振舞い、槿花一日の栄

2. 松谷天一坊（松谷元三郎）
一文無しで堂島乗っ取る

3. 非命の栄之助（岩本 栄之助）
悲運、されど公会堂と共に在る

4. 白眉の入丸将軍（村上太三郎）
売りで勝負、大々相場師

5. 梟雄島徳（島徳蔵）
「悪名でもいい、無名よりましだ」

6. 不敗の〈昭《やましょう》〉（霜村 昭平）相場こそわが人生

7. 天下の雨敬（雨宮 敬次郎）
投機界の魔王は事業の鬼

Kyugoro Suzuki
1877-1943

1

成金鈴久（鈴木久五郎）

伝説の大盤振舞い、槿花一日の栄

鈴久が季節のあいさつに大隈重信伯を訪れたのは明治38（1905）年8月のことだった。日露戦勝景気で兜町は沸き返っていた。鈴久は儲け頭で、成金王と呼ばれた。時に28歳、資産1、000万円、現在の価値にしてざっと500億円の巨額にのぼる。すべて株の儲け、それも計算上の利益で、現金はわずかしか持っていなかった。大隈は鈴久のポートフォリオ（資産構成）に危うさを感じた。

大隈伯の忠告を無視

大隈「名将というものは、予備兵を沢山持っておらねばならぬ。これがないと名将ではない。見よ、武力で全欧州を圧したナポレオンは予備兵を持たなかったために、モスクワの一戦で一敗地にまみれ、セントヘレナの孤島に流され、あわれな最期を遂げたではないか。商売人の予備兵は現金だ。しかるに君は現金がないと言うではないか。即ち君には名将の資格はない。株券ばかりではダメだ。それを売って三分の一を現金に、三分の一を地面とし、残りの三分の一だけを株券として置かねばならぬ」

鈴久は儲けたカネを次々と株に投じ、典型的な「利乗せ」型の相場師であった。鈴久は後年、「私がもし、大隈伯の忠告を聞いていたならば、恐らく失敗はしなかったであろう」と後悔のホゾを噛む。

なにぶんにも当時は買えば上がり、上がるからさらに買うというバブル景気のド真ん中にいたのだから、大隈の財産三分法など馬耳東風であった。そのころの兜町ではこんな戯歌《ざれうた》がはやっていた。

仕手株は魔性でござる　天国と地獄を結ぶ花電車
知らぬ人こそ乗らぬが華よ　乗れば悪女の深なさけ
天井三日に底百日

仕手株に浮かれる相場師たちを戒める歌にも鈴久は耳を貸そうとはしなかった。10年前の日清戦争の時にも大バブルが発生し、大小成金が戦後のバブル崩壊でぺしゃんこになった。だが、「あの時とは違う」と人々は買い進んだ。歴史の教えには目もくれず、買い方に陣取った。その先頭に立ったのが鈴久である。当時の指標銘柄は兜町では東株(東京株式取引所株)、北浜では大株（大阪株式取引所株）である。明治39年5月—12月の東株の値動きをみておこう。（大引値、単位円）

5月15日	183・70	6月15日	178・00
7月14日	217・80	8月15日	237・00
9月15日	256・50	10月15日	340・10
11月15日	399・95	12月15日	442・50

大隈邸を訪れた時より、株価は一段と上昇に弾みが付き、鈴久は「やはり私の方が勝った。伯を机上の空論家視しておった」と述懐している。確かに明治39年末の大納会では513円95銭にまでハネ上がり、翌40年1月4日の大発会は558円50銭、15日には699円と新高値をつけ、17日には東株史上、空前絶後の780円をつけた。この頃になると東株1、000円説は市場の大勢になった。が、これが槍ヶ岳の絶頂となって大滑降へと局面は大転換する。明治40年前半の値動きは以下の通り。

1月15日	699・00	2月15日	589・50
3月15日	465・00	4月15日	202・30
5月15日	150・00	6月15日	127・00

鈴久が次に大隈を訪ねたのは40年6月24日のこと。その2日後に鈴久が経営する丸吉という屋号の仲買店が閉店に追い込まれた。

「なにしろ100日ばかりで1、000万円以上の金が消えてしまったのだから随分こたえた。ことに取付けには困った。閉店する2日前に大隈伯のところへ行って、伯の厚意と自分が忠告に従わなかった不明を謝し、再び人間になったらお伺いしましょうと訣別したら、その時の伯の言葉には『病膏肓《こうこう》に入っては、耆婆《きば》扁鵲《へんじゃく》*の妙薬といえども致し方がない。ただ死に際を立派にしろ』と、重ねて道理ある忠告を与えられた」（実業之世界社編「三怪物の自白」）

＊耆婆＝釈尊の弟子、名医として有名。扁鵲＝戦国時代の名医。耆婆と並称される。

右の引用文中で「取付け……」とあるのは、鈴木家は埼玉県下でも有数の資産家で兄鈴木久右衛門は鈴木銀行（本店は春日部）を開いていたが「鈴久危うし」の報に、鈴木銀行が取付け騒動に陥ったことを意味する。鈴久は同銀行の東京支店長であった。

一介の青年相場師と大隈伯との結び付きはどこら辺にあったのか。鈴久は大隈邸に妹を女中奉公させるという手を講じた。そのころ鈴久の名も世間に知られ始めていたが、まず妹を大隈邸に乗り込ませ、やおら本人が名乗り出る。初めて大隈邸を訪ねるに際し、手ぶらで出掛け、「先生の東京専門学校（現早稲田大学）に10万円寄付したい」と申し出た。

大隈は大喜びするかと思ったら、「君とは初めて会ったばかりで寄付をもらうわけには参らぬ。私が色々と面倒をみて、その礼として寄付をいただきたい」といったんは断った。大隈は学問の大切さを説き、先生方を紹介したり、「相場の材料も大隈さんから早耳したことも一度や二度ではなかった」（本人談）。こうして鈴久は大隈邸をしばしば訪問するようになる。

連夜の大盤振舞い

兜町事情に精しい長谷川光太郎は「財界盛衰記」の中で次のように述べている。

「日露戦争後の財界動揺の波に乗じ、利得したものは各方面に沢山あった。砂糖で儲けたもの、船で利得したもの、外米で思わぬ利を収めたもの等々、数限りなくあったが、ことに株で一攫千金の夢に遊んだ者は随分あった。その中で鈴久はその尤《ゆう》なるもので、『成金』という言葉は彼によって初めて生まれた。……担保に取った鐘紡株の処分に際し、うまい汁を吸ったのが病みつき、日露戦争の始まったころから鐘紡一点張りで利乗せ、利乗せで買いまくって、明治39年春には早くも350万円を利得したと噂されたもので……」

新聞は鈴久を大きく取り上げ、3人寄ると鈴久の話題で持ち切りとなる。会社でも、酒場でも、28歳の青年が大金をつかんだと、スーパーヒーローの誕生は羨望と称賛の的。東株1、000円説もまことしやかに謳われるようになる。鈴久の株商いは鐘紡から始まり、日糖、東鉄（東京鉄道）、東株と人気株を総ナメにする勢いで、夜毎の鈴久の大盤振舞いが尾ヒレをつけて喧伝されるのもそのころだ。

「連夜のように新橋、赤坂、柳橋と泳ぎ回り、新橋では名古屋の瀧兵右衛門氏と一緒に芸者、幇間を呼んで銀貨をまいたり、芸者を真っ裸にして、口で紙幣を拾わせたり、明治40年春には『鈴久買占め芸者』として幾十人かの芸妓に自分の紋所のついた晴れ着を贈ったり、御祝儀が時価700円の東株の株券だったりしたもので、鈴久から東株をもらったばかりに、葭町の百尺（料亭）のおやじなどは株式の味をしめて、その後ガラを食って、身動きができなくなったというような話もある」（同）

鈴久は140年に及ぶ兜町興亡史の中でひと際突出した成金振りと極端な没落振りで、110年経った今も語り継がれる。「明治大正成金没落史」という珍書があるが、ここでも鈴久は多くのスペースを占めている。

「あの野放図もない馬鹿げた、そして下劣な遊びをしたのもこの時であった。鈴久がかの紀文と共にわが国成金史の随一といわれるのは、この馬鹿げた浪費者という意味であって、必ずしも儲けた金高から割り出したものではない。彼は芳町から新橋にかけて、その日その日、馬鹿げた遊びのありったけをした。時には集まった芸者に1、000円の札束をジャンケンで分けてやるのはまだしも、友人知己を待合いに招待して丸裸の芸者に配膳させたというほどに、下劣野卑な遊び方を至るところで繰り返した」

「成金没落史」の著者は短い文章の中で〝馬鹿げた〟を連発するが、針小棒大、尾ヒレ胸ビレ一杯付けて鈴久伝説が広がって行った。当時の1、000円は今なら数百万円の価値がある。だが、本人はすこぶる真面目で、「わが輩をもって世間が単なる相場師となすならば、それは少なくともわが輩の半面を誤解したものである」と居直る。先年、日本中を席巻したホリエモンや村上ファンドの先駆けのようにも映る。

馬場金助の侠気で窮地脱出

鈴久（1877～1944）は明治10年、埼玉県粕壁（現春日部市）の資産家の次男に生まれた。鈴木家は代々兵右衛門を襲名し、祖父に当たる第5代兵右衛門が一代で100万円の資産を作った豪傑である。酒造業のかたわらコメ相場で大儲けし、その儲けた金で地所を買い、明治維新後の経済動乱に乗じて儲けを膨らました。

鈴久は13歳で上京、叔父中村清蔵の営む深川の米穀問屋「上清《じょうせい》」で奉公する。上清とは出身地にちなんだ「上総《かずさ》の中村清蔵」に由来するが、鈴久が仕えるのは3代目で、コメ相場師として深川（現物）と蛎殻町（先物）の両市場を股にかけて大きな商いをやっていた。大の遊び人で花柳界では「水揚げの上清さん」で鳴り響いていた。新橋芸者のつや栄姐さんが回想録「紅燈秘話　新橋三代記」で語っている。

「中村上清さんって言ったら大したものだったわ。蛎殻町の人でしょう。柳橋辺りでいい芸者はたいがい、水揚げされているんだわ」

鈴久は20歳まで7年間、3代目上清のもとで修業する。その間、つくづく思ったことがある。それは、上清にせよ、天下の糸平にせよ、雨宮敬次郎にせよ、大阪の五代友厚にせよ、一代で身上をつくった人は皆相場で儲けているということだった。鈴久は「天下に名を成すには相場をおいて他にない」と心に決めた。これより先、兄の7代目久右衛門は鈴木銀行を開業、明治35年9月、日本橋小網町に鈴木銀行東京支店を開設、鈴久が25歳で支店長となる。

同37年2月、日露戦争が勃発するが、長期戦化の様相を呈したため、外国を見てこようと同年11月にロンドンに向け出発した。途中、上海に滞在中、二〇三高地が日本軍の手に落ちたことを知ると、ロンドン辺りで英語など勉強する場合ではないと、東京に舞い戻る。鈴久は戦勝を見越して株を買いまくった。

100万円を投じて日糖株、郵船株、鐘紡、東鉄、東株などを買込んだ。予想通り戦争には勝ったが、景気はすこぶる悪い。賠償金は一文も取れず、樺太の半分を獲っただけで、国民は激昂、日比谷公園の焼き討ち事件となり、戒厳令が敷かれる状況で、株価は暴落、追証（追加証拠金）攻めに遭う。某新聞が鈴木銀行は株式投資に失敗して破産するなどという号外を出したため取付けが起こった。

鈴久は金策に奔走した。横浜の富豪平沼専蔵の甥、馬場金助に20万円、3代目中村清蔵に10万円など「七所借り《ななとこが》」で80万円をかき集め、銀行の店頭に「夜中といえどもお支払い致します」と大書した提灯を掲げ、どしどし支払った。4日目には取付けはぴたっと止まった。加えて、株価が上向いてきた。鈴久は窮地を脱した。

取付け騒動の中で、鈴久にポンと20万円出した馬場金助の侠気がなかったら、鈴久は無名のまま終わっていたに違いない。鈴久は後日「天下の銀行の全てが私を危険視している際に、馬場氏一人が義侠心をもって私を救済してくれたのである。氏は私の永久に記憶すべき人である」と語っている。

諸井ビルブローカーの顧問をしていた友人の前田二平（後に東京株式取引所理事）の紹介で馬場金助に初めて会った時、馬場は「君が鈴木久五郎君か。噂には聞いていたが余りに若いのでびっくりしたよ。担保はいらない」と言って45日間の期限付きで融資してくれた。馬場は相場師として兜町周辺では知られた人物で、新進気鋭の鈴久が１００万円投じて株式戦で苦戦し、それがもとで取付けを食らっていることを見捨てるに忍びず、助け船を出したのであろう。鈴久の反転攻勢が始まる。

高熱に冒されながらも売買を指令

馬場金助の侠気で窮地を脱した鈴久は伝説的大攻勢に入るが、その直前にひと悶着起こる。難関を突破すべく必死で踏ん張った疲れを癒すため日光見物に出掛けた。待ち受ける新しい戦いのために英気を養うのは相場師の道としては王道である。ウォール街の大物相場師たちも大戦争に勝利するとヨーロッパ大陸に旅行する例は多い。が、鈴久は帰京すると腸チフスにかかって順天堂病院に入院する羽目となる。

高熱に悩まされながらも、鈴久は病院の電話で頻繁に売買の指令を発する。病院側では「横浜及び相場の電話は固くお断り申し候」という札を立てた。しかし、鈴久は電話係を100円（現在なら数10万円）で買収して、相場を止めようとはしない。業を煮やした病院長は鈴久にこう命じた。

「相場というものは非常に頭を使うものだ。相場をやると澄んだ小便が出なくなるというくらいである。40度以上も熱のある病人が相場をやったら命を落としてしまうかもしれん。それでもいいのか。腸チフスで患者が死んだとなると、わが順天堂病院の名誉にかかわる。相場を止めなければ転院してもらう」

腸チフスくらいでは死なないと頑張る鈴久のねばり勝ちで、順天堂に居座り続ける。大晦日になっても全治しないまま、正月は自宅で過ごしたいと、年末ぎりぎりに退院、自宅療養に入る。この時、鈴久は自分の建玉を売買する機関店創設を決断する。

「私は病院を出されてから考えた。他人の店に株の注文をするのは得策ではない。安く買えるものを高く買わされたり、高く売れるものを安く売らされたりする。それに加えて、自分の注文した株を仲買店は正式に取引所につないでいるのであろうか。呑んでいるかもしれない。何万株という持株にもし間違いでも起ころうものならこちらの興廃存亡にかかわる」

当時の仲買は「呑み屋」と「切手屋」と「手張り屋」に分かれていた。大半は顧客の売買注文を丸呑みしてしまう「呑み屋」であった。この場合、客と店が勝負することになる。「手張り屋」は店主自ら相場を張るのが専門でお客をとるようなことはしなかった。今日盛んなプロップハウスに似ている。一方、切手は貼っても相場は張らない「切手屋」は少数派であった。「相場の神様」山崎種二が回想録で述べている。

「悪評高い呑み屋とは正反対に、切手屋はお客からの注文はそっくりそのまま場に通して商いする。郵便配達夫同様の律儀な取引員である。切手を貼っても相場は張らないという切手屋の場合、相場はもう少し下げると思うから買うのは先にしましょうなんどとアドバイスしたりすることはない」(「山種証券五十年史話」)

鈴久は機関店開設に当たって住友銀行東京支店支配人の瀧沢吉三郎に経営を頼んだ。瀧沢が住友吉左衛門に相談すると、「月給が不満か、君が満足するようにするから考え直してくれないか」とのありがたいお言葉。だが、滝沢は鈴久の強引な押しに寄り切られて、丸吉仲買店の采配を預かる。瀧沢は兜町の活況を目の当たりにして、これからは株の時代だと、判断した面もあるだろう。そして鈴久怒濤の買占め劇が幕を切って落とす。まず狙いを定めたのは東京鉄道である。その頃乗車賃は3銭均一であったが、1銭値上げするとの早耳情報が兄鈴木久右衛門からもたらされる。

空前の株集め、支配人真っ青

鈴久は瀧沢に大胆な買いを指示、買いまくった。前場だけでなんと1万3、000株が集まった。値段は69円70銭くらいだった。鈴久は5、000株かせいぜい7、000株くらいだろうと踏んでいた。ところが買いの手を振ると、前後左右から売り物が殺到し、あれよ、あれよという間に想定外の大量の買い物となった。

かつて三井銀行の専務理事中上川彦次郎が北海道炭鉱株の買占めで前場で1、000株、後場で1、000株というのが大量の株集めとして話題になったが、こんどの買いは東株開所来の最高の枚数を記録するに至った。証拠金だけでも4、5万円は必要である。新参者が派手な建玉を持つと地場の古強者に標的にされて、売り浴びせられるのが恐い。瀧沢は鈴久に電話した。「至急、鎧橋たもとの吾妻亭に来てほしい」。責任を痛感した瀧沢はこの時辞職を覚悟していたという。

瀧沢「深追いしてしまって申訳ございません。辞職しておわびしたい」

鈴久「買ってしまったものは仕方がない、辞めるのは武士道ではない。失敗したら、したように第二の計画を立てるのが武士道である。君の失敗はとがめない。失敗を取り戻す道を講ずることが君の責任である」

瀧澤は鈴久ともども早速、三井銀行、第十五銀行と交渉して「2カ月後に4、000株ずつ引受けてもらう」ことに成功する。この時、鈴久は銀行に乗車賃値上げの早耳情報も伝えただろうが、28歳の若造にしてはなかなかの商才である。瀧沢も安堵の胸を撫で下して後場の立会に臨んだ。

後場は50銭高と堅調に寄付いた。丸吉の買いを巡って市場ではさまざまな憶測が飛びかった。村井銀行筋の買いだとか、横浜の外国人の買いだ、いや大手資産家の買いだ、などと噂が噂を呼び、地場の玄人筋もうっかり浴びせると、逆襲に遭うかもしれないと、二の足を踏んだ。小康状態でその日の取引は終わるが、翌日の中外商業新報（現日本経済新聞）が東鉄の買い本尊は鈴久一派であると報じた。鈴久は地場の猛者たちの好餌にされるのを覚悟した。

兜町という街は、若造やにわか成金、飛将軍に対しては手荒い洗礼を浴びせる習わしがある。鈴久も最近、急に名が出てきた白面《はくめん》の相場師である。街の仕来りでいじめられるのを覚悟した鈴久だったが、なぜか、売り浴びせの襲撃には遭わないで済んだ。むしろ、運賃値上げを先取りした買いと、鈴久にチョウチンすらついて、株価は上昇を続けた。2週間後値上げが発表になると、87円という高値をみた。鈴久はそっくり利食い、わずか3週間余りで27、28万円の儲けを手にした。

「鈴久の名はたちまち全国に鳴り響くに至った。鈴久以外にも大当たりの利を占めた連中はいくらもあったのに、一人彼に成金の称を冠したのは、目覚ましい活動と、年にも似合わぬ凄い腕と、今まで株式に深い経験を持たないにもかかわらず、トントン拍子に儲け続けて、一躍株式界の名物男となったからに外ならない」(谷孫六著「鈴久夢物語」)

成金の元祖は鈴久だった

成金という言葉は鈴久に初めて冠されたとされる。もとは将棋の言葉で歩兵が敵陣に攻め込んでいくと金将に大出世することから徒手空拳の徒が巨富の仲間入りすることを指すが、鈴久の生い立ちを考えると、成金という言葉は当たらない。なぜなら鈴木家は埼玉県下屈指の富豪であり、兄は銀行を経営するほどの資産家だったからだ。

ただ、投機を忌み嫌う兄を説き伏せて、資産をひねり出し、いったんは素寒貧になるが、命の恩人馬場金助の緊急融資で生き延び、以来、相場師として兜町の話題を一人占めするばかりか、日本国中にその名を広めたのは、成金と呼ぶにふさわしいかもしれない。揶揄と羨望の意味を込めた成金という言葉が初めてマスコミに登場するのは明治40年3月号の「実業之日本」誌で、「その少し前からはやり出したのであろうか」（森銑三）と専門家はみている。やはり日露戦争バブル景気の寵児・鈴久によって産み出された新語のようである。

閑話休題。東鉄の買いで巨利を占め、今日の価値にして10数億円を稼いだ鈴久の次の一手は、東株の買占めであった。それには訳がある。当時の東株は資本金400万円（払込み250万円）という弱体振りで、建物もお粗末、立会場は狭く人いきれで夏などはむっとする不衛生な状況にあった。ティッカー（相場表示器）もない。これでは外国資本も寄り付かない。東株の資本金を大幅に増強し、中身、外観とも一新させようという大義のもとに株を買い始めた。この時、鈴久は1人で買うのではなく隊伍を組んで買い進んだ。たちまち、1万5、000株を買い集め、過半数を制すると、主な株主を糾合して「丙午会」を組織、資本金を1、200万円に3倍増資することを決議する。だが、大株主の籾山半三郎（元東株監査役）は異を唱えた。

「今は株式市場は大変な景気で盛り上がっているが、必ず反動がくる。その時、増資が重荷になって配当が減るようなことでは困る。日清戦争後に苦い経験をしているではないか。一時の景気に浮かれて増資するのは早計である」

ベテランならではの慎重論である。だが、鈴久は「あなた方は頭が古い」と決め付け、日清戦争景気の時との違いを論じ立てる。

「日清戦争は中国が相手であった。今回は世界最強国といわれたロシアに勝ったのである。同じ勝利でも値打ちが違う。この戦勝の結果、日英同盟はますます強固になり、日仏同盟もできるかもしれない。日米協約もできるかもしれん。フランスの資本もアメリカの資本も入ってくるだろう。彼らは我がおんぼろ取引所を見てどんな感じを抱くだろうか。日露戦争後の日本は世界の日本である。日本がすでに世界的となれば、取引所も世界的に拡充せねばばらぬ」

籾山一派が反論しようとするのを制して、鈴久はまくし立てる。

「古い頭で反対されては困る。あくまで反対されるなら脱会してもらいたい。脱会しないなら丙午会を除名するしかありません」

恐いもの知らずというか、当たり屋の勢いか、業界長老連を屁とも思わぬ青年将校振りに籾山たちも気押されたのか、増資決議に同調するに至る。鈴久たちは増資決議を中野武営東株理事長に突き付ける。

鈴久「理事長は現在の取引所にご満足でしょうか」
中野「満足しているはずがない」
鈴久「それなら一つ改革しようではないですか」
得たりやおうと、改革論をぶつと、中野も「お説の通り」と賛同して、トントン拍子でことは進む。早速「調査会」を発足させ、鈴久の兄久右衛門が会長になって、細目を詰め、3倍増資が決まり、新資本金は1,200万円に充実する。

東株史に残る改革

鈴久は「鈴木久五郎をもって世間が単純なる相場師とするならば、これは少なくとも鈴木久五郎の半面を説明したに過ぎない」と大見得を切る。それも無理はない。「東京株式取引所五十年史」は、増資によって建物の増築のほか次のような改革を実施したことを記録にとどめている。

1. 定期取引は証券の種類により立会場を区分し、証券の増加に伴い、拡張する
2. 直(短期)取引の立会場を拡張して、発展を図る
3. 郵便電信局を取引所内に設ける
4. 相場通信機を設置する

5．内外相場通信、相場表の完備に努める
鈴久は当初、取引所改革のための買占めに乗り出すに当たり、「夏は打ち水をして香水の香りくらいするようにしておかねばならぬ」と語っていたが、この妙案が実施された形跡はない。

社長を追い出す

鈴久は既述の東鉄、東株の買占めに先行して日糖株を買占めた。鈴久によると、単なる値ザヤ稼ぎではなく、製糖業界の大統合を目指して買い進んだという。それというのが、日本における砂糖消費は急増が見込まれているものの、製糖会社はどれもこれも中小、零細企業で海外資本とは勝負にならない、か弱さであった。明治37年に上海に行った際、大きくそびえる2つの会社が目に入った。聞いてみると、ジャーディン・マセソン商会とバッターフィールド製糖会社だという。彼らが日本に攻め込んできたら日本の製糖会社はひとたまりもないだろう。そこで最も有力な日本精糖に目を付け、同社を中心に製糖業界の大合同を図ることになる。この株買占めに当たっては日本精糖の取締役磯村音介と気脈を通じ出動する。磯村は積極経営で知られ、青年相場師・鈴久と呼吸を合わせ、日本精糖の大改革を目指した。守旧派の鈴木藤三郎社長を追い出す作戦である。

「磯村は鈴木久五郎に接近して株を買いあおらせた。当時鈴久は鐘紡株の買占めで大いに勢力を張っていた時とて、これと性格の合う磯村は鈴久と相通じて株を一手に握り、社論を猛進に引き入れようと企んだ」（村木信治著「日本糖業秘史」）

鈴久―磯村派は過半数の株を買占めたところで、総会を開かせ、磯村が専務に昇格、その側近秋山一裕が常務に就任、鈴久が丁稚時代に世話になった「上清」の主人中村清蔵が平取締役として入り、鈴久自身は監査役に就任、経営権を手中に収める。そしてほどなく大阪の日本製糖を合併、大日本製糖の礎を築く。明治39年5月のことだ。

同年12月の総会では、財界の大御所渋沢栄一を担いで相談役とし、消極派の社長・鈴木藤三郎に代えて酒匂常明を社長に迎え、横浜の富豪・渡辺福三郎を取締役に加えるなど、着々と陣容を強化する。この辺りは株数の力をフルに利用する。こうして日本糖業史に名を残す一方、日本買占め史に鈴久の名を不滅にする鐘紡株の仕手戦が勃発する。鈴久はいまや向かうところ敵なしの感がある。次のように語っている。

「東京株式取引所は首尾よく目的を果たし、製糖会社も理想の8分方を貫いた。さて、この次は何の統一を図ろうかと考えた。ふと浮かんだのは紡績業である」

相場の世界では勝利者の名は九天にはね上がるが、敗者は古草履を脱ぎ捨てるように忘れ去られる。だが、日露バブル景気の仇花ともいうべき鈴久青年の名は不滅である。

鐘紡株で呉錦堂と仕手戦

当時は紡績業の勃興期で、東京には鐘ケ淵紡績、富士紡績、東京紡績の三大紡績が競い合い、関西では摂津紡績、大阪紡績、名古屋紡績、三重紡績など多士済々。大小様々な紡績会社の中で製品を輸出しているのは鐘紡くらいのもので、あとは国内市場で同士打ちをしている。これを統合させて、中国など海外市場に販路を開拓しなければ……と考えた。その中核企業として鐘紡に着目、株集めが本格化する。そして鐘紡の大株主である中国出身の怪物、呉錦堂と一大戦争が始まる。

鐘紡は明治22年に東株市場に上場され、古い歴史を持っているが、株価はその年の58円を天井に値下がり、同24年には12円80銭と額面の4分の1にまで落ち込んだ。三井の中上川彦次郎は業績不振を打開するため、豪腕朝吹英二を専務に据えた。朝吹は築地の自宅から木製の自転車に乗って向島の鐘紡本社に通った。日露戦勝景気とともに株価も110円に上昇してきた。そのころ、鐘紡の筆頭株主呉錦堂は4万数千株を持っていた。日本に帰化し、同39年には鐘紡の取締役にも就任する。呉の鐘紡株の買い値は80円前後といわれ大きな含み益を持っていた。

呉は筆頭株主としてじっとしているタイプではなく、高くなれば利食いし、安くなれば買い増したり、鐘紡株を自家薬籠中のものにし、楽しみながら富を増やしていた。ある日、呉錦堂が兜町にやってきた。東株を見学に来たのだが、町中が大騒ぎとなった。鈴久は羨望の眼差しで呉の英姿を仰いだ時のことを述懐している。

「一日、彼は馬車に乗って東京の取引所を見に来たことがあった。その時株屋連中の騒ぎは大変なもので、さあ、呉錦堂が来た。売るか、買うか。売れば安いし、買えば高い。どうなるかと70軒の仲買は彼を見て震えているのである。私は奮然として立ち上がった。一つ戦ってみよう。相手は高の知れたチャンチャンである。一個のチャンチャンを恐れて東京70軒の仲買が手を空にしているとは余りにも意気地のない話ではないか。強敵を発見して私の勇気は百倍した。やっつけてみせる」

この時、鈴久は天下の呉錦堂と鐘紡株で対決する肚を固めた。だが、1人では心もとない。鈴木銀行頭取の兄鈴木久右衛門を金主とし、豪腕相場師富倉林蔵と連合してことに当たる構えである。富倉は神田で回米問屋を営む傍ら、兜町でも仕手として知られていた。明治39年の時点では鐘紡株を1万460株所有し、第3位の大株主である。今日、鈴久が買えば富倉は休み、富倉が買えば鈴久が休むといった具合で戦端は開かれる。さらに縁戚に当たる前出の中村清蔵とも同盟を結び、百戦錬磨の強者中島与平も味方につけ、万全の布陣である。

鈴久連合は145円くらいから買い始め、ジリジリと水準を切り上げ、170円まで上がってくると、ようやく呉が気付いた。呉がドカンと売ると155円に逆戻り。鈴久連合が買うと170円に戻り、呉が再び売る。一高一低火花を散らしながら競り合うこと2週間余、相場は195円と新高値に進む。一進一退を繰り返しながらも鈴久優勢のうちに200円を突破する勢いである。日露戦争が激化する中、市場ではいつ二〇三高地（203円）に到達するか、日中の大仕手戦に固唾を飲んだ。鈴久が当時を回想している。

「私の最も華やかだった時代は鐘紡買占め当時であった。呉が売り方に回り、私が買い方に回り、富倉林蔵等と攻守同盟をつくって呉に一戦を挑んだ。多額の資金が入用で、この資金を融通してくれたのは安田善次郎翁であった。呉の背後には武藤山治さん、三菱合資銀行部の神戸支店長だった木村久寿弥太さん、三菱の豊川良平さんが控えていた」

安田善次郎の侠気

呉のうしろには三井、三菱が控えているのに対し、鈴久は安田財閥の始祖、安田善次郎が付いていて、財閥を巻き込んだ戦いの様相を帯びてくる。鈴久が安田翁を訪ね、鐘紡の将来性を説き、買占めの戦略を開陳すると、言下に「よろしい、お助けしましょう」と承諾してくれた。この時、鈴久はまだ27、28歳の弱輩投機師であったが、安田はリスクを冒してこの男の味方に付いた。鈴久が先物市場（明治38年11、12月限）で買い建てている鐘紡株約4万株を担保に融資に応じてくれた。

鈴久は安田翁の融資に感激した。現株でなく、先物の買い玉担保で貸してくれるという侠気に震えた。友人に話すと、「安田翁の気が変わって融資が中止されないように、利息を先に払っておくことだ」と知恵をつけてくれた。鈴久は再び安田翁を訪ね、「利息を先払いしますから、受取証をいただきたい」と申し出た。

安田「私は君に資金をいくらでも貸そうと言ったのだから、その通りに融資する。君が心配なら、利息を先払いしてもらってもいい。受取証も書くよ」

手元に当時の中央新聞がある。連日のように鈴久や呉錦堂の売買の手口が報じられている。この戦いが茶の間の話題になっていたことがうかがえる。日露戦争で関門の二〇三高地を落としたのは明治39年10月23日のことだ。鐘紡株は前日比14円50銭も急騰し、ズバリ203円を付けた。その日の株式市場の概況は――。

「いよいよ予期せる熱狂相場の天井らしき舞台は開始されたり。東株は50余円高を示し、鐘紡の200円台などいずれも予想相場を現出したり。今は利回りなどは、かれこれいう時代に非ずとして、ただ、ただ買えば可なりとの方針が相場道の憲法なりとは強気の主張せるところにして……」

鈴久は東株でも仕手として大きな手を振っているが、眼下の敵、鐘紡での呉との決戦やいかに。

「鐘紡は203円という、予想通りの200円台に乗りたるは、もとより売り方の踏みによるものだが、かの鈴久が機関店の丸吉よりまず踏むなど、大いに上げに力ありたる如く、いかようにでも手を振りさえすれば、高値が付くというありさまなれば、250円はすでに強気の胸中に描かれつつあり」

この場況で鈴久が踏んだとあるが、市場を動乱させる作戦として、大量の買い玉のほかに売り玉も持っていたということであろう。利回りもへったくれもあるか、という強気観が市場に横溢する中で、鐘紡の仕手戦は一層熱を帯びていく。バブルが弾ける3カ月前のことだった。

哀れをとどめた豪商麦少彭

鐘紡株を巡る鈴久と呉錦堂の大仕手戦で中国人相場師、麦少彭は哀れをとどめた。麦は呉と同じように中国から渡来し、神戸を拠点に財を成し、日本に帰化、相場師としても幅を利かせていた。鐘紡戦では、初め買い方に陣取り、鈴久にチョウチンを付けた形で大儲けするが、200円の大台が迫ってきた辺りでドテン売り方に転じた。

「中国人はなかなか慾が深い。ことに麦少彭は中国に多大の資産を有しているとの触れ込みであったが、このうえは、陣地を代えて売り方となり、日本のガムシャラ鈴久に物見せてくれんと、ドテン売越しをやったとの説もある。昨日の味方は今日の敵、投機市場では珍しいことではないが、鈴久大将たるもの、こうなっては憤慨勇躍しないわけにはいかぬ。〝なんのチャンコロメ〟とばかり、鈴久大将、柄にもなく日本魂を発揮し、ますます買い進んだ」（根本十郎著「兜町」）

剣戟《けんげき》の戦いは武力の強弱で決し、ソロバンの闘いは金力の多寡によって決まる。麦の資産は日本在留の中国人の中で呉とともに群を抜く存在で、神戸に同文学校を設立、多数の学生を養成中であった。麦の財力は日本でこしらえた豊富な資産のほかに中国では無限の富を所蔵していると称された。事実、鈴久と真っ向勝負するようになって以降、毎月多額の為替が上海の銀行を通じて麦のもとに送られてきていたとの証言がある。そのような麦少彭にぶつかっていく鈴久は、あたかも東海の一小国たる日本が世界の最強国ロシアを相手に勇敢に闘った日露戦争に擬せられたものだ。

「この時の鈴久には、異国の人間に対する敵愾心《てきがいしん》だけで、ソロバンも勝敗も眼中になかったであろう。ソロバン玉を弾いては、とてもできない戦争だったのである。麦は売った。鈴久は買った。鐘紡株はドンドン上がっていく。麦の兵站部《へいたんぶ》（戦場の後方にあって、作戦に必要な物資の補給や連絡に当たる機関）はどうかと見れば、上海からドシドシ為替を送ってくるので、さすがの猪武者鈴久もいささか無気味な感じが起こってきた」（狩野雅郎著「買占物語」）

運命の神に恵まれて巨万の富をつかんだ鈴久は所詮は一夜で成った〝出来星成金〟に過ぎない。目の前の景気だけ見ると、当たり屋鈴久の鼻息は荒いが、持久戦に入ると、鈴久の財力では及ぶまい……といった兜町スズメの戦況分析もやかましかった。この時、鈴久は呉錦堂と麦少彭という2大中国人相場師を相手に戦っていたのである。呉は莫大な現株を持っており、いざという時は渡してくるであろう。麦はカラ売りだが、無限の資金を持っている。そして2人とも百戦錬磨の策略家である。対する鈴久は弱冠28歳の駆け出しである。鈴久の脳裏をある不安がよぎった時、突如麦が行き詰った。

「難攻不落の如く見えた麦も遂に数百万円の大損害を負って、ドウとばかりにぶっ倒れた。そうしてシンガポールに落ち、ここで英気を養って捲土重来の武者振りを見せようと香港まできたが、不幸二豎《にじゅ》（病気）に冒されて不帰の客となった」（同）

鐘紡株が250円、270円、290円と上昇してくると、さすがの麦も資金が尽きたのであろう。中国に持っていたはずの無限の富が枯渇したのであろうか。あとで分かったことだが、実は世を欺く策略であったのだ。麦は取引銀行の三菱から引き出したカネをいったん上海に送金し、再び上海から為替で日本に逆送させていたのだった。

麦少彭を投機市場から葬り去った鈴久は「旭将軍（木曽義仲の異称）もかくや」と思わせる勢いで、東株1、000円、郵船250円、鐘紡360円を唱えて買い進んだ。このころになると、鈴久の金主である安田善次郎はひそかに鐘紡を売っていた。鈴久のめくら滅法の強気買いに怖気を感じたらしい。鈴久から融資の担保として預かっている鐘紡株を売り始めたのだ。

安田善次郎は為替相場で鍛え上げた老練相場師であり、その張り方は「時勢張り」と呼ばれ、一種の逆張り戦法である。景気が悪くなって、人々が見向きもしなくなったところで買い出動し、景気がよくなり、われもわれもと買い出すと、惜し気もなく売り放つ戦法である。安田の読み筋はピタリ的中、その1カ月後には爛熟期に入った日露戦争バブル景気は破裂してしまうが、鈴久は安田の裏切りなど露知らず進軍ラッパを鳴り響かせていた。安田が売ったところで燃えさかる相場の勢いは止まらず、明治40年1月17日には鐘紡株は299円90銭の最高値を付ける。

鐘紡を乗っ取り、増資・増配

これより先、鈴久は鐘紡の筆頭株主として、臨時株主総会の招集を命じた。明治40年1月12日の総会では鈴久の提案がそっくり可決され、資本金を1、100万円に倍額増資することと配当を20％に引き上げることが決まり、社長の三井養之助、専務の朝吹英二、総支配人の武藤山治ら幹部が揃って退陣することになった。増資資金で中小紡を買収して鐘紡を国際的規模の紡績業にしようという狙いである。役員人事については、鈴久は自分の息のかかった役員を1人送り込むという目論見だったが、総退陣となって、かえって困ってしまう。鈴久は総辞職しなくてもいいと慰留したが朝吹が頑として聞かない。

朝吹「十数年来の歴史を有する鐘紡が一挙にあなたに乗っ取られたとあっては三井家に顔が立たない。このような失態を仕でかしたのは自分たち経営陣に腕がないのと徳がないから起こったことです。ここはきれいさっぱり身を引きます」

結局、日比谷平左衛門が新社長に就任した。日比谷は当時、富士紡の社長であったから鐘紡と両方の社長になったわけで、日本の紡績王とも称されるに至る。日比谷を社長に担ぎ出すにはいきさつがある。

鈴久の乗っ取りに職工たちが反旗を翻し、「朝吹さんや武藤さんを辞めさせたのは鈴久なんだ。あんな青二才のもとで働けるか」と息巻いた。あすにもストライキに突入しそうな雲行きとなる。鈴久はあわてて、朝吹に泣きついた。ストライキという言葉だけで震えた時代のことだ。

朝吹「あなたと私とは敵対関係にあるのだが、鐘紡を思う心は一つで、ただ会社の今後の政策、方針で意見が違うだけの話だ。あなたが弱られることは、鐘紡にもよくないことである」

鈴久「この際、ぜひ後任社長を選定して下さい」

朝吹「鐘紡の社長として適任は日比谷さんをおいては外にはいない」

早速、鈴久は兄兵右衛門と一緒に御殿山の日比谷邸を訪ねた。日比谷は、朝吹が専務として残るのなら、私も社長を引き受けてもいいの一点張り。剛直一方の朝吹は辞表を撤回する意志はない。鈴久兄弟は日比谷邸に15、16回も通い、朝吹の力添えもあって、ようやく社長を引き受けてくれた。そして〝ミスター鐘紡〟武藤山治は「監督」として現場の采配をふるうこととなる。鈴久が2人について語る。

「日比谷さんは実に感じのいい人で、普通の実業家と違って、私利のためには決して動かされなかった。だから日比谷さんの生涯に私利を競うということはなかった。武藤さんも実に偉かった。しかし、武藤さんは少し、自分の信念に執着し過ぎるところがあった。信念として自説をまげなかった」

ガラで破綻、2人の取引所理事長が自殺

こうして、株式界空前の大活劇と称された鈴久の鐘紡乗っ取りは成功するが、臨時総会から1週間後に株式相場が瓦解、未曾有の大暴落に見舞われ、鐘紡株は300円からもとの70円台に逆戻りする。鐘紡を手中に収めた鈴久もあっさり手放すしかなかった。わがものにしたのはわずか数カ月で終わった。まさに槿花一朝《きんかいっちょう》の夢に終わった。一時は資産1、000万円と豪語していた鈴久だったが、元の黙阿弥、5月には兄鈴木兵右衛門が経営する鈴木銀行が取付けに遭い、破綻する。

鈴久の破滅と相前後して2人の有名相場師も行き詰まり、自ら命を絶った。いずれも取引所の理事長を務めていたが、1人は横浜株式米穀取引所の平沼延治郎で横浜銀行の頭取でもあった。横浜の富豪平沼専蔵の養子で、もとは名古屋の豪商瀧兵右衛門の息子であった。横浜の名門原家も茂木家も養子だったので「横浜の3養子」と称され、中でも一橋出身の平沼が一番将来性が高いとの評判であったが、株式相場の暴落で巨損を抱え、九州の名勝耶馬渓に身を投じて果てた。42歳であった。延治郎に相場の手ほどきをし、後見人として振る舞っていたのが前出の馬場金助であった。馬場は鈴久の窮地を救ったことで、「命の恩人」とたたえられるが、延治郎にも相場のコツを伝授し、指南番を務めていたが、空前のガラには抗すべくもなかった。

その2カ月後、東京米穀取引所（東米）理事長の片野重久が割腹自殺する。片野は東米理事長の傍ら京浜電鉄の常務で、相場の才にも長じ、旧秋田藩主佐竹氏の資産運用の任に当たっていたが、巨損が発生し、死をもって詫びた。中外商業新報（現日本経済新聞）は2人の死をこう悼んだ。

「先には平沼延治郎氏、耶馬の渓流に入り、いくばくもならずして、いまこのことに遭う。惨風悲雨、財界に満ち、傷心人を襲うてやまず。……片野の春の桜狩り、落花空しく地に萎《なえ》し、平沼の水いやが上にも濁りて鬼気なお人を襲う。経済界の大変転が連綿幾重にて、この椿事をかもす」

片野の葬儀は6月11日、浅草総泉寺で執り行われ東米はこの日立会を停止、理事長の喪に服した。やはりこのころ、株屋の石井菊次郎も高田馬場で電車に飛び込んで絶命した。鈴久が片野の思い出を語っている。

「私に向かったこともある片野さんは非常に人柄的に出来た人であったが、明治39年12月には全くいけなくなっていた。……片野さんは自宅で腹を切った。真一文字に、それでいて足はちっとも冷えていなかった。雨宮敬次郎さんが『片野は立派な武士道を心得た人物だ』と語られたが、その通りだった。腹を切ると、大概の人は逆上して血がのぼって足は冷え切るものだそうで、昔から武人は足の冷えないように努めていたそうです」

明治40年6月26日、鈴木久五郎の兄兵右衛門が頭取を務める鈴木銀行は取付けに遭い、あえなく破綻、鈴久の相場師としての命運は尽きる。その2日前、鈴久は大隈重信を訪ね、助けを求めた。一部始終を聞いたうえで大隈はこう宣告した。

「最早、息の切れたものはいかなる名医もサジを投げるよりほか、仕方はないではないか。ただ、こうなった上は死に際を綺麗にするばかりだ。ここが凡骨と人物との分かれ目であるから、決して見苦しい死に様をせぬように覚悟することだな」

鈴久は「先生、分かりました。できる限り死に際を立派に致します」といって大隈邸を去ったが、銀行の預金者や取引先から責め立てられておろおろするばかりであった。兄の経営する銀行とはいえ、鈴久自身は東京支店長という役目を負っているし、兄を投機の世界に巻き込んだのは鈴久であってみれば、自分のせいで鈴木銀行が破綻し、大勢に迷惑を掛けた責任は鈴久にあると自らを責めた。そんな鈴久に救いの手を差し延べたのは国民新聞社長の徳富蘇峰であった。

クレマンソーに学べ

蘇峰から会いたいとの連絡を受け早速、出向いたのは7月の暑い盛りであった。蘇峰は開口一番、「盗人の昼寝ということをどう思うか」と尋ねた。質問の意味を測りかねていると、蘇峰は前年フランスで会ったクレマンソー※のことを話し出した。

※クレマンソー　フランスの政治家。第一次大戦末期に首相として戦争継続を指導。戦後パリ講和会議を主導し、ドイツへの厳しい制裁を主張した。（1841〜1929）

「彼は一場の演説でもって時の政府を倒す力を持っている大政治家だが、当時は政府の圧迫を受けて、見るかげもないあばら屋でわび住まいの状態であった。彼は日本の骨董品を愛し、収集家としても知られているから、今は何を集めていますか、と尋ねると『随分いろいろなものを集めていたが、今はこれらを売って食いつないでいるところだ』と淋しく笑った」

蘇峰は、クレマンソーが逆境に陥って世間からは蛇蝎《だかつ》のように嫌われ、罵られ、生活に困って好きな骨董品を売って糊口をしのいでいる姿に強く打たれた。蘇峰はヨーロッパから帰国してほどなく、クレマンソーが復活してフランスの首相に蘇ったことを知る。

蘇峰はクレマンソーの故事を語り終えると鈴久をこう諭した。

「時の不利なる時には、いくら焦っても仕方がない。生じっかチョコチョコ小細工をするよりもひと思いに眠ってしまう。これが死中に活を求むる唯一の道であろう。そして一心に禅学をやることだ。世間から忘れられるまで目を閉じて黙り込んでしまいなさい」

割腹か、縊死かと苦悶の日を送っていた鈴久は蘇峰の言葉に生きる力を与えられた。

以来、三井の集会所へ行って禅学を修め、司馬遷の「史記」を読みふけり、古代中国の英雄たちの逆境に陥ってからの身の処し方を学んだ。

鈴久には2人の命の恩人がいる。1人は明治38年、最初の取付け騒動で20万円貸してくれた馬場金助であり、もう1人が徳富蘇峰であった。クレマンソーを見習って立ち直った鈴久は明治41年の総選挙に群馬県から出馬、見事当選を果たす。だが、相場師として再び檜舞台に立つことはなかった。

孫文「革命も相場も同じ投機」

鈴久の天下はあっけなかった。連日連夜の大盤振舞いで兜町の話題を一人占めしたのも、せいぜい2～3年のものだろう。年令にすれば27歳から30歳くらいのころで、青年相場師鈴久が文学作品にも名を残す。小山内薫の名作「大川端」に絶頂期の鈴久が高級料亭「亀清」の客として登場する。

「亀清の2階の広間にはまぶしいような電気がついていた。客は実業界の名のある人達ばかりであった。……金のありそうな福々しい顔は揃っていても貴族的な気高い眼の色はどの顔にもみられなかったのである。その頃成金でこの社会の草木をなびかせていた鈴久とかいう若い人も座敷の真ん中に1人で座っていたが、その人のひねり上げた八字ひげも正雄には卑しく見えた」

鈴久は大隈重信や、桂太郎、犬養毅や徳富蘇峰らと交友を結ぶなど大物食いの社交術を身につけていた。日本に亡命中の中国の革命家孫文にも資金を提供した。明治39年ころのことで、当時のカネで10万円（現在なら数億円か）を差し出し孫文を感激させた。2人の会談を取り持ったのは犬養毅で、通訳に当たったのが中国革命の支援者、宮崎滔天。村松梢風著「黄金街の覇者」から孫文、鈴久の会見の模様を再現してみると——。

孫文「鈴木さん、私は中国の革命を志して、20年東奔西走しているのですが、革命も一種の投機です。だからあなたの投機をやる気持ちはよく分かります」

鈴久「あんな大きな国で革命を起こすことができようか」

孫文「中国で革命の機は熟しているのです。問題は軍費だけです。あなたは大きな理想を抱いている人だと承わったから、御相談に来たのです」

鈴久「私は一個の相場師です。相場師が金を出す場合には、それによって儲ける対象的がなくてはならぬのです」

孫文「あなたが革命の資金を出して下さるなら、中国のどんな財産でも担保に入れます」

鈴久「それは先生が天下を取られてからのことではないですか」

孫文「鈴木さん。天下は必ず取れるのです。相場でも将来のものを買うでしょう。それと同じ道理です」

この時、鈴久は孫文への献金を決断、孫文の目の前で10万円の小切手を書いた。そのころ孫文に資金を援助した人は多かったが、万という金を出した人はいなかった。明治44年の辛亥革命で孫文は翌45年に中華民国臨時大総統に就任するが、軍閥の袁世凱に交替する。大正初め、孫文は一族郎党を引き連れて来日、日本は朝野を挙げて歓迎するが、この時すでに鈴久は没落してかつての面影はなかった。

孫文、ドン底の鈴久を慰める

「窮迫のどん底に陥り、巣鴨の大根ッ原で4円50銭の借家に住んでいた。孫文は使いを出し、『ぜひともお会いしたい』と言って、鈴久を旅館に迎え、厚く先年の恩を謝した」（村松梢風）

そして長女が生まれた時、孫文が名付け親となって文子と命名された。

昭和12年2月、東京朝日新聞は鈴久と文子の近況を大きな写真入りで報じた。「30歳で千万長者　今は陋屋で黄金の夢を追う　一代の怪物鈴久さん」と題する記事の中でこう語る。

「私がこんなに猛進したのも大隈重信侯の口伝ですよ。安い砂糖を国民に提供して余剰の販路を支那に求めよと同様のことを紡績にもビールにも言われていたので、その狙いをあの機会に実行したまでですよ。31歳の折の取付けで私は財産をきれいに洗ってしまった。貧乏だけが私に残ってしまった。私が貧乏をしたのは経済界の大勢を見誤ったというよりも偉人の言葉を聞かなかった結果です。1日50万円ほどの損を続けている落目のころでも3、4百万円の金は持っていたのだが、大隈侯や金杉英五郎さんから幾度となく足を洗って定期預金にしろといわれても〝相場は下がっても今に戻ります〟と頑張り通したのも、思えば若さでしたよ」

この時61歳、池袋3丁目で侘び住まいのところを朝日新聞の企画で「その後の消息」として鈴久の今が取り上げられた。26歳で鈴木銀行日本橋支店長の時、兜町で睥睨《へいげい》していた独眼竜将軍半田庸太郎の手引きで株の世界に入って35年経っていた。談話に出てくる金杉英五郎は東京慈恵会医大の初代学長。

「丸裸になった31歳の時に高崎から代議士に一度出たきりで、それから浪人、もう30年近く浪人をしました。以前使った人たちが堂々と別荘を持ったりしていると頭を下げるのも嫌になって世をすねてしまったんですね」

この頃鈴久は兜町のカネ串と云う株式取引員で外交員のようなことをやってお茶を濁

していた。もっぱら長女で松竹少女歌劇の新鋭田村淑子の応援団に回っていた。その後援会に矢野恒太、藤原銀次郎、津田信吾、大橋新太郎ら錚々たる財界人が名を連ねるのは鈴久の名が今も光を放っていることの証明であろう。

鈴久の名が次にマスコミに出るのは、亡くなる2年前、昭和16年6月26日のこと。大阪時事新報が鈴久と孫文との交友録を大きく取り上げた。それは汪兆銘※が来日して離日直前に文子さんと会見するというニュースとともに報じられた。

※汪兆銘　中国の政治家。日本に留学中孫文の中国革命同盟会に入り、国民党結成後その幹部となる。初め同党左派だったが、日中戦争が始まると親日反共を主張、昭和15年日本と結び南京政府（汪兆銘政権）を樹立、主席となる。汪精衛。（1883〜1944）

晩年は北浜の岩井に在籍

そのころ鈴久は大阪西成区萩の茶屋に住み、北浜の株式仲買、岩井商店（現岩井コスモ証券）に勤めていた。鈴久が孫文との往時を語る。

「私は小網町の私の別宅で初めて孫先生に会った時、これは大した大物だと見てとった。こうした大物は支那を育成するために、そして日本のためにもどうしても助けねばならぬと考え、わずかだが軍資金を差し上げた次第です。当時汪精衛氏も同行してきましたが、ほんの書生さんで私どもの部屋には入ってこなかったので会ったことはありません。孫文の正統の流れをくむ汪先生がその遺鉢を継ぎ、ここに日支の新たな発足が実現されたことは国民革命の陰にあっていささかでも尽くした自分としてはこの上の喜びはありません」

鈴久と孫文の橋渡し役は従来、犬養毅とされていたが、鈴久によると原敬内務大臣の下で内務次官を務めた斉藤珪次と宮崎滔夫で、小網町の鈴久別邸で孫文たちは幾日かを過ごしていったという。新聞記者に「汪氏を訪ねないか」と水を向けられた鈴久は手を横に振り、「盛んな時ならともかく、妙な風に取られるといやですから静かに心の中で汪氏の旅程のつつがないのを祈るつもりです」と答えた。

孫文から「相場も、革命も投機である。私を買って下さい」との要請に応えて孫文を買った鈴久。孫文の教え子蒋介石や息子の孫樹に対しては大馬鹿者で親の心子知らずとはねつけるが、孫文に投じた10万円が南京政府として実ったことに深い感慨を覚えるのだった。

鈴久は第2次世界大戦の最中、昭和18年8月16日他界する。68歳だった。

鈴久没後も鈴木家と孫文（中国）との関係は続く。前出の鈴久の娘鈴木文子は、田村淑子の芸名で映画女優としてデビュー、人気を博すが、昭和58年12月22日付読売新聞が

「元男装スター田村淑子さん、孤児の養父母へ5、000万円寄付　波瀾の人生も老境、日中の架け橋に」と大々的に報じた。

文子が寄付を思い立つのは、訪日した中国残留孤児たちが親を見つけることができず、「パーパ、マーマ」（「お父さん、お母さん」）と泣き叫びながら帰っていった姿が目に焼き付いたからである。その記事を読んだ1人に、陳徳仁神戸華僑歴史博物館長がいた。

陳「私は青少年時代より孫文に関心を持っていたので、呉錦堂と鐘紡株で大勝負した鈴木久五郎が日本に亡命中の孫文に莫大な軍資金を援助したこと、その後、孫文は鈴久が破産して苦況に陥っている時、日本に来て、鈴久に会い、間もなく生まれてくる子供の名付け親となり、文子さんの名は孫文の文をとって付けたことも知っていたので、何としても文子さんを探し出し、その後の話を承りたいと思っていたので、この新聞の記事は、私にとっては宝物を探し得たようなものであった。親娘2代に亘って中国の人民にこのような友情を示したことは特記すべきことで忘れてはならないことと思った」

陳は早速、財団法人・中国残留孤児援助基金（高木玄理事長）を通じて文子と面会する。

鈴久の華麗な交友録を彩る人物の1人、桂太郎が鈴久を救済するため、ある銀行の重役宛てに書いた手紙は鈴木家の家宝の1つといえるだろう。鈴久は桂太郎の好意を謝しながらもその手紙を銀行の重役に見せるのを潔しとせず、利用しないまま悲境を甘受した。鈴久の意地を見る思いである。

鈴久、相場戦術を語る

鈴久が相場戦術を語り残している。「敗軍の将、兵を語る」のは欧州大戦景気で株もコメも糸も躍動する大正7年のことだ。「敗戦の悲痛をなめた者にして初めて真の戦術を語り得る」と自信のほどを示しながら鈴久が相場を語る。

①安値のもちあい離れは買い　永い間、安値でもちあっていた相場が急騰した場合は、売り向かってはいかぬ。むしろ押し目買いの好機である。1日の平均的な値動き幅の5倍以上の急騰を演じた時は業種を問わず買い思惑を立てればよい。その理由はこうだ。いままで世間の注意を払われなかった株が増配とか、増資とか、財産を高値で売りさばくことになったとか、様々な有利な条件がその会社に生じ、重役その他密接な関係者の口から相場師にその好材料がもれた時に相場師が買ってくるのである。急に株価が上がると、持株を売ろうか、売るまいかと思っていた株主が珍しい値に惚れて売りつないできたりして、急騰後に多少下押す場合が多いが、ここは買い場となる。

②投げたところは買い　また、値下がりを続けていた株がぼつぼつ底値圏に来たよう

な場合、弱材料が出て一段と急落することがある。買い方の多くは落城して死屍累々凄惨なる光景を呈するような時、人気につられて新規に売ったり、投げたりしてはいかぬ。むしろ目をつぶって買い仕込まなくてはならぬ。

③だれもが弱気を吐く時は買い　相場が下値にあって弱材料だけでだれに聞いても高くなりそうにない。まだいくらか安そうに考えられ、強気をいう人がいなくて、相場は上にもいかず、下にもいかず、わずかな値幅を上下している時、「こんな株に手を出せば口銭損だ」というて、取引所は「門前雀羅《じゃくら》を張る」（さびれていることのたとえ）ばかりであるが、こんな行き詰まった場合は、得てして爆発の動機を作るもので、なるべく安値で幾種類もの株を買うて置くならば、必ず花の開く時代が来る。

④大商い、薄商いは買い　株は商いの非常に多い時と、薄商いの時に買い仕込まなくてはならぬ。薄商い現象は、株が陰になって底値の時に起こるからだ。そして上昇機運に向かって、われもわれもと株に手を出すようになり、取引所が殷賑を呈する時も買い方針を押し通す。200円、300円のわずかな資金で数万円の成金が続出するのはこのような時である。（ただし「長駆して進軍するは禁物である。100万円の大資産家が丸裸になったり……」という。調子に乗り過ぎるなということか。）

⑤大上ザヤは買い（ただし相場が若い時）　上げ相場の時は当先の値ザヤが拡大する。

サヤが大きな時でなくては相場はこない。大きなサヤがついた時は目をつぶって買い込まなければならぬ。ここで注意を要するのは、5カ月も6カ月も上げ相場が続いて、諸株が高値にある場合は、大上ザヤだからといって熱くなって買ってはならぬ。「上ザヤを買う」というのは、相場の熟せざる若き場合の上ザヤを指す。

⑥ボロ株が突然上向いたら買い　ボロ株が突然上向いて来たら買わなくてはならぬ。長く無配であったような株、世間ではボロ株といわれている株が材料もないまま上がってきたら、買って間違いない。ボロ株では相場師であろうが、株主であろうが、以前の痛手にこりているから、少々好材料が出ても手を出さないもの。それが上がってくるのは、よほど好材料があるということだ。このような株に本当の人気が付いてくると、買い値の2倍、3倍にもなるもので、成金になるのもこんな拾い物にぶつかるからである。

⑦採算にこだわると儲けが少ない　株の暴騰時に素人の儲けが少ないのは採算にこだわるからである。暴騰時代は時として採算や値ごろに頓着せず、人気のためにドンドン暴騰するもので、人気株ほど値幅が大きく上がるもので、以前の値ごろより上げていようが、まだ騰貴の時代が若いと見たならば動きの激しい株に向かってドシドシ買い仕込まなくてはならない。

買いから入って大成功するのは、3年か5年に1度のもの。相場というものは意地の悪いもので、買ったからといってすぐ急騰するようなことは稀で、しばらく相場がぐずついておって、買っていても面白くないと、手仕舞いしたあとで急騰してくることが多い。早耳筋、政府筋や経済学者などが儲けられないのはこのためだ。

⑧たけのこの論理　たけのこが芽を出しかけた時のことを考えるとよい。芽を出しかけたたけのこは2間も3間も必ず伸びるように大相場の芽をもった2割高、3割高はそこから腰を入れてドンドン買い方針を立てれば、小資本で巨万の富を得ることは不可能ではない。たけのこの芽をもっていないところをいくら掘っても無駄なことだ。

⑨思い切りのよさと胆力の養成　損失を小さくして利益を大きくするのは相場成功の秘訣であるが、命から2番目に大切なお金を掛けて相場をするとなると、なかなかそうはいかぬ。利食い千人力と称して利食いを急ぎ、反対にいった時はよもや、よもやの未練から資産をすり減らすことにもなる。相場で成功しようとすれば思い切りのよさと胆力を養成しなければならない。神経過敏な人が相場界で成功しないのは、利を大きく取るだけの度胸がないからである。もっとも、胆力のみ大きくて智略が伴わないと、大損失をこうむることがあるから、機に従うことが肝要である。

⑩大切な不時向かい　火事など事故で相場が安値に叩き込まれたような時は買い仕込むこと。これは「不時向かい」といって商売人の常に取る戦法。虚報であったり、損害

が軽微であったり、保険が付いていたりして、相場が持ち直すことが多い。

⑪人気に逆行して売る　株式が暴騰し、新聞などでもあっちで成金、こっちで成金といった記事が相次ぐようになったり、お茶屋や待合のようなところで株の話が話題になるとか、株売買に無関係の人までが株の10枚（最低単位）も買ってみたりという人気の時に助平根性を出して株に手を染めたら一夜のうちに財産を蕩尽してしまう。このような場合、売り向かうのはよほど胆力があり、観察力の強い人でないとできない。いわゆる「火中に飛び込む」決心で目をつぶって、人気に逆行する方針を立てることだ。

⑫ボケてきたら売り　だれも彼も買い安心で鼻高々、大得意で昨日の素寒貧も今日は車を走らすとか、遊里に流連して、成金根性を発揮するとか、素人も玄人も心おごり、どこの仲買は危ない、ここの仲買は客に食われて危険であるといった話が出る状況下で、相場が伸び悩んだり、ボケて（50円高の見込みが10円くらいしか上がらない）きた時は売り向かって勝利が得られる。2、3割値下がりし、買い戻しで戻してきたところは容赦なく売り仕込むがよい。そして上げの半分ほど下げたところでひとまず手仕舞うこと。

⑬〝利乗せ〟で財を成す　また〝利乗せ〟という戦法も重要である。〝利乗せ〟とは売った株に利益が乗っただけ、株を増加して仕込むことで、利乗せを繰り返すと、わずか200～300円の小資本で数万円を得ることは難事ではない。これまで相場で成功し

た人の多くは利乗せで儲けたわけで、「敵の糧食で敵を攻める」という賢明な戦法である。売りの場合だけでなく、買いの場面でもいえる。

⑭大きな上げは弱材料をはらみ、大きな下げは強材料をはらむ　相場が大天井を打っての下げか、あるいは押し目であるかの見極めはなかなか難しいが、真に天井を打って下げる時は強材料をいいながら相場が腐り始めて、ジクジク安くなるもので、弱材料のないまま下げ足をたどる時は決して買い方針を立てないこと。昨日より今日、今日より明日という具合に下げ幅が広がっていく時は大幅安の前兆と思って猛然と売りかぶせなくては利益は得られない。結局、大きな上げ相場は弱材料を言い立てつつ上がり、下げ相場は強い、強い、と強材料を言い立てつつ下げる場合が多い。

Motosaburo Matsutani
1876-1921

2

松谷天一坊（松谷 元三郎）

一文無しで堂島乗っ取る

明治から大正期にかけて堂島、蠣殼町、兜町など日本を代表する投機市場で雷名をとどろかせた男に松谷元三郎がいる。乾坤一擲《けんこんいってき》の大投機を演じ、波瀾万丈《はらんばんじょう》を極めた怪物である。当時、先物市場の情報に一番精通していた東京毎夕新聞社は松谷のことを「投機界の手品師」、「相場界のいたずら者」と呼び、こう書いている。

「今は男盛りの35、36であろう。デップリ太った体躯を一室に横たえ、天ぷらの5、6人前も平らげながら、雨敬におれほどの知恵があったらばなぁ、などと無邪気に談笑している。才、奇にして、骨また奇なり。投機界に出頭没頭して、それで一生を終わらせるのは少し惜しいような気がする」（朝比奈知泉著「財界名士失敗談」）

引用文に登場する雨敬とは「投機界の魔王」と呼ばれた雨宮敬次郎のこと。「天下の糸平」田中平八と並ぶ大相場師で鉄道事業でも大きな成果を上げた。

3歳の時、一家離散

松谷元三郎（1876〜1921）は明治9年、泉州堺の「酢屋」という米問屋に生まれた。父親の名は和田利兵衛で、その3男。3歳の時、父がコメ相場に失敗して9代にわたる栄華を誇った酢屋も一家離散の憂き目に遭う。元三郎は松谷家にもらわれる。

松谷家もかなりの資産家であったが、9歳の時、これまた破産して大阪に出る。11歳になると大阪の有名な富豪加賀市太郎に奉公する。加賀は株式のサヤ取りで産を成した。松谷自身が加賀について語っている。

「加賀市太郎という人は、元来地味なやり方で蓄財家だった。資産の点からいえば、当時、株式界の成功者中で、第一位を占めていた男である。それでいて少しも名を売ろうとはしない。静かに英気を養って晩年大いに株式界に雄飛するつもりだったらしい」

だが、市太郎は明治33年、46歳の若さで他界する。家督を継いだ長男正太郎はまだ12歳だったため、加賀商店の采配は市太郎の弟加賀豊三郎がふるう。正太郎は東京商大(現一橋大)卒業後、加賀商店の経営に当たるが、多趣味で茨木カンツリーを設計したり、ニツカウヰスキーの設立に参画するなど、大阪財界に大きな足跡を残す。

市太郎は生前、松谷に向かって、「今日の○○株はいくらか」などと株価を尋ねる。その時、即答できないでいると、「お前はなんのために奉公しているのか」といって叱る。このため、松谷は大阪株式取引所の上場株、200銘柄の株価をすっかり暗記するように努めた。松谷は記憶力に優れ、周りの者を驚かすことがしばしばあったが、市太郎のおかげというしかない。

松谷が市太郎のもとで丁稚奉公したのは6、7年の間であったが、実に多くの感化を受けた。松谷という人間は丸ごと加賀時代に形作られたのではないか、といった見方もされるほどだが、松谷は「そんなことはない。おれ自身の天分もあって今日のおれがある」と、こう述べている。

「加賀の主人は1枚の紙も無駄にせんというやり方で、サヤ取り商売を固く守り、倹約をして今日の成功を勝ち得たが、お前のやり方は全然おれとは違っている、これも極端と極端で面白い。お前のような人間を家に出入りさせるのは危いという人もいる。だが、わしはそうは思わぬ。金銭上の世話はできないが、何かお前の一身上のことで分別に余ることがあったら相談に来るがいい――」

たった1円が2、000円に大化け

松谷は17歳の時、加賀商店の東京支店に転じるが、祖母の病死で大阪に帰る。これを機に堂島の荒木という仲買店で小僧となる。このころ相場を覚えた。だが失敗することが多かった。そのたびに店から追い出される。2年間に6回追い出された挙句、奈良の仲間と本格的にコメ相場を始める。松谷はたった1円の資本が2、000円に大化けする。19歳の時だ。生まれて初めての大勝利で奈良中の評判になり、寝込みを襲われることもあった。

2、000円を持って大阪に出ると、堂島で仲買店を始める。だが、開業3日目にはもうつぶれてしまう。全国から強者《つわもの》が集まってくる天下の堂島は松谷には少々、家賃が高過ぎた。以後1年半、大津や京都の米市場で小バクチを張って、やがて堂島に復帰する。皆は「あんなうるさいヤツは使えない」と敬遠したが、後藤義三郎という男が拾ってくれた。後藤は堂島の老舗仲買、二川茂助商店に25年も勤め支配人をやっていたが、独立して仲買店を開いたばかりだった。松谷は後藤のもとで働いているうち、後藤の娘と結婚、この辺りから頭角を表す。

ほどなく勃発した大物相場師、北平こと北野平兵衛のコメ買占め戦で松谷の才覚が冴える。北平が買占めに出ると、堂島の仲買連中は八分方、北平陣営についたが、義父後藤は売り方に陣取る。というのは、後藤はお客の注文をそっくり場に出す「切手屋」であったから、越井、和久井といった売り方大手の注文を受けていた。

北平ペースの相場展開となり、売り方は苦戦に陥る。米価の指標市場である堂島の動きは農商務省でも常にウオッチしていた。東京から出張してきた有賀参事官に「もしここで、買い方に勝たせたら、市場というものは破壊されてしまう」などと買占め派の横暴振りを熱心に訴えた。その一方で、松谷は奇計を案じた。

倉庫を借り切る奇策、成功

松谷は大阪市中の倉庫を借り切った。売り方が渡し米の手当てを終え、納会では渡し米をぶつける準備ができたことを知らせるための作戦である。実際には渡し米はなかなか集まらず、納会での踏み上げは覚悟しなくてはならない状況に立ち至っていたが、売り方が倉庫を確保したという情報に北平ら買占め屋は衝撃を受ける。買い方は手仕舞いを急ぐ。相場は崩れる。売り方はたたく。こうなると、攻守ところを変え、北平の敗北は決定的である。後藤はこの戦いで巨利を占め、松谷はその中から3万円の配当をもらった。21歳の松谷は語る。

「この激戦に参加して私はいささか堂島で知られてきた。例の越井弥太郎という人が非常によく私を知ってくれた。それから大阪投機界の元老にして、当時売り方の黒幕にいた磯野小右衛門も大いに私の技倆を認めてくれた。この両氏は私が世の中に出るにつれて有力な後援となってくれた人である」

引用文中の磯野小右衛門は山口県萩出身で、堂島米商会所の初代頭取、明治16年には大阪株式取引所頭取、同32年には堂島米穀取引所の理事長も兼務。「相場が大好きで、理事長室から給仕を叱り飛ばしながらソレ売れ、ヤレ買えと血眼になってスペキュッたそうな」といわれる人物。また越井弥太郎は堂島の大立物で「相場師の中の相場師」と称された。当時流行の花札賭博でも名を知られた。蛎殻町の大手仲買で相場師の井野粂吉（井野碩哉元参院議員の父）とは特に仲がよかった。

松谷は越井の腰巾着だ、といった評判も高まる中、翌30年、越井が買占め戦を開始、松谷が参謀役を務める。この時、堂島の仲買連中はこぞって売り方に位置し、豊作予想が強まり、買い方は苦境に立たされる。破綻寸前に追い詰められるが、天候が一変、凶作の様相を呈し、死地を脱出すると、四国旅行に出掛ける。松山には後藤の取引先が多く、しかも、松山米穀取引所を舞台に買占め戦が流行していた。お得意先は皆売り方で苦戦していた。相談を受けた松谷は売り玉をそっくり引き受けることにした。

松谷は市外の三津ヶ浜電信局に行き、越井に電報を打った。松山市内からだと敵方にバレる恐れがあるから、慎重を期したのだった。その文面は、「米を貸してくれという電報を打つからいくらでも貸すという返電を頼む」というものだった。

翌日、越井から来た「正米いくらでも貸す」という電報を市場で見せびらかすと、「大阪の越井が渡し米を引き受けたそうだ。これは大変なことになる」と市場は大恐慌を来たし、暴落する。松谷は売り方から7、000円の謝礼をもらって道後温泉で遊んでいると、こんどは越井から「よきことあり、すぐ帰れ」と電報が舞い込む。

大阪に帰ってみると、北陸産地の天候一変で越井の持っていた現物米が全量売れてしまったので、定期（先物）市場で買ってくれという。松谷は自ら立会場に出て手を振って買いまくった。1石10円がらみの米が14円にハネ上がる。立会場に向かう途中、売り方にそそのかされたとみられる暴漢に襲われて負傷するというひと幕もあったが、越井は一挙に20万円の大儲け、松谷も3万～4万円の儲けで借金を完済できた。

台湾米供用を早耳、最後は解合

すると、休む間もなく、越井から「お前は売れるだけ売れ。理由はいえないが、おれを信じて売ってくれ」との指令。先物市場で1石当たり13円前後の米を売って10円台にまで暴落させる。夜、松谷は越井を訪ねた。

「実はな、松谷よ。こんど台湾が日本の領土になる。ついては台湾米が定期市場で受け渡しに供用できることになる。その台湾米は今、7円くらい。まだまだ下げる余地が大きいぞ」

買い方は追い証攻めに遭い、取引所に立会停止を申し入れる一方、農商務省に台湾米の供用禁止を申し入れる。これには生産者の強い支援もあって、農商務大臣は台湾米の供用はしないと言明する。定期市場は休会中でも現物市場は15円見当の高値をつけているから、立会を再開すれば暴騰は必至である。こんどは売り方が当局に陳情を重ねた結果、「解合しかない」との結論に至る。結局11円34銭で解合となり、越井もケガをしないで一件落着。越井はますます松谷に対し評価を高める。

明治31年、松谷は大阪株式取引所の仲買になる。当時理事長は磯野小右衛門で、松谷とは旧知の仲ではあるが、理事長のOKの前に、仲買人組合の委員長（当時は浜崎永三郎）の許可がいる。浜崎は松谷を巡る悪いうわさを聞いていて、異を唱える。

「松谷という小僧は、何か問題が起こるごとに自分の説を主張してなかなか譲歩しない。こういう理屈っぽい、傲慢な小僧を入れては、仲間との折り合いを欠いてしまう」

松谷の大株仲買加入が宙に浮きかかっていた時、旧主人加賀市太郎が乗り出してきた。加賀「何事が起ころうとも、決して松谷に理屈は言わせない。一切私が引き受けます」

この一言で松谷の大株入りは認められた。そして、松谷が荒法師ぶりを発揮、堂島米穀取引所株買占め事件が勃発する。元手ゼロで堂島株を一人占めするという放れ業を演じたこの事件で松谷は初めて「天一坊」の異名を冠されることになる。

証拠金納入までの時間差に着目

明治32年当時の大阪堂島米穀取引所の資本金は25万円（5、000株）、株価は90円前後だった。先物取引の証拠金は1株につき4円だから2万円あると全株を買占めできる計算。ところが、天一坊の手持ち資金はわずか30円、ときているから乗っ取りなど夢のまた夢のはず。それを、運を天に任せて一か八かやってみるというのだから「天一坊」の名に恥じないクソ度胸である。

明治32年の大発会で無謀な天一坊の堂島株買占めが火ぶたを切る。まず88円で買いの手を振った。当時の天一坊は素寒貧だというのはだれもが知っているから、地場の客は面白がってどっと売り玉をぶつけ、天一坊はいきなり500株も買うことになる。証拠金が1枚4円だから2、000円必要だが、そんな金はない。だが、証拠金は48時間以内に収めればいい仕組みである点に目を付けた天一坊はあわてなかった。こう述懐する。

「翌日、友人の名前を借りて友人の取引店で2、000株の買い注文を発した。するとこれが前日より15円高の103円で残らず玉が入ってきた、前日買った私の500枚は早くも7、500円儲かっている。証拠金なしでまず7、500円の戦闘力ができた。その翌日、他の店からまた2、000枚の買い注文を出した。すると、こんどは22円高で125円だった。前々日来買ってある2、500枚の玉に対して6万2、500円の利益を生んでいる。これに要する証拠金は1万8、000円あればいい。手元に残った金で堂島の現株を買えるだけ買占めた、こうして現株と先物を合わせて6、700～6、800

株になった」

絶句する磯野大株理事長

ところが、取引所の総株数は5、000株だから、差し引きすると、総株数を1、700～1、800株上回る。「こうなれば、堂島取引所を生かすも殺すも私の肚一つだ」と舌なめずりする。わずか2昼夜半で堂島米穀取引所を乗っ取ったことになる。新聞は買占めの黒幕は一体だれだ、と書き立てた。大株の理事長、磯野小右衛門が天一坊を呼んで「金主はだれだ」と質した。天一坊はありのままを磯野に伝えた。磯野はあきれ果て、「じゃあ、一文無しでやったのか！」と絶句した。

磯野「もし堂島株が暴落したらどうするつもりだ」

天一坊「ご心配無用、決して暴落はしません。総株数以上の株を買っていますから。1株も売り込む人はいないでしょう。取引所の方で騒ぎ立て証拠金の増徴のようなことにならなければ、大丈夫です」

当時の大株仲買人組合委員長は例の浜崎永三郎である。天一坊が仲買人になろうとした時、「あんな理屈をいうヤツは入れない」と、いったんは天一坊を弾き出した。この時、売り方に陣取っていた浜崎は証拠金の増徴で天一坊をつぶすことを主張する。仲買人組合委員会は浜崎案が採択され、1枚につき4円の証拠金を1週間後に一気に50円引き上げることに衆議一決する。さすがの天一坊も浜崎の証拠金大幅増徴で死命を制せられるかにみられた。だが、さらなる奇策を打った。これは乱手ともいえる強行策で、前日の引値157円に対し、228円という手を振って、天一坊の買い玉を店の玉に付け替えてしまったのである。再び天一坊の証言。

建玉の付け替えに成功

「株数以上の取組みができているという評判が立っているところへ、228円に振ったので立会場は喧騒をきたした。けれども225円という値が付いた。同時に自己の買い玉を残らずこの値で自分の店に付け替えた。ところが浜崎はこの付け替えは許さないと主張した。この時、磯野理事長は急激な増証によって松谷を破滅させるよりは、成功させて無事に治めた方がいいとの判断で、付け替えを承認してくれた。だから、私は利抜きをしただけで、増証分を納めて、なお1株につき12~13円の金が余った。無一文の私が2日半で4、500株の堂島株を買占めたことと、わずか30分間で電光石火付け替えて転覆を免れたことは私の生涯を飾る2大事件である」

天下の堂島取引所をわがものにした天一坊は、新たな問題に直面する。それは取引所の理事長になり手がないのである。天一坊は「情けないかな、私には1人の同情者もいない。この広い大阪に私のためにひと肌脱いでくれる者が1人もいない」とボヤくが、磯野に相談しても「お前がだれでも勝手につれてきてやればいい」と突き放される。みずから理事長に就くことも考えたが、四面楚歌の中でその勇気も湧いてこない。

天一坊は監督官庁の農商務省の意向を聞いてみようと上京する。当時、早川鉄治という大臣秘書官がいた。後藤象二郎、榎本武揚など歴代の農商務相に仕えてきた役人らしからぬ快男児。

天一坊「君が堂島の理事長を引受けてくれないか」

早川「なれというならなってもいいが、一体月給はいくら出す」

月給うんぬんの反問に天一坊は百年の恋もさめたように言い放った。

天一坊「君に思う存分儲けさせようと思って、持ちかけたのに、月給の多寡など、ケチ臭く望まれるようなら、折角だが、この話はやめにする」

「備前西郷」を理事長に据える

結局、取引銀行の紹介で、「備前西郷」と呼ばれる杉山岩三郎という人物を推薦された。杉山岩三郎は岡山財界の大御所で当時、中国鉄道社長をしていた。堂島理事長には申し分ない人。天一坊は早速岡山へ杉山を訪ね、理事長就任を懇請した。ことの顛末を話すと、杉山は、「小僧に似合わず大胆なことをやったもんだ」と興味深そうに聞いてくれた。杉山も名門堂島取引所理事長というポストに色気はみせたものの、こんな小僧に担がれて失敗した時のことを考えると簡単には乗れない。

しかるべき人物の推薦状を用意しろと言われて天一坊は磯野小右衛門とその友人である高崎親章岡山県知事の推薦状を持参して杉山の担ぎ出しに成功する。長い堂島米穀取引所の歴史の中で、異色の理事長、杉山岩三郎が登場する。だが、明治32年5月に就任して、わずか5カ月間で同年10月には早くも退任する破目となる。杉山が第4代理事長を引受ける前に懸念していた結果に終わるのは、天一坊がコメ相場で大失敗し、堂島取引所株を手放してしまったからである。

ことの顛末はこうだ、以前ともにコメ相場で闘ったことのある越井弥太郎からSOSを受け取ったからである。コメ相場で曲がって破滅寸前に陥ったから助けてくれとの悲鳴である。天一坊は後に「越井の話に乗ったのが身の破滅であった」と悔んでいるが、後悔は先に立たず。

越井に請われてコメを買い始める。明治32年3月のことだ。以来、買い増しに次ぐ買い増しで建玉は膨らんでいく。そうこうしているうちに肝心の越井が行き詰まってしまい、もう1人の買い大手石蔵も病気で戦線を離脱、天一坊1人が取り残された。このころには天一坊は44万石という莫大な現物を抱えたうえに先物市場で30万石の買い建玉を抱える始末。

堂島株は銀行の担保に入っているうえに、コメの現物を担保に融資を受けようとしても銀行は融資に応じようとはしない。銀行が融資しないのにはわけがあって、売り方が八方手を尽くして金融機関を口説いて回り、天一坊の金融の道を断つ「金くくり作戦」を成功させていたのである。銀行側も、天一坊は前代未聞の荒業で堂島取引所を乗っ取った怪物と恐れていた時であり、結果として銀行は売り方陣営にくみすることになった。

営業停止で株価暴落、万事休す

そして「窮鼠猫をかむ」場面が訪れる。

「窮余の一策、松谷は取引所のカネを流用して防戦買いに努める。安田善次郎から50万円の融資を受けることができたが、後の祭り。買占め戦に敗れる。こんな公私混同の取引所運営が長続きするはずがない。農商務省の手入れで、営業停止を食らう。堂島株は暴落する」（平成10年9月4日付日経産業新聞）

たった1人の大株主にとって堂島株の100円を越す大暴落は致命傷である。わずか、

2日半で乗っ取った堂島米穀取引所だったが、8カ月で手離すしかなかった。時に明治32年10月、天一坊はまだ23歳の若さである。天一坊は12万~13万円位の金を持って上京する。ぶらぶらしながら相場をやっているとすっからかんになってしまう。すると、愛知県下のローカル線豊川鉄道の買占め戦の仲間に入らないかとの相談を受ける。手持ちぶさたな折、仕手戦の仲間入りを承諾した。

実は堂島で買占め戦の時、大変世話になったのが横山孫一郎であり、その横山が豊川鉄道の社長として経営に苦しんでいるとあっては片肌脱がないわけにはいかなかった。天一坊にはそういう侠気があり、敵も多い代わりに味方も少なくない。豊川鉄道株の買占めに動くもう1人が横山源太郎。先年「天下の雨敬」と組んで北海道炭鑛鉄道の買占め事件で世間を騒がせた大物相場師である。

横山源太郎と豊川鉄道買占め

「横山源太郎も松谷天一坊も、相場界では立派な名題役者である。それを目の当たりにして売り向かうようなことはいかに向こう見ずでも素人にできることではない。ことに天一坊は儲けた金は持っていく。損した金はビタ一文でも払わぬという斯界《しかい》のワルで通った男である。このくせ者を向こうに回して闘ったのは誰であろう、当時兜町の一流仲買店であった独眼龍こと半田庸太郎、それに後年大阪財界に辣腕をふるった宮崎敬介だった」（狩野正夫著「商戦秘話」）

天一坊と横山の連合軍は堂々と名乗りを上げて買い進む。独眼龍を頭目とする売り屋はどんどん売り浴びせてくる。どうせ現株を受け切るだけの資力はないと侮っている。だが、受渡し期日が接近しても天一坊、横山連合はあわてる気配もなく、余裕しゃくしゃく。株価はジリジリと上がっていく。売り屋は段々に不安になってくる。売り屋連合はひそかに現株の調達に動く。相手が相手だけにもしも現株が揃わないとどんな目に遭わされるか分からないとの不安がよぎる。

ところが、東京には現株が1枚もないことが分かって売り屋は愕然《がくぜん》とする。実は、天一坊たちは買占め戦に先だって東京の現株はかっさらってしまったのである。売り方は動揺の色をかくしつつ現物集めに地方に向かう。ところが、驚いたことに、地方に手を回しても現株は1枚もなかった。それもそのはず、紅葉屋こと神田鐳蔵が地方を回って豊川鉄道の現株を残らず買占めていたのである。

神田は豊川鉄道株の買占め戦の噂を聞いた時に、いち早く地方に手を打って、いざという時に備えていた。そんな抜け目のない男なのだ。神田は、独眼龍一派が現株集めで血眼になっているのを先刻承知のうえで、売り屋に現株を持ち込んだ。70円内外で買った株を120円で売り渡した。独眼龍とその一派は愁眉を開いたかにみえた。しかし、まだ860枚の株不足である。このまま受渡しの期日を迎えれば、相場は青天井だし、独眼龍半田庸太郎はじめ8軒の仲買店が違約処分を受けるのは必至である。売り屋は日本橋の某所に集まって密議を重ねる。

宮崎敬介の侠気

売り方仲買は鳩首会談の後、「天一坊のために8人の仲買の首が飛ぶのは情けない話だ。犠牲者を1人に絞ることとしよう。そのために皆のカラ売り玉を1人の犠牲者に背負わせる」という苦肉の策がまとまる。この時、自ら進んで皆のカラ売り玉を一手に引受けたのが宮崎敬介である。宮崎は後年、大阪財界の惑星と呼ばれる大物だが、この時のことを語っている。

「ぼくはそのころほんの駆け出しで、資産もなんにもなかったから、いわば『カラ馬にけがなし』で違約処分なんか、恐ろしくは思わなかったが、小池国三、半田庸太郎、今井文吉、石見権兵衛をはじめ売り方仲買は皆一流どころで、これが処分されると大変だ。1州を取ると誅《ちゅう》せられ、8州を取るも誅せられる。どうせ首の座に直るなら7人の売り玉を引受けてやろうと思った」

この1件は宮崎敬介の侠気として今日に語り伝えられるが、この密議は買占め派の察知するところとなり、売り玉の付け替えが進まず、実行不能となり、次なる起死回生策を講じるしかない。売り屋たちが窮余の一策として編み出したのは、天一坊もびっくり仰天の買占め屋仲買須藤健助商店の場立ちを買収することだった。買収役を引き受けたのは、やはり宮崎敬介である。この男の義侠心は並みのものではない。

須藤商店の場立ちは牧野新太郎という男だったが、たまたま宮崎と縁戚関係にあったのを手掛かりに1、000円（現在なら500万円くらいか）の大金をつかませた。そしてとうとう牧野に逆手（売りの手）を振らせることに成功する。

「相場は大暴落、今まで凱旋将軍のように意気揚々としていた横山源太郎は、俄然色を失った。松谷天一坊は無念の歯噛みをして泣いた。……買占め派は場立ち牧野の取押えをその筋に依頼すると同時に、東京裁判所に対し、売買契約無効の訴訟を提起した。売買する本人の意志にそむいた契約だから無効だというのである」（「商戦秘話」）

だが、裁判の結果は代理人（場立ち）の行為は店主の指示によるものと認定され、天一坊の敗訴となる。場立ちの牧野は佐渡ヶ島に逃げ込んだあと、ようとして行方知れずである。それにしても宮崎敬介は天一坊の上をいく辣腕家である。牧野が逆手を振らなければ売り方の損は200万円（現在なら100億円くらいか）に達していたろうといわれる。天一坊・横山連合にすれば場立ちの裏切りで逸失利益が100億にのぼったわけで「九仞《きゅうじん》の功を一簣《いっき》に欠く」結果となる。

天一坊の長広舌――なぜ相場師になったのか

宮崎敬介の奇策で大魚を逸した天一坊だが、相場師になった動機をこう語っている。しばらくはその長広舌を聞いてみよう。

「もしぼくが安田善次郎の真似をして金儲けをしようとすれば、いくらでもできる。けれどもそのころぼくには安田ほどの信用がなかった。仕事をするには金と信用とが必要である。どうやって安田ほどの信用を得るかというに、金持ちを見込んで神妙に奉公するとか、豪家の養子になるとかするより外に道はない。けれどもそんなことはぼくにはできない。大阪で相場界前代未聞の大成功を収めてすぐ大失敗をやって『今天一坊』という異名を取ったうえに、妻もあり、妾も2人持っていたので、大家の養子になる資格はなかった。以上のような理由でどうしても相場をやる外に道はない」

天一坊は消去法で、相場師しかやる方法がなかったように述べているが、積極的な理由もあって相場道に入る。「相場でいけば、日本国中だれに遠慮もいらない」とし、次のように述べた。

「早い話が、渋沢栄一にしても元は三井の奉公人であったように、時に政府の保護を受けて出世した。古河市兵衛も渋沢から特別の保護を受けた。岩崎弥太郎も大隈重信の恩顧をこうむった。およそ今の金持ちで政府その他の恩顧を受けずに成長したものはない。これらの人たちのしたことを真似て身上を作り上げようとしても、それはダメである。なんとしても腕一本でたたき上げてみようという意気込みで躍り出たのが、ぼくが世間から種々な悪評を受ける原因であったらしい。この考えが腹の底にあるから容易に人に頭を下げない。あくまでも独立独歩の態度を持して進んだからである」

「世間の馬鹿をだまして金を取る」

天一坊の相場師談議はますますボルテージを高める。世間では「天一坊は智恵者だから人をだまして金を借りる道を探す」といった評判がもっぱらだが、天一坊は「おれはそんな姑息《こそく》なことはしない」と開き直って、こう宣言する。

「金が入り用の時には世間の馬鹿を欺いて金を取るより他に道はない。その馬鹿を欺いて金を取る機関が相場というものである。おれを敵にすれば儲かるように見せ掛けておいて、相手になる奴を身ぐるみ脱がしてやるという趣向である。万一私に勝ったところで、元金がないのだから、やらずに済ましてしまう。反対に負けたが最後、すぐに裸にしてしまうのだからたまらない。ここ10年というもの、ぼくを押え込んだ者はいない」

天一坊は「やらずぶったくり」の術を公言してはばからない。天一坊が世間から毛虫のように嫌われるゆえんである。相場界ではなんとか天一坊を市場から追い出そうと懸命である。所管の農商務省では天一坊がいると取引所が騒々しくて困るから排除にかかる。だが、なかなかうまくいかない。東京米穀取引所の片野重久理事長が天一坊を評してこう語ったことがある。

「今におれがお前を根こそぎ殺してやる。お前は手が1本でも引っ掛かっておれば、すぐはい上がってくる奴である。一度くらい溝にほうり込まれても、なかなか死なない。よほど不思議な人間である」

この片野の言葉が天一坊はえらく気に入って、「まさに適評だ」と手をたたくのだから始末が悪い。鵜崎露城著「当世策士伝」も天一坊のことを当代の代表的策士として取り上げる。「相場師には権謀術数家が多く、仕事の性質上、自然悪辣に働く」として、次のようにこき下ろしてはばからない。

財界のバチルス、相場界のゴロツキの評

「東京の米界に天一坊と称する怪物があって四六時中、策を描き、毒ガスを発散して触

れるところのもの、ことごとく腐敗させ、彼のあるところ必ず、平地に波瀾を起こし、天一坊の自称にそむかない。彼の如きは財界のバチルス（病原菌）、相場界のゴロツキ、会社モグリで、最も悪い意味の策士の標本といって誤りない」

「天一坊」松谷元三郎はじっとしていることができない。仁寿生命保険の乗っ取りに失敗したあと、内国通運（現日本通運）に狙いを定める。明治44年頃のことだ。兜町の仲買店14軒にいろいろな名前を使って内国通運株（12円50銭払込み）を買い進んだ。当時の仲買は客の買い注文には反対売買するのが当たり前のような時代だったから、内国通運の買い注文を受けた仲買店は皆売り向かった。内国通運の新株は全部で1万2、500株しかない。天一坊は1万数千株を買い建てた時点で、ころあいやよし、とみて覆面をはぎ取った。すると泣く子も黙る天一坊の巨体がぬっと現れ出たので仲買人たちは青ざめた。

内国通運株を買占め

「カラ売り連中は天一坊が脱いだ頭巾のように青ざめてしまった。が、時すでに遅し。26円がらみであった内国通運新株は、そのころは50円近くまで暴騰していた。しかも売りの手を緩めたらどこまで上がるか分らないので、手を引くことができず、相場を抑えようと売れば売るほどカラ売りが多くなって、受渡しの期日が近づくにつれ、相場は天井知らずに上がっていく」（「商戦秘話」）

内国通運新株はついに52円をつけたが、天一坊には利食い売りの気配はない。機関店に、「納会では全株現受けする」と通告があり、売り屋は再び青ざめた。このころにはカラ売りは3万〜4万株に達していたため、14人の売り方仲買人は顧問弁護士を頼りに日本橋倶楽部に集まり対応策を協議した。だが、妙案などあろうはずがない。客を甘くみて売り向かったトガメが出たのだ。天一坊は「早く実株を揃えろ」と矢の催促だが、カラ売り屋は「ない袖は振れない」とふて腐れるしかない。

天一坊の背後には甲州系のある富豪がついていて、現株を引き取るために400万円のカネを銀行に積んであったが、カラ売り屋連中が「ないものは渡せない」とぐずぐず言ってラチが明かない。結局は、個々に任意解合することになるが、損金の何掛けかを支払ったくらいで天一坊の目算は外れてしまう。憤慨した天一坊は東京株式取引所に対し、「自分は正規の手続きを経て内国通運新株を定期市場で買い求めたにも拘らず、受渡し期日になっても現株を渡さないのみか、解合値に基づく差金も支払わない。彼等不良仲買を速やかに除名処分しろ」と迫った。天一坊は農商務省に向かっても同様の処分を求めた。ところが、農商務省は「そういうお前こそ財界撹乱の常習者で、不都合この上もない男じゃないか」と取り合ってくれない。

金万証券社長の南波礼吉は言う。「松谷はいく度か買占めを行い、十分の勝利を眼前にしながら失敗しておる。それというのも天一坊という悪名があるためで、彼はこの悪印象のため世間から同情されず、むしろ失敗を痛快がられる風で……」(「日本買占史」)

世論の支持を得られない天一坊は悲哀を感じ、歯がみするばかりだが、天一坊がこの内国通運株を買占めたのは、その含み資産にあり、乗っ取ったあとは会社を解散し資産を売却して巨利を占める作戦であった。南波はこう続けている。

「松谷は新株の買占めに成功したうえで、次は親株の買占めを行う。そして過半数を自己の掌中にしてしまったら、一も二もなく、この会社を解散する積もりであったという。この会社は全国の枢要な地方に巨大な土地を持っている。これらの土地はすこぶる安価に買ったもので、財産目録には安い価格の評価が掲げられている。だからこの土地を処分すれば莫大な利潤が生まれてくる。さらに運輸事業上の色々な権利を持っているのでこれを譲渡すれば非常な利益になる」

内国通運の解散価値を計算しての買占め戦であったが、日ごろの世評の悪さが邪魔をして世間の支持が得られず、「相撲に勝って勝負に負ける」結果に終わる。だが天一坊の闘いはまだまだ続く。

180センチ超、110キロ超の巨漢

天一坊は明治42年のコメ相場で松村辰次郎の参謀総長をつとめ、大乱戦を展開する。この仕手戦で松辰将軍は大敗北を喫し、東京米穀商品取引所の青木正太郎理事長は運営上の責任を問われ、主務省から解任されるという前代未聞の事態に陥る。

大決戦を前に東京毎夕新聞の記者（西州居士）が天一坊を訪れる。天一坊はこの年、春相場で買いから入り一敗地にまみれたばかりだが、松辰将軍と連合戦線を張る形で、天候相場を前に再び買い方に陣取った。取材記者は会見する前に緊張した心境を記す。

「悪魔（デビル）はその形相において醜悪ならず。美神（ミューズ）はその精神において神聖なり。予は松谷氏と初めて相見《まみ》えるに当たりて、彼がデビルなるか、ミューズなるかを思案した。英雄は凡人に誤解されやすく、大凡人は豪傑と間違いやすい。私はこの怪人と初めて会う。彼は果たして英雄か、単なる凡人か」

記者は、悪名高い天一坊との会見を前に一体どんな風貌の持ち主だろうか、どんな抱負、経倫の持ち主だろうか、などと思いを巡らした。デビルか、ミューズか、英雄か、凡人か、想像をたくましくした挙句のインタビューである。その結果は――。

「彼はその容貌の端麗なる点において中国三千年の歴史に例を見ず。巧言令色は優に当

世の才人なり。そして胸中の経綸は鬼神を泣かせる。怪傑天一坊のタイトルある松谷元三郎君が米界で名を成せるは、まことに天才というべきなり」

容姿端麗、弁舌さわやかで、天賦の才に恵まれた巨人だと記者はうなる。体重は優に30貫（112・5キロ）を超し、身長は6尺（181・8センチ）、腰回りは2メートルになんなんとし、「前九年の役で厨川の花と散りし奥州の豪傑安倍貞任《あべのさだとう》※の再来を見るが如し。松谷は容姿において魁偉を極む。縦横懸河の弁は蘇張《そちょう》※をしのぎ、権謀術数は孫《そん》呉《ご》※を超越す」

※安部貞任　平安後期の陸奥《むつ》の豪族。頼時の子。前九年の役で弟宗任《むねとう》とともに源頼義・義家らと戦う。厨川柵《くりやがわさく》で敗死。首は京都西獄門にさらされた。通称、厨川二郎。衣川の戦いで源義家が「衣のたてはほころびにけり」と歌いかけた時、貞任は即座に「年をへし糸の乱れのくるしさに」と答えたので義家は感心して矢をはずして引き揚げたという故事は有名。（1019〜1062）

※蘇張　中国、戦国時代の策略家、蘇秦と張儀の併称。転じて弁論のすぐれた人。

※孫呉　孫子と呉子。ともに中国の春秋戦国時代の兵法家。

取材記者は天一坊の魔力に魅せられてしまったらしい。美辞麗句を並べ天一坊賛歌を謳うことになる。天一坊は初めて会う人をとりこにしてしまう魅力を備えていた。

「彼は米界の奸雄（悪知恵に長けた英雄）をもて称せらる。市人の多くは彼の辛辣なる巨腕におびえ、彼の敵対者はその逆鱗に触れ、毒牙に滅ぼされることを恐れる。ある者は彼を市場の撹乱者と呼び、天一坊とののしり、蛇蝎《だかつ》のように忌み嫌う。しかし、それは『衆盲の巨象を評す』※のことわざに異ならず。究極のところ、英雄でなければ、英雄のことはわからないということだろう」

※衆盲の巨象を評す　「群盲、象を撫ず」に同じ。凡人には大人物の一部分しか分からず、全体像を理解できないの意。

「かつて梟雄《きょうゆう》クロムウェル※が赤服隊を率いて議院を解散するや、彼は天下にこう宣言した。曰く『上帝よ、請う。彼我の曲直を正当に裁断せよ』と。松谷天一坊はまさにこの信念をもって取引所を包囲し、彼の敵と戦えるなり」

※クロムウェル　イギリス、清教徒革命期の軍人。１６５４年アイルランド派遣軍の部将となり、55年以降は事実上のアイルランド統治者。（１６２８～１６７４）

さて、明治42年の春相場に失敗しながら、天候相場（夏相場）に再び買い思惑を立てたことについて、天一坊はこう言い切る。

「投機師は兵を収むるに時期あり。多くの定期師（先物相場師）はその思惑をやめてしまう時、刀折れ矢尽きて、最早どうすることもできず、戦闘力が欠乏し、最後の断末場で往生を遂げるため、損害は非常に大きなものになる。そして思惑を放棄したところで相場は逆方向に向かい、いわゆる〝うらみ相場〟となることが多い。だが、私は、たとえ戦闘余力があっても、勝利がおぼつかないとみた時は、直ちに軍を撤収し、退却する。これまで数多くの激闘を演じてきたが、いまだ無益の犠牲を出したことはない。常に捲土重来が可能である。いくさにおいて第一に必要なのは金である。この必要条件たる金が欠乏した時、定期師はとうてい米穀界で生き残ることはできない」

先限の上ザヤを買う

そして、作柄順調が伝えられる中で買い方に陣取る理由について、こう述べている。

「国民の多くは、このまま風水害もなく、虫害もなく、秋日和もいいと予想しているようだが、果たしてそんなに順調にいくのだろうか。私は10月限が50銭以上の上ザヤに発会した点を重視しているのだ。過去に明治22年の10月限、同32年の10月限がやはり上ザヤに発会した。いずれの年も不作で米価が奔騰したことを知らぬのか」

10年おきに現れる上ザヤに賭けたようだ。10月限は新穀限月であり、普通なら下ザヤにスタートするものが上ザヤ発会、それも50銭以上の上ザヤをたたいたとなると買いしかないと読んだ。それともう一つは敬愛する松村辰次郎（屋号にちなんで「にんべん将軍」とも呼ばれる）が買い出動した点も天一坊を買い方に誘ったようだ。市場ではにんべん将軍の大々的な進撃をみて、「天一坊もヤキが回ったようだ。こんな年に買い進んだりして――」との声が強かったが、天一坊は松村にエールを送る。

「資力あり、胆勇あり、智謀あり、度量あり、かつ天佑多き松村将軍が米界空前の大計画を決断するからには、胸中必勝の成算があるはずだ。勝算もなく軽々しく出陣するような将軍ではない。理由もなく松村の行動を軽蔑する者こそ、他日悲嘆の渕に沈没するだろう。10月限の上ザヤは松村の腕力相場だから売り向かえと地場筋は売ってきている。だが、割り高な上ザヤを売って儲かるようなら、そんな楽な金儲けはないだろう」

そして松谷天一坊は持論である「相場師ほど素敵な商売はない」とボルテージを上げる。こうなると記者はひたすらメモを取るばかりである。

相場には境界がない、奥が深い

「世界に職業の数はすこぶる多いといえども相場師ほど豪快にして趣味深き商売は果たして他にあるのだろうか。相場ほど研究の余地があって、研究を進めれば進めるに従って妙味を感じる社会が他にあるのだろうか。かの大科学者ニュートンが『学問には境界なし。予はただその浜辺における無数の真砂の2、3を拾ったに過ぎない』と語ったように、コメ相場の世界にも古来、なんびともその境界を発見した者はいない。わしは15

年間この相場界の探検を続けているが、いまだ1回も成功したことはない。はなはだ慚《ざん》愧《き》に堪えないが、これからも米界の開拓に一生を捧げていこうと思っている」

松村将軍は「沈雄」と称されるほどで寡黙だが、「天下の糸平」以来といわれる大物相場師。これの参謀総長として天一坊が仕える大仕手戦は、買い玉が50万石を突破、相場はお天気をにらみながら一進一退である。しかし、あまりにも取組高が膨らんで不慮の事故を恐れた農商務省の役人は東京米穀商品取引所に証拠金の増徴を命じた。この時、松村は取引所の監査役の立場であったが、増徴に反対するばかりか、さらに買いあおって主務省を挑発した。業界紙は書き立てる。

「松辰将軍の奮迅突撃は猛烈なり。取引所当局の警告を無視して、松辰の跳梁《ちょうりょう》甚だしく、取引所の青大将（青木正太郎理事長）も手に負えざるべし」

昔から台風が来るという二百十日（9月1日）になっても、天候は良好を極めた。にんべん将軍はやむなく証拠金の増徴に応じ、建玉を維持した。もちろん、松谷のアドバイスもあってのことだ。この時点では2人とも「収穫間際の作柄悪化」を確信していた。

松辰との大仕手戦を語る

のちに東京日日新聞（現毎日新聞）の大物記者となる小野賢一郎がまだ駆け出しのこ

ろ、上司から天一坊との会見記事を命じられた。松村辰次郎の参謀としてコメの買占めを演じ、社会問題になるほどの騒ぎを起こした直後のことだった。小野記者は書いている。

「米界の怪将松辰は天下のコメ相場を撹乱し、悪戦苦闘、遂に万策百計尽きて軍門に降ったが、その黒幕に隠れて松辰を傀儡《かいらい》の如く操り、あるいは有力な片腕となりて松辰を励ました松谷天一坊は、真に希代の怪物なり。記者は彼を日本橋蛎殻町１－３に訪う」

当時の米穀仲買人は蛎殻町１－２に集中し、文字通りいらかを連ねていたから、天一坊の店（松谷合資会社）は中心部からは少し離れていた。玄関には履物が乱雑に脱ぎ捨てられ、天一坊のずぼらな一面を表わしている。当時蛎殻町で金貸し兼相場師として活躍した馬越文太郎は全国有数の金満家でもあったが、「店先がきれいに掃除されてないような連中には絶対、金を貸さない」と言っていたから、天一坊などは決して融資対象にはならないだろう。

店に入っても、ソロバン玉の音も、店員たちの話し声も聞こえてこない。それもそのはず店員たちは机にもたれ、居眠りの真っ最中である。少し前、小野記者は紅葉屋の神田鐳蔵を訪ねた時と随分勝手が違うな、といぶかっていると、生まれたままの姿で本尊が現れ、記者のド肝を抜く。

素っ裸の記者会見

「ヌッと現れたる大肉袋（体）あり。湯上がりか、身は赤裸々にして腰間一褌すらまとわず。いささか羞恥《しゅうち》の色を帯びる面貌は布袋《ほてい》をしのぎ、毘沙門天をして笑わしめんか、と思わるるほど、無邪気なれど、麦酒樽を欺くほど緊張せる彼の腹には神を驚かし、鬼を笑わす妙計を蔵せるかと波を打つ腹を見るも気味悪し。これぞ怪物天一坊なり」

天一坊は小野記者を案内して2階へ上がる。ここは相場師として奇策を巡らす参謀本部で、正面床の間には村上浪六の描いた達磨《だるま》の絵が掲げられている。村上浪六は、当代切っての流行作家であり、相場道にも精通していた。樋口一葉とも交遊があったし、若き小泉策太郎が居候していたこともある。当然、蛎殻町にもよく出入りしていた。ビール腹をゆすりながら裸で対峙する怪人との一問一答は次の通り。

記者「松村辰次郎はとうとう降参したなあ」

天一坊「自分に火事を起こせば、自分の家が焼けるのは当たり前さ」

記者「共火をうちわで煽ったのは君だというが、そうか」

天一坊「べらぼうな。世間の奴等はいろんなことを言うが、おれは松辰の相談にあずかっただけじゃ」

記者「それみろ。相談されて煽ったろう」
天一坊「違う、違う。金を借りることだとか、損を少なくしたいとかいうから彼を助けたのじゃ」
記者「でも、松辰は君を恨んでいるそうだぜ」
天一坊「そりゃ勝手に恨むがいいさ。おれの知ったこっちゃない。手前が仲間の罪をあばいたら、手前が看板を捨てる（仲買を廃業すること）のは、当たり前の話だ。分かり切ったことだ」
天一坊がいう「仲間の罪をあばく」とは、苦戦に陥った松村が売り方仲買を呑み行為をしていると訴えた一件だ。この時、新聞は「窮鼠、猫をかむ」と書くなど、マスコミは連日のようにこの事件で持ち切りだった。小野記者は、同志を突き放したような天一坊の態度にカチンときた。

マスコミの寵児

記者「そう早くから分っているなら君から友だち甲斐に注意したらいいだろう」
天一坊「しかし、そこは松辰の考えさ。おれは早くに廃業しろと勧めた」
記者「世間では松辰が自殺するんじゃないかなどと噂しているが、あの男はそんなに肝っ玉の小さい男か」
天一坊「馬鹿いえ。裸一貫で相場師になってさ、また昔の裸一貫になっただけのことだもの、そんな尻の穴の小さい男じゃない。あの男も相場師といっているからにゃあ、剃刀をのどに当てるような芝居の中幕はやらねぇ」
記者「村上浪六の大将は近ごろどうだ」
天一坊「浪六か。先ごろはよく来たがネ、近ごろは顔を見せんが、階下には来るんだろうよ」
小野記者との裸の会見の前、明治42年8月19日から3日間にわたって東京日日新聞の商況面に天一坊会見記が連載される。天一坊は、「いろんな新聞とも名論卓説が多いが、東京日日さんはどこかアカ抜けしていて面白い。君はコメ相場では相当玄人だね」などと記者をヨイショしたり、やけに機嫌がいい。
天一坊「私は短期決戦を楽しむという主意からいつも迅速に勝負を決するのを本領としております。松辰は私と違って胆も大きいし、資金も十分ですから随分長期の戦争もします。私は資本の乏しい代わりに、いつも〝糧は敵に在り〟の軍法で、短兵急のいわゆる桶狭間（1560年、桶狭間で織田信長が今川義元を奇襲して敗死させた戦）をやりますので、今日こうしておれるのです」

一杯のサイダーでのどを潤しながら天一坊節は佳境に入っていく。自分は仕掛けるのが得意だが、松辰は手仕舞いがうまいなどと盟友を持ち上げたりする。

「松村辰次郎という男は太っ腹の男で、大腹といっても彼の腹中は決して緻密さを失いません。10枚（100石）のコメすら粗末にせぬやり口だが、私はそうはいかぬ。1日に2、000石や3、000石コメをやっても、やったような心地がしない。金のないくせに大きくやりたいのが私の性質とみえる。だから、どうも人望がない、ハハハ」

松辰は最低売買単位の10枚の玉でも大切にするというのに、天一坊ときたら1日に200枚や300枚の売買をやっても、やったような気がしないという。松辰も太っ腹だが、おれは松辰に輪をかけて腹が太いぞ、といいたかったのであろう。サイダーを一気に飲み干し、天一坊の相場講釈はとうとうと続く。

東京日日新聞は天一坊取材に格別力を入れていたようで、明治43年1月1日付でも天一坊の「新春美談」を掲載する。敗軍の将、兵を語るといったたぐいで、元旦号だというのに、愚痴っぽい話に終始、天一坊の異称を返上し、これからは松谷早雲坊を名乗るつもりだなどと言い出す。その理由がふるっている。

「ぼくの異名天一坊は大阪朝日新聞の記者がつけてくれたのだが、いかにもこの名は上御一人という、チト恐れ多いから改名を君等にしてもらいたいと思うのだが、ぼくは日本の歴史上の人物の中で北条早雲が一番好きだよ。わずか七騎で小田原に天下を睥睨《へいげい》したからね」

しおらしい口振りの下から「やはり今年のコメ相場はぼくがたきつけてやる」などと減らず口をたたくのだから始末におえない。

青木理事長、解任さる

大仕手戦は解合で決着することが通例である。この時も例外ではなかった。青木理事長の要請で「天下の雨敬」が動き、解合の道を探る。地場の仲買人たちは「ドロ辰（松辰のこと）や天一坊を相手にしていて、無条件委任などできるものか」と突っぱねる。そんな時、農商務省の収穫予想が発表になる。

「天候良好で、本年度の収穫は6、000万石強で史上最高の豊作……」。

これで松村、松谷連合軍もついに万事休す。雨敬の調停案（1石＝14円で解合）に応じ、松村は仲買を廃業した。新宿将軍・浜野茂から譲り受けた新宿の豪邸も人手に渡った。「日本米価変動史」（中沢弁次郎著）はこの椿事を見逃さない。

「大豊作が確定的となるや、俄然落勢に入り、年末ついに1石11円台に落ち込んだ。大取組に対し、紛議起こり、理事長、監査役の2名の解職、仲買人10人の停業、数度の立会停止等起こりたる事実をみると、市場の混乱、甚だしかりしことが推定できる」

青木理事長は混乱の責任を負って辞任、というよりも主務省から解任された。解合劇には紛議がつきものだが、この時暴露されたのは、松辰が証拠金として取引所に納めた株券の評価が大甘で、「松辰たちが理事長を抱き込み、3文の価値もないボロ株を証拠金代わりにした」というものだった。

この仕手戦は終盤ドロ試合の様相を呈した。参謀総長たる天一坊が戦線の撹乱を図り、売り方仲買10人を名指しで「呑み行為をしている」と取引所当局に申し入れ、相場の不利を別件で仕返そうと、意趣返しに出たことだ。

青木正太郎の首が飛び、松村辰次郎は落城したが、天一坊はなおも生き続ける。

金山投資が大流行

昔の相場師はよく鉱山業に手を出した。株やコメ相場よりはるかにリスクの大きい山師に挑戦した。東株（東京株式取引所）仲買人の半田庸太郎や富倉林蔵も山にとりつかれ、大株仲買人の島徳蔵は持部銅山や但馬金山を経営、静藤治郎、野村徳七も鉱山に深くかかわった。天一坊は八溝《やみぞ》金山に目をつけた。

小川功は滋賀大学経済学会の「彦根輪業」の中こう述べている。

「リスク・テイカーとしての株式仲買人等がもともとリスクの高い日々の商家経営活動の傍ら、さらにハイリスク分野に積極的な投資活動を行い、証券業と並ぶ家業として鉱山経営に少なからず関与した結果、多くは破綻した」（証券業者による鉱山経営）

天一坊の八溝金山は福島県境の茨城県久慈郡黒沢村大字上野松沢にあり、「万葉集」にも登場する。大伴家持が「天皇の御世さかえなん　東なる陸奥山に黄金花咲く」と詠んだ名山である。聖武天皇の御代以来、金山として知られ、多くの投機師が手掛け、元亀、天長、慶長のころまでは相当量の金を産出してきたが、その後は廃鉱になっていた。

しかし、明治の後期に入ると、文明開化とともに採掘機械も精巧を極め、かつての廃鉱が息を吹き返す例も珍しくない。そして財界人の間では金山に投資するのが一種の流行になる。かつて競走馬の持ち主になって社会的ステイタスを誇る財界人が続出した時代があるが、明治期には金山を持っておのれの勢力を誇示する風潮がみられた。

金山を持てない人はせめて金山株を持って一攫千金を狙う――そうした野心家に照準を合わせて天一坊が大芝居を打つことになる。それが明治38年6月設立された八溝金山株式会社（通称八金）である。設立趣意書には八溝金山の栄光の歴史が謳われた。佐竹氏の時代に最盛期を迎え、久慈川流域には金鉱跡の遺構も多く、西金、盛金など往時を偲ばせる地名も少なくないなどと投資家の食指を動かすような文言が盛り込まれた。もちろん天一坊の指図によるものだ。

そして資本金50万円の八溝金山の社長には三浦泰輔を担ぎ、専務には岩田作兵衛を据えた。2人とも雨宮敬次郎の息のかかった人物で、取締役には後藤義三郎が就任する。後藤は天一坊の岳父に当たる。

八溝金山株を先物市場に上場

天一坊は八溝金山株を東株の定期（先物）市場に上場させるべく、まず現物市場で売買実績を積ませた。その手口を長谷川光太郎が「兜町盛衰記」に書いている。

「新規の株式に市場性をつけることはなかなか難しいものですが、それが極めて巧みで、株式を分けてやって、しかもそれをぶつけられるのを覚悟で、値をつり上げたり、昨日安値で分けてやった株が回ってきても、それを平気で受けもしました。そしていつか、現物市場で花形、とまでいかなくても商いができる部類の株になっていました」

現物市場でいくら商いができるようになっても、会社設立後2年以上たたないと先物市場には上場できない規則であったが、登記から3カ月後の明治38年9月1日、あっさり上場を果たす。天一坊得意の手練手管をろうし、巧みにその筋に運動を重ね、八方手を尽くし上場株に仕立ててしまったのである。

定期市場に上場されると、八溝金山の知名度は急上昇する。そして。新しい金脈が発見されたなどという情報が新聞に載る。市場の注目を集め、投機街の噂を増幅させ、現物市場、先物市場ともども商いが膨らむ。そして八溝金山株を買っているのは安田財閥の安田善次郎らしいなどという噂が流れるとチョウチンがついて商いはさらに弾む。

当然のことのように株価は波乱含みに上昇をたどる。50円額面(払込みは12円50銭か)が一時80円台に乗せる。天一坊の描いたシナリオ通りの展開である。

「松谷としては、初めから鉱山会社の経営などを問題にしていませんでした。その株をおとりにして、あくどい儲けを懐にしようというのが目的でした。一般のお客が高値に買い付いてきたならば、ホゴ同然の実株を浴せてやろう、もし値に惚れて一般大衆が売り込んで来たら、現物を場に出さず、踏み上げさせてやろう、もし崩落・暴落場面があれば巧みに波に乗って利を抜いてやろう、という魂胆でした」(長谷川光太郎)

売り玉も買い玉もすべて腹心の子分の名で行わせ、みずからは黒頭巾を目深にかぶったまま、深く潜航するのが天一坊流である。その正体が割れて「八溝金山は天一坊が操っているのか」、「天一坊のエジキになるのはご免だ」などと市場から一般客が逃げ出していくのが一番困ることだった。

ついにパニック

だが、八溝金山株が高値波乱の様相を高めてくると、取引所も事態を放置する訳にはいかない。取引所の幹部とすれば、超法規的に設立からわずか3カ月で定期市場に上場を許した手前もあり、取引規制に動く。売買証拠金の大幅増徴で、投機の鎮静化に努める。だが、11月25日、ついにパニックが襲来する。

「例の金山がこれと同一視される京浜とともに前日3～5円安を演じたる矢先、昨日の金山株には56円より俄然35円も放れ、21円とつけられて、ここに35円方の大劇落を演じたるが如き、さなくもこれを担保としている取引所の損害もがなと唱えられ……東株の大幅安を招き、後場は金山株暴落の結果として立会を延引させた」

引用記事中の京浜とは、京浜電鉄のこと。同社の歴代社長は大物投機師が多く、雨宮敬次郎、片野重久（東米理事長、明治40年のガラで割腹自殺）、青木正太郎（片野の後任の東米理事長）など仕手として有名、京浜電鉄株は仕手株として人気が高かった。投機筋は八溝と京浜を同時に手掛けていた。

この大暴落は買い方仲買の中心だった北村熊吉、中島豊治郎らを直撃した。天一坊は2人の背後で操っていた。

「天一坊はこの金山の株を大量に買い、その一方で売り、現株を渡すという手でうまくやっていた。そのうち、商いが増えてくると、これはどうも変だ、天一坊じゃないか、というので、まじめな人は警戒しました。そして最後には売り方が株を提供したので上記の人が引取らなければならない。ところが背負い切れなくなって、北村さんは結局、違約処分を食らい、中島さんは実力がありましたので、現株を引き取ったのですが、それがタダの10円になってしまいました。土蔵造りの倉の中で腹を切り、ノド首をかき切って死にました。武士のような立派な切腹でした」(日本経済新聞社編「相場今昔物語」)

由利亀一は明治19(1886)年東京出身、同29年兜町の今井文吉商店に勤め、同44年独立して才取りとなり、大正11年東株実物取引員となり、昭和12年東株一般取引員、同19年金十証券を創立、社長就任、第2次大戦後は東京証券取引所理事となり、同26年相場監視委員長をつとめる。

由利によると、中島豊治郎の死は八溝金山株の失敗によるとされているが、少し記憶が混同しているのではないか。中島の死は明治43年11月のことであり、八溝事件から5年ほど経っている。日露戦勝バブル景気が弾けて株界は大不況に突入、明治40年から兜町で株式仲買の転廃業が続出する中で、中島は自殺する。「債権は取れず、債務は果たさざるを得ず自尽せり……」など6通の遺書を残して果てた。中島の血潮がまだ乾かない4日後、加藤忠七郎がピストル自殺する。加藤は慶應の理財科を出た数少ない「新知識」

の仲買として期待されていた人物だった。

天一坊の大風呂敷

　ところで、天一坊自身は八溝金山事件についてどう弁明しているのだろうか。例によって大風呂敷を広げる。日本を元気にするため八溝金山に着手したというのだ。日露戦争で日本の国民は疲れ果てていても、ロシアからは暗償金は取れそうもない。多くの犠牲者を出して戦ったのであるから、相当の報酬が得られぬというようなことは天理が許さない。……もしこの際有望な金山を一つ発見すれば、疲れた日本の経済界を回復させることができるだろうと空想した。翌日、1人の男が砂金の鉱区を売りに来た。奇縁だと言い値の500円でその鉱区を買い取った。

　支配人の今川をつれて乗るか、そるか地下足袋で茨城県久慈川をさかのぼると、古人が金を採掘した形跡がありありと見える。それが八溝金山だった。宝の山に入ったような夢見心地にさせられ、早速その付近一帯の試掘を出願し、試掘権を手にした。たまたま岩田作兵衛に出会う。

　岩田の本業は日本橋の呉服太物商だが、投機心盛んな男で雨敬の鉄道事業にもからんでいた。そのころ、岩田は安田善次郎の指示で金鉱探しにきていたが、2人は意気投合し、共同で開発に乗り出すことになる。早速八溝金山会社をでっち上げ、株式を発行、資金集めに着手するが、だれも出資しようというものが現れない。天一坊は語る。

「資本の少ない私たちが事業をやるには取引所を応用するのがだれにも迷惑をかけずにやれると思ったから、八溝金山の株式を定期市場に上場してその金融をもって経営しようとした。ところが世間では株式取引所の機関を応用する知識がないため、私のやり方に疑いを抱いた結果、だれ1人応ずる者もなく、相当の計画を立てた八溝金山も、むなしく風雨に委すの余儀なき末路をみた」

相棒の岩田作兵衛が手を引いたあとも未練がましく八溝金山の経営を細々と続ける。と同時に羽田沖の埋立て事業にも意欲をみせる。

「羽田穴守の後方に広がる約45万坪の土地を持っており、すでに10万坪余り埋立てが終わり、一部を京浜電鉄に貸している。それと江戸見崎養魚株式会社を設立する手はずになっている。多分9月（明治42年）ころには開業できると思う。この2つの事業は大丈夫、失敗の気遣いなしです」

天一坊は相場師の先輩から儲けた金の半分は不動産に投資しろ、それもすぐ換金できるようなものではなく換金しにくいものに投資しろと忠告され、埋立てと養魚場を手掛け、終生の事業にするつもりである。

東京証券交換所を創立

松谷天一坊が一世一代の大芝居を打つのは大正バブル景気の最中、大正8年のことだ。突如、東京証券交換所を出現させる。その豪勢な顔触れに世間はうなった。

社長　磯部四郎（貴族院議員、東京弁護士会長老）
専務取締役　松谷元三郎
取締役　板倉勝憲（貴族院議員）、武藤金吉（衆議院議員）、斉藤珪次（同）、島田俊雄（同、後に農林大臣、衆議院議長）、鈴木宗言（前大審院検事）
顧問　江木衷（弁護士、法学博士）、鈴木富士弥（衆議院議員）、磯部尚（同）

磯部四郎以下、10人の役員、顧問のうち法律家が7人を占め、政友会を中心に国会議員が同じく7人という布陣で、東京株式取引所を圧倒する大御所を揃えた。

「2カイ、3ヤリの巷に、これはまた侃々諤々《かんかんがくがく》、堅白異同《ママ》、鷺を烏と言いくるめる観あり。これを東株の重役と対比してみるも、証券交換所の陣立てのなんと勇ましく、大げさなことよ。……東株側は郷誠之助理事長が貴族院議員で、岡崎国臣理事長代理がかつて衆議院書記官長であったという以外は、1人として交換所側のような堂々たる肩書きを有する者はなく、重役の顔触れからみれば、東株側はひとたまりもなく兜を脱ぎそうではないか」（根本十郎著「兜町」）

この東京証券交換所は茅場町1丁目の鎧橋際で、東株とは大通りをへだてて向かい合ったのだから、いかにも天一坊らしく露骨で、嫌味たっぷりである。生形要が「兜町百年」の中で書いている。

「交換所の2階に収まり、胸には純金のネックレス（というよりも時計の金鎖）を身に着け、太鼓腹を突き出し、あぐらをかいていたのだから、さすがの兜町人もあっと驚き、この時ばかりは、太っ腹な東株理事長の郷誠之助もウームとうなってしまった」

設立から2カ月たった大正8年11月1日、証券交換所は営業を開始する。いくら役員の顔触れが錚々たる法律家や政治家を据えていたとしても、肝心の取引員がどの程度、参加するか、が証券交換所の実力を測るポイント。天一坊が言葉巧みに勧誘しても、人望のないいたずら者のレッテルを貼付けられている悲しさ、参加する取引員はわずかしかいないだろう。

そのことは百も承知の天一坊は、明治26年、東株発足時の初代仲買人組合委員長、加東徳三の力を借りた。加東は第百三十三銀行の頭取であり、相場師として鳴らし、その上、街の人望を背負う人物である。このころは相場で失敗して失意の日々であったが、天一坊の片棒を担ぐことになる。取引員たちは、東株や監督官庁に対する遠慮はあっても加東から声を掛けられたら断るわけにはいかない。天一坊の加東起用は図星のようである。

郷東株理事長を逆なで

開業式の当日の花やいだ模様を元国民新聞編集局長の長谷川光太郎が書き残している。

「紅白の幔幕が張り巡らされ、いくつかの大きな花輪が立ち並び、いかにも賑やかな、どこか人を食った開店を思わせる。取引所と同じように、高台のようなのが設けられ、そこには加東徳三さんがその主任―市場監督といった立場で、数人の所員を従えて立っておりますし、その後方には、松谷天一坊さんが理事長然として立っておりました」

当時、取引所では長期清算取引が主流で、現物の取引は現物屋と称される仲買人の間で主に場外で行われていた。天一坊はそこに目を付け、場外取引を組織化したもので、天一坊に続いて株式会社大阪証券取引所（資本金1、000万円、代表者武内作平）、大阪現株株式会社、株友会などが営業を開始する。

「事実上の第二取引所であった。株式の急増から現株の取引が望まれたためか、こうした市場類似機関は一般から歓迎され、東京証券交換所の組合員は300名にのぼり、そ

の取引は追って盛んになった。時には東株を脅かすほどの賑わいを呈した」（生方要）
あくまで有価証券の交換であって売買ではないというのが天一坊のいい分で、東株首脳が取引所法違反は明らかだ、ぶっつぶせと息巻いても農商務省は違法として摘発する決め手がなかった。

東京証券交換所の市場監督として取引場の采配を握る加東徳三は東株の初代仲買人組合の委員長を務め、東株監査役に収まるほどの人物で、この男を担ぎ出すことに成功したのは、天一坊の怪腕というべきだろう。加東を味方に付けなかったら交換所がここまで活況を呈し、後世の史家が注目する市場には育っていなかったはずである。

加東は安政３（１８５６）年、播磨国（現兵庫県）出身、神戸でコメ相場を始めるが、失敗、堂島でも失敗続き、明治10年、兜町米商会所で勝利を収める。同22年株式仲買を開業、同26年には第百三十二銀行を創立、渋沢栄一東京商業会議所会頭の下で副会頭を務める。

加東のことを兜町では「三引将軍」と呼ぶのは屋号に由来する。「兜町秘史」（島田金次郎著）によると、「加東さんは投機の天才として一般市場人から畏敬され、相場の神様とあがめられた。常人から一頭地を抜いていた」という。

加東が兜町で不動の地位を確立するのは明治26年、北海道炭鉱鉄道株の買いで大きく当てた時だ。低金利下で、12%配当の北炭株が50円前後でくすぶっているのはおかしい、と他人にも勧め、自分も買い進む。相場が100円を超すと、買い玉をそっくり手じまったばかりか、ドテン売りに転換、見込みは的中し一挙に50万円という巨利を占めた。

また雨宮敬次郎一派による北炭買占め戦の時は、今村清之助、2代目田中平八らと売り方に陣取り、〝株界3人男〟として二引将軍の名はまたまた響き渡った。異端のジャーナリスト〝まむしの周六〟こと黒岩涙香が「万朝報」紙上で政、財、官、学、仏法界の重鎮にねらいを定めて「畜妾の実例」を連載、話題を呼ぶが、加東も槍玉に挙げられる。堂々たる体躯と端麗な風貌の持ち主で女性にはよくもてた。

当時の代表的経済誌「実業之日本」が「財界の太閤を気取りし加東徳三、今いかに」と題して会見記を掲載するのは大正元年11月のこと。東京証券交換所の市場監督に担がれる7年前のことだが、「20円あれば、1、000万円は朝食前」などと、天一坊もびっくりするような大ボラを吹く。

「20円もあれば、1、000万円くらいの金を儲けるのは訳ありません。勘定してご覧なさい。20円の金が倍ずつ20回回転すれば1、000万円以上になるのではありませんか。いま金が手元にないことを憂うことはありません。金は相手方にさえあれば、何時でも儲けられます。心配なのは相手方に金のないことです。金などは預けて置くようなもので、機会さえあればいつでも取戻すことができる」

帝国議会も介入できず

さて、東京証券交換所。新場橋署でも毎日私服を派遣して取引実体にさぐりを入れる。天一坊は「さあ、さあ」といった調子で事務室に招き入れる。新聞記者に対しても、「名刺など通さなくても、ノック一つで、どしどし入ってくれていいよ」とあっけらかんとしたもの。違法行為をやっている意識はまるでない。天一坊の言い草はいつも決まっている。

「ここは決して取引所ではありません。個々の人を相手として商売しておるだけです。高台の下には多勢の人が集まっておりますが、そりゃその人たちが勝手に集まってきているだけで、こっちはその1人、1人を相手として相対売買しているだけです」

新聞記者から「取引所の値段を対象として売買している〝呑み行為〟と同じではないか」といった質問が飛び出しても天一坊は平然とこう答える。

「呑み屋は、取引所の公定相場をアテにして、高いか、安いかのバクチをしているもので、その損益を差金によって決済しているがここでは、決して取引所の値段など対象とはしていない。どこまでも個々の相手と相対的に値を決めて、取引約定から遅くも15日か、20日のうちに現物の受渡しをすることを原則として、それを実行しています。時には途中で相互に話し合って、その取引を解消することがある。それは例外です。第一、呑み屋は隠れてこそこそやっているが、こっちは公然とおおっぴらに商法に従ってやっているじゃないですか」

大正9年に入って帝国議会が開かれるが、政友会の重鎮磯部四郎が交換所の社長をつとめているので政府との間はナアナアである。

「天一坊から政友会に政治献金があるんじゃないかという噂さえ流布され、農商務大臣の山本達雄さんも手こずったようです。ここのところは東株に東京証券交換所を吸収合併させて——ということになりました。松谷さんは〝合併もよろしい。ただし、お断りしておく。合併は対等でなけりゃ駄目だ〟と高飛車でした。取引所は、すっかり足もとを見透かされてしまっており、地団駄踏むばかりでした」(「兜町盛衰記」)

東株による交換所の吸収合併は大正10年12月に株式交換の形で実現する。東株は3万株を交換所に交付し、交換所の株20万株と引換えた。当時、東株は120円がらみで、プレミアムの付いていない交換所株20万株との交換は、天一坊の大勝利である。「交換所側にとっては対等合併以上の好条件といえるかも知れません」と長谷川は述べている。

ただ、合併が成立する直前、大正10年8月、天一坊は腎臓病の悪化で波瀾万丈の生涯に終止符を打つ。加東たちは「東株と対等合併以上の高い評価で終末を迎えた交換所の最後をみせてやりたかった」と悔しがったことか。

強がる郷誠之助

当時、東株の理事長だった郷誠之助は後年、天一坊についてこう語っている。

「東株は私がいる間に2度半、増資をやった。〝半〟というのは、当時妙なものが沸き出した。松谷天一坊という奴が東株に対立するようなものをつくったので、その策動の内情をさらけ出すとか、訴訟を起こすとか、ごたごたがあって、結局買収ということになった。それがいくらばかりのものだったか、今記憶にないが、勘定して〝半〟ということになる。天一坊は合併を見越してやったといわれているが、格好いい条件でもなんでもなかった。こちらも突っぱねるところまで突っぱねたので、彼等の仲間は、総会荒らしをやったり、色々なことをしたが、結局買収で殺してしまった」

郷は東株理事長在任13年という長期政権の間に2度の大型増資を行ったことを誇りにしている。そして交換所を合併するため200万円の増資を行ったことを〝半〟といっているが、天一坊対策では悔しい思いをさせられた。上記の引用文では「買収で殺した」などと強がっているが、実際は殺すどころか合併を余儀なくされた、というところだろう。

郷理事長の下で常務理事を務めた河合良成（後に小松製作所社長、衆議院議員）が交換所事件について以下のように証言している。

「日本の取引所には法律によって地区が決まっており、一地区内に1カ所しか取引所は認められないので、証券交換所は全く法律違反の典型的なものであった。ところが、いろいろ裏面に情実があったとみえて、容易にそれを消滅することができない。警察力をもってしても、監督官庁の力をもってしてもできない。私は郷さんの指揮下、最後は岡崎邦輔という政友会の知嚢といわれた人にも働いてもらって、やっと政治的な力で解消することができた」

投機界において天一坊は蛇蝎のようにきらわれているが、それでも大手を振ってこの世界に生きているのは、仲買人の弱点を握っているからだとの指摘がある。後日のたたりを恐れて、天一坊との縁を切れないからだという。そんな男だから業界が平和時には天一坊の出番はないが、ひと波乱起きると、これに乗じて天一坊が策動する。

前掲の「当世策士伝」はこう記す。

「眼中一丁字こそなけれ、天性の機略、才幹はその方面において及ぶ者はなく、ホラも吹けば、流言も放ち、ことに人を懐柔するに妙を得、その策のごとき、いちいちソロバンに合うている。この種の人物の常として、向かい合って話をすれば面白く、利害関係を離れたものには少しも危険人物らしくみえない。もしその鬼才を他に善用すれば、立派に成功したかも知れぬ」

人望厚い松谷二世

天一坊の息子、松谷元三は父親と違って人望が厚かった。昭和初め報知新聞が相場の極意を取材にやってきた。なかなか味のある相場哲学を語っている。

「今日の時代は相場をやりますについても投機という考えより投資の観念で臨まないと駄目だと思います。世間では株の相場というは危険なものとして、いわゆる〝食わず嫌い〟の人が多いのは遺憾です。私はそれは大いに間違った考えだと思います。株を買おうと決心したら、まず第一にその選んだ会社の内容をよく自分で調査することです。やたら宣伝広告を信用したり、人の口車に乗るのはよくないことです。また高率の配当に目がくらむなども注意を要することで、少し目を光らせたら善悪はたちどころに分かるものです」

松谷元三は明治35（1902）年東京出身、大正10年明治中学を経て明治大学政治経済科に学び、在学中に欧米に遊学、同11年日本証券取締役に就任、同15年解散時は専務、のち東株仲買人・角倉加道商店の経営に参画、昭和2年角倉の死去に伴い、東株一般取引員免許を取得、松谷商店を開業、東株取引員組合委員を長年にわたり務める。

「社債なら危険がないと考える人がありますが、これは眼界が狭い話で、確定利率のものは金利の騰落に際し、安い時より高い時の方が余計影響を受けて下落するものですからいけません」

また松谷は、砂糖、米、繊維など商品については、「値下がりして現物を引き取った時に処分に困る」と語り、もっぱら株式投資を推している。そして最後にこう述べる。

「実戦に当たって、買い方針で臨べば買い下がること、売り方ならば売り上がることです。私の経験では一度出した指し値は取り消さないで、当初の考えでいくのがいいように思います。初めの方針を一貫して態度のぐらつかない人は必ず成功します」

兜町すずめは松谷ジュニアについて、「堅実なる営業振りにもかかわらず、開業して日が浅いためか、親が残した悪評のたたりか、いまだ大を成すに至らない。親の罪業を消滅せしめる覚悟でもあれば、天道は決して人を捨てない。やがて隆々たる声名を馳せるに至るだろう」と述べている。

Einosuke Iwamoto
1877-1916

3

非命の栄之助（岩本栄之助）

悲運、されど公会堂と共に在る

「遠くの戦争は買い」と相場金言にある。大正3（1914）年7月に勃発した欧州大戦は日本には黄金の洪水となって外貨が押し寄せた。バブル景気で成金が続出する。株価も奔騰する。日本中がうかれて、バブルに酔っていた時、北浜の大相場師、岩本栄之助は苦吟していた。岩本はこんな異常高値が長続きするわけがないと、売り方に回っていたからだ。そして世間を驚かす事件が突発する。大正5年10月24日付「東京日日新聞」は「岩本氏、自殺を企つ、大阪公会堂に100万円を寄付した人、短銃を発射してのどを貫く」という大見出しで、岩本がピストル自殺を図ったことを次のように報じた。

ピストル自殺図る

「100万円を投げ出して公会堂建設者として一時、大阪株界を風靡したる岩本栄之助氏は22日の日曜日に家族一同を茸《きのこ》狩りに出し、北浜堺筋なる自宅において夫人照子（35）と平常の如く、晩さんを済ましたる後、気分すぐれずと言いおりしが、午後7時に至り、離れ座敷に入りて短銃をもって自殺を企てたり」

回生病院の稲葉医師や菊池博士が駆けつけて応急措置が取られる。急所を外れていたため、一命は取り止めるが、極めて危険な状態である。東京日日新聞の記事は続く。

「氏は一昨年（大正3年）の秋の相場以来すこぶる振るわず、その後再挙を狙い、昨冬以来やや回復の気味なりしも、今年春に及びて再び大敗し、気勢上がらざりしが、去月のこと、この名物男を殺すは北浜の恥なりという、市場関係の知己の同情により、一時の急を救い得しも、その後振わず、……」

当時、大阪株式取引所理事長の島徳蔵が談話の中で「沈着な岩本氏が今回のようなことをやるとは、実に夢のようです」と以下のように語った。

「21日、取引所で、堺筋に仲買人50余名を招待した時には、同氏も羽織はかまで出席し、実にはしゃいでいた。その時わたしがこの頃の景気はどうですかと尋ねると、『鳥もち桶に足を入れたようなものです。1カ月前に貴方の注告通り、いったん精算し目鼻をつけておけば、こんな苦しみもなかったでしょうが。自分の寄付した公会堂が目の前に日毎に形態を改めて、ぼう大な姿となって来るのを見ると身を切られるような思いがしますす』と、この時ばかりはうなだれて元気がありませんでした。先輩の忠告に耳を貸さなかったためとはいえ、気の毒なことです。今後、同家の救済をどうするか、ということについては親戚や先輩とも相談のうえでなければ分かりません」

島徳の談話では岩本はすでに亡き人のような口振りだが、実際に絶命するのは6日後のことだった。

一方、東京朝日新聞は「生命には別条なさそう」とみて、栄之助の闘い振りを精しく書いている。栄之助は売りにしろ、買いにしろ極端から極端に走る、激しい張り方の相場師のようである。

「氏は欧州大戦前、北浜一帯の仲買人が驚異の目を見張れるにもかかわらず、強気一点張りにて押し通し、あらゆる株式を買い建てて一時やかましき評判となり、氏はその際、少なからざる痛手を負いしが、剛健なる気質とて一本調子に追いまくらんとして果たさず、間もなく方針を一変し、弱気となりしも、不幸にして氏が心気を一転したる当時が株界に陽気の曙光見え始めたる刹那にて極端より極端に走る氏はまたも窮地に陥り……」

買っては下がり、売っては上がり、まさしく「ちゃぶつき」、鳥もちに足を取られた状態に陥っていた岩本栄之助。北浜きっての名手といわれた栄之助にしてこのような苦戦を味わう。そのころ曲がり屋の筆頭にあげられていたが、中之島公会堂の建設資金に100万円という大金をポンと寄付し、その工事が着々と進んでいる中、自殺を図ったのだから、大阪朝日新聞、大阪毎日新聞とも号外を出した。

「その秋を待たで散りゆく紅葉かな」

栄之助は長文の遺書を残していた。

「我運命ハ定マレリ、今日迄百方弥縫シ、親戚友人ノ援助、店員ノ努力ニ依リ、幸イ維持シ来リシモ最後ノ『支払猶予ヲ請フ』ノ結末ハ単ニ時日ノ問題タラン」

「事ノココニ至リシハ一ニ自分ノ罪ニシテ周囲ノ忠告、諫止モ幾多聴キナガラ、猶最後ノ悪ニ回復ノ僥幸ヲ捨テザリシ為、益々深味ニ陥リ、債務額ヲ増大ナラシメシハ実ニ不明不徳ノ致ス処ト慚愧ニ不堪候事実ニ申訳無之」

周りの者から早く手じまいして、これ以上傷口を広げないようにといった忠告を受けながら「踏み退き」をきらったことをわびている。

「今日ノ不穏ノ行動ハ精神興奮ノ結果ニテ有之ト自覚シナガラ……弟茂ニ二、三ノ適当ノ方ヲ煩シ有然御処断願上候」

死後のことは弟の茂に託すと同時に「二、三の適当な方」とは野村証券の野村徳七や「とくさん」井上徳三郎、大株理事長の島徳蔵らを煩わすことになる。彼らは生前の栄之助に随分世話になり、急場を助けてもらった口である。遺書はこう結ばれている。

「今ヤ生死ノ岐点ニ立テバ往事夢ノ如キニ非ラズ。皆因縁ニ胚胎セルヲ知ル、只毀誉風声ニ過ギズ、我四十年ノ生涯怒濤ニ浮ヘル小舟ノ如ク生死ハ観スレバ風木ノ樹葉ト同シ。此場ノ死ハ無意ナルベキモ今回ノ大失敗ノ無意味ナリシ最後ニ可有之候」

そして、「その秋を待たで散りゆく紅葉かな」の辞世の句を残していた。

栄之助が自殺を図る直前、理化学研究所設立のため100万円寄付した塩見政次が39歳の若さで自殺、10日を経ずして中之島公会堂建設に100万円を寄付した岩本栄之助が自殺した。総合雑誌「日本及日本人」(三宅雪嶺主宰)は塩見政次論と岩本栄之助論を特集記事の形で掲載した。塩見に対しては厳しい見方をしているが、栄之助に対してはあたたかい眼差しである。

栄之助が大阪市に100万円寄付するのは、明治44年3月のことだ。この義挙に際しては渋沢栄一が立会人となった。栄之助はその2年前、渋沢栄一を団長とする「渡米実業団」に加わってアメリカの産業界を視察するが、その途次、父栄蔵の訃報に接した。そして帰国後直ちに寄付を申し出たのだった。寄付大国アメリカで鉄鋼王カーネギーに会ったとき、成功した実業家にとって寄付の重要性を説かれていたともいわれる。

当時、栄之助の資産は300万円ほどであったといわれ、その3分の1に当たる大金を投げ出したことは世間の人々に深い感銘を与えた。100万円という金額も大きいが、資産の3分の1を差し出した点に栄之助のいさぎよさが端的に現われている。

「岩本将軍の名は常に『斯界の勇者』の響きを伝えて、やるだけはやる男だと評されていたらしい。氏は理知には長けず、経験にもすぐれず、むしろその方の劣者でありながら、かえって意気に生き、またみずからも、気分をもって尊しとし……」

栄之助の日頃の言動は「北浜の勇者」と呼ばれるにふさわしかった。「義侠の相場師」と称されるのもうなづける。人生意気に感じるタイプで、理性や経験にすぐれているわけではない。また世間では栄之助の100万円寄付を自己宣伝のための広告だといった見方もないではない。岩本商店の名を売って、より大きいリターンを目論んでいるのだろうなどといった「下司のかん繰り」には「日本及日本人」は同調しない。

渋沢栄一の冷酷なコメント

栄之助の100万円の寄付に立会った渋沢栄一が、コメントの中で「死屍にむち打つのは忍びないが、仲買人たる氏が実際の売り、買いに飛び込んで、その危険を予期しつつも、ついに一身の安全をすら保ち得なかったのはすこぶる残念」と語っているのには、「日本及日本人」の記者は冷酷に過ぎるとし、批判的である。渋沢は仲買人は手張りをやめ、顧客本位の営業をすべし、と言いたかったのであろう。

栄之助が自殺を図る直前、会見した大阪朝日新聞の経済主筆、奥村千太郎は「あと2カ月生き延びていれば株価は暴落していただろうに」と残念がる。といっても、これは後講釈である。その2カ月間の水びたしの売り建玉を維持するには栄之助の財産が何層倍もないと追い証攻めに耐えることはできなかったであろう。それを百も承知で奥村は栄之助を悼む。

「岩本は100万円寄付の範を示しただけでも偉く、気性も潔白であったから個人としてもいささかも非難すべき点はない。しかし思惑家としては、時代を解する明がなかった。大局観よりすれば岩本の考えも間違っておらなかったが、その考えは当時の相場や思惑には役立たないばかりか、かえって我が身を亡ぼすもとになった。世に処しては、〝宜しく俗と同じうすべからず、宜しく俗と異なるべからず〟との言葉がある」

奥村は当時、有数の相場記者であり、島徳理事長のもとで天津株式取引所常務理事を務めるほどの男で、相場には一家言も二家言も持っている。「俗と同じうすべからず、俗と異なるべからず」とは含蓄に富む言葉だ。市場人気に付くべからず、市場人気に逆うべからずといっているのだ。

奥村「思惑家も世間並みの考えや、着眼ではよろしくないが、さりとて余り飛び離れた考えでは自己の先見性を商いの上に実行しても、衆愚がそれについて来てくれないでも困る。それに岩本氏は思惑の立て方が独断的に偏していた。元来投機や思惑は合議制では強弱こもごもの意見が出て、うまくゆくべきものではないが、さりとて初めから見ざる、言わざる、聞かざるの三猿主義の主観的な相場観で独断式に思惑を張るのは時代錯誤である。でき得る限り見聞を広くし、調査を深くし、さらにこれを経済のふるいに掛けて、売買材料の取捨選択を行い、いわゆる大勢張りをするのが大手筋のとるべき方針、態度でなければならぬ」

岩本栄之助のルーツは和歌山県海草郡鰈川村（現下津町鰈川）で、父栄蔵は7代目に当たる。相当な旧家である。栄蔵は天保9年生まれで、東京では渋沢喜作と同い年、そして大倉喜八郎、渋沢栄一、天下の糸平・田中平八、岩崎弥太郎らとほぼ同じころの生まれである。アメリカの鉄鋼王・カーネギーの3歳下になる。当時は投機心あふれる猛者が国内外に大勢いた。

栄蔵は20歳ころ大阪に出て、木蝋《もくろう》（ハゼノキの果皮から圧搾して得られる脂肪）の行商を始めるが、当時多くの冒険商人がそうであったように両替商を営み、着々と資産を形成していった。屋号は「銭栄」を名乗った。3、4人の番頭を抱えた大店に発展していた。明治11（1878）年8月、大阪株式取引所（大株）が誕生すると同時に仲買人となる。

父栄蔵、商船株で大儲け

大株の仲買人は定員60名で、その中には鴻池や住友家の代表が名をつらねていた。岩本家の大阪財界における信用の高さが分かる。明治19年、松方正義蔵相による緊縮政策によって米価、株価ともに暴落する。この時、栄蔵は暴落した大阪商船株を買いまくる。「資力の限りを尽くして買い込んだ」と記録にある。商船株とともに古金銀類も値上がりを見込んでどんどん買い入れた。

「この2つが栄蔵氏立身の端緒となり、財界が好転して莫大な利益を収めました。栄蔵氏は常に静かに瞑想、思惑をなし、毎日株式取引所に入り、場立ちをなすまでに売買の方針をチャンと胸に定め、縦横自在、思うがままに駆け引きをなし、めったに敗れることなく、他の仲買人を畏怖させるくらいであった」（大阪市民政局編「公会堂の恩人　岩本栄之助」）

東京株式取引所（東株）で日本郵船株が人気を博すと同時に、大株では大阪商船株を中心に人気を高めた。大株市場での商船株の出来高は明治19年下期が5万株、同20年が上・下期合わせて67万株に膨らみ、同21年上期は58万株という大商いを演じる中、「岩本栄蔵はこの株で大いにもうけ、業礎をつくるなど、以来長い間、大阪商船株と北浜とは縁の深い株となった」（松永定一著「新・北浜盛衰記」）

丁半バクチのような張り方も

栄蔵は海上輸送の重要性を見込んで商船株に目を付けるなど時代の先行きをよく読んで相場を張ったが、その半面で、「岩本の伏銭」という言葉があるが、丁半バクチのような張り方も辞さなかった。「栄蔵は売買の判断に銅貨をぐるぐる回してサッと右の手で伏せて、その裏表の案配によって決定する。これを『岩本の伏銭』といって市場の逸話になっていた」（明治44年3月9日付大阪毎日新聞）。

栄蔵は中長期の見通しは熟慮の末の決断であったろうが、目先の売買で迷った時には銅貨の表裏に頼ったのではないだろうか。年中、伏銭頼みでは博徒でしかない。栄蔵にまつわる史料に「株式界の聖人」とある点をみても、岩本栄蔵の北浜周辺における人気度は抜群であったろう。

長く大阪証券界に身を置き、退職に際し、「大阪の恩人　岩本栄之助考説」を自費出版し、現在は堺市に住む寺村安雄はその著書の中で、栄蔵についてこう述べている。

「栄蔵氏は苦労を重ねた末、一代で身代を築き、数百年の歴史がある住友や三井、鴻池らと同時に大阪株式取引所開設時の会員となり、彼らと肩を並べている。しかし、その成功を誇示することもなく、淡々として質素を旨とした日常生活であった。彼は人生における位置づけとして金銭とか名誉を得ることだけを目的とするのではなくて、人として真の生きていく意味を追求してやまなかったのではないだろうか」

足ることを知っていたからこそ栄蔵は成功したのだというのが、寺村の結論である。その足るを知る心は栄之助にも受け継がれていく。

最後の10年に凝縮した相場人生

岩本栄之助（1877～1916）は明治10年4月、大阪で生まれた。同27年大阪市立商業学校（現大阪市立大）を卒業後、大阪清語学校、明星外国語学校で外国語を学ぶ。この間、兄栄治郎が20歳の若さで他界したため、栄蔵は栄之助を跡継ぎに定め、株屋街をつれ歩く。同30年、徴兵検査で甲種合格の結果、1年志願兵となり、陸軍少尉に昇進する。同37年日露戦争が勃発すると、満州の野に転戦、同39年従7位に叙せられ、勲6等単光旭日章を授けられ、一時金400円（現在の価値で200万円見当か）を下賜される。

この年、栄蔵は株式仲買開業30周年の祝賀会を挙げるとともに隠居して家督を栄之助に譲った。以来、大正5年に亡くなるまでの10年間が栄之助の凝縮された相場師人生であった。「大阪現代人名辞書」は栄之助の人となりを以下のように要約している。

「資性温良にして綿密、細心、しかも市場に勝負を争うに当たりては極めて放胆的にして、遅疑逡巡《しゅんじゅん》することなく、確固たる信念を持って最後までその信ずるところを曲げない勇猛心に至っては、君の長所として株式界に認められるところ。またいわゆる新知識の人で、英、仏、清などの各国語に通じ、品性また高潔、投機界にまれにみる人物なり」

父栄蔵は「北浜の聖人」と称せられ、栄之助は「稀代の人物」と同業者にたたえられ、2代にわたって市民から尊敬の眼差しで見詰められる。

明治39年、栄之助は栄蔵に代わって大株の仲買人となり、同45年3月に仲買人組合の委員長に当選、大正3年辞任する。栄之助が大株仲買人に登録される明治39年という年は、日露戦勝利を受けて熱狂相場に沸き、新設された満鉄（南満州鉄道）株、9万9、000株の公募になんと1億6673万株の応募があったという空前のバブル景気の頂点であった。1株5円の払込み証拠金領収書がたちまち40円で売買され、のちには90円のヤミ値を呼ぶ狂乱の最中であった。

青ざめる地場仲買人

初め狂乱相場を歓迎していた北浜の仲買人たちが、やがて青ざめてくる。余りの高値に仲買人たちは客に売り向かった。こんな高値は長く続くはずがないとみてドテン売り越したが、騰勢は衰えない。それどころか、翌明治40年初めには一段と上げ足を進める。お客は大喜びの正月だが、売り方仲買店は追証切れの危機に瀕した。そして栄之助が一世一代の侠気を見せる場面が近づいてくる。今も語り継がれる野村徳七をはじめ地場の売り方仲買を救済するための売り出動である。

「1月19日、大株は774円90銭で大引け、引け後さらに東京の狂騰気配を入れて900円の声があり、売り方を戦慄させた。その19日は薄氷の張った寒い夜ふけのこと。心斎橋の有名料亭『はり半』に集合した売り方代表は、善後策について密議をした結果、大株の大株主の岩本栄之助に懇願して売り出動してもらうことと、買い方強気の松井太閤からその日の引値で買い玉をもらうことの2つに一決した」(「公会堂の恩人　岩本栄之助」)

文中の松井太閤とは松井伊助のこと。「北浜の太閤さん」のニックネームで親しまれ、北浜のシンボル的人物で、栄之助よりは14歳の年長者である。その松井に1万株の解合を願い出て、これは太閤さんの「よかろう」の一言で決着(この場では解合に応じるといっていた松井だが、実際に立会場では解合を断る)、売り方は愁眉を開く。翌20日の日曜日、売り方の代表は、岩本邸を訪ねる。栄之助は分かりが速い。「みなまで言うな」とばかりの英断である。その言葉が語り継がれる。

世紀の売り出動

「よく解りました。私の父栄蔵は取引所創立以来の仲買人です。ざっと30年、皆さんのご厄介になっています。皆さんが生きるか、死ぬかの瀬戸際です。父以来のご恩返しと思って協力致しましょう。早速、明朝持株を売りつなぎ、さらに売り越しを決行し、極力売りたたきましょう」

売り方代表は安堵の胸を撫でおろし、翌日の立会に期待をつないで引き揚げていった。21日の大株市場では売り方仲買人の中に追い証未納の業者がいたため、立会場は喧々《けんけん》囂々《ごうごう》たる中で午後2時に立会が始まった。これより先、東株市場では「新東寄付き1000円カイ」から始まったが、東株の大株主、渡辺治右衛門が大量の売り物を出したとの報が入る。そしていよいよ栄之助の出番である。

「岩本栄之助がみずから市場に立って、『成行き売り』が敢行された。ところで、松太閤は売り方の1万株買戻しの取引所内の『判取り』の押印を履行しようとしない。しかし、彼独特の鋭い感から相場の急変をみて取って、これまた猛烈なドテン売りを敢行した。島徳、薮田、高倉らの買い方も同調した。相場道でいう『仕掛けは処女の如く、退陣は脱兎の如く』の実践である。東京の大売り物に加えて大阪の義侠の成り行き売りで急変し、売り方万能の修羅場と化した。こうして相場は大崩落して投げは投げを呼び、買い方総崩れの場面へと一転した」（同）

栄之助は地場の仲買から懇請されての売り出動ではあったが、巨額の利益をつかんだのはいうまでもない。

渡米実業団に参加

明治40年1月、大株の売り出動で地場の株式仲買から喝采を浴びた義人栄之助は同42年、渋沢栄一を団長とする「渡米実業団」に加わる。日頃から旅行好きで、この年の春、台湾旅行から帰ったばかりのことだった。栄之助は父栄蔵が教育熱心で、大阪市立商業学校の他、外国語学校にも通うが、このときも、「見聞を広げるチャンスだ」と栄之助の背中を押した。当時の経済界の重鎮51名（うち夫人5名含む）の中に栄之助が加わった。

主な団員は次の通り。

団長　渋沢栄一　男爵・第一銀行頭取
東京　中野武営　東京商業会議所会頭、東京株式取引所理事長
東京　日比谷平左衛門　鐘ケ渕紡績社長
東京　佐竹佐太郎　東京電燈社長
東京　岩原謙三　三井物産取締役
東京　根津嘉一郎　東武鉄道社長

大阪　土居通夫　大阪商業会議所会頭、大阪電燈社長
大阪　中橋徳五郎　大阪商船社長
大阪　岩本栄之助　株式仲買商
大阪　高石真五郎　大阪商業会議所書記長
京都　西村治兵衛　京都商業会議所会頭、商工貯蓄銀行頭取
横浜　大谷嘉兵衛　横浜商業会議所会頭、日本製茶社長
神戸　松方幸次郎　神戸商業会議所会頭、川崎造船所社長
神戸　多木粂次郎　肥料製造業
名古屋　神野金之助　明治銀行頭取

渡米団は8月16日横浜を出発、9月1日シアトルに上陸し53都市を歴訪し、1万1、000マイルに及ぶ大旅行で、各地の商業事情はもちろん、農鉱工業の実状を視察、調査して両国の親交、融和を図りつつ、同年12月17日横浜に帰着した。

ところで、栄之助は途中で一行と分かれ、1人帰国の途についた。それというのが、10月21日、ニューヨークに滞在中、父栄蔵の訃報に接し、人一倍親思いの栄之助は視察旅行を中止せざると得なかった。傷心の身でヨーロッパに渡り、シベリア鉄道経由で敦賀に上陸するのだった。この外遊は栄之助の後半生に大きな収穫をもたらした。再び「公

会堂の恩人岩本栄之助」による。

「この外遊が岩本氏の人物視野を大ならしめたのは疑うべくもないが、特に欧米の電気ガス事業の発達、公共事業に対する出捐《しゅつえん》の多きことなど、若い栄之助氏をして瞠目させることが多かった。またわが国財界の巨頭であった渋沢栄一に親炙《しんしゃ》し、敬慕するとともに、大阪財界の筆頭土居通夫氏らと交を温め得たが、このことがその後の実業界での話題、公会堂の寄付事件について有力なる氏の後ろ盾となったことは、岩本氏にとって誠に幸運であったといわざるを得ない」

大電常務就任で大盤振舞い

実際、この訪米を機に栄之助の実業界へのウェートが高まってくる。株式仲買＝相場師と同時に実業家としての顔が目立ってくる。大正2年に土居通夫・大阪電燈（現関西電力）社長に請われて同社取締役に就任、同4年には常務として采配をふるうことになる。大阪電燈といえば大阪経済界を代表する企業であり、そこの常務ともなれば、社長も同然である。

喜ぶ栄之助は大電の幹部社員を40～50人も故郷の和歌山に招待した。和歌の浦を見物のあと紀州切っての高級料亭四美館で盛大な宴会を開き、帰途は南海鉄道和歌山市駅まで人力車で送り届けた。紅提灯に火を点し、棒の先につるし、人力車で提灯行列となったため、地元民はなにごとか、と驚いた。もちろん経費はすべて栄之助の個人負担で、こんなところにも義侠の士、栄之助の人柄をみることができる。これより先、大正元年10月栄之助は京阪電鉄の取締役にも就任している。

栄えある大電常務就任だったが、わずか半年で常務を辞任、平取締役に戻り、家業の株式仲買に専任するのはなぜか、渋沢栄一の勧めによるといわれるが、理由は定かでない。当時、電力会社の民営、公営論が盛んであったが、栄之助は民営論を奉じていたので辞任のやむなきに至ったのかもしれない。それをうかがわせる一つの資料がある。それは常務在任中に一人の若い部下が著わした電気事業経営に関する著作に序文を求められて書いた文章である。その中で次のように述べている。

「両主義（市営主義、民営主義）、その主張を異にし、利害長短相半ばせるものの如し。しかりといえども、予ひそかに思うに、そのいずれの主義を採るも、その国政と民情とに適合せしむるにあらずば、なんぞよくその経営の妙味を発揮し、実際の効果をめぐるを得んや。欧州戦乱、今やたけなわなるも、将来平和の暁において、経済組織に多大の変化あるべきは予想するに難からず。現に世界金融の中心はロンドンよりニューヨークに移らんとしつつあるにあらずや」

電力民営論を主張

栄之助は序文の中で、旗色を鮮明にしているわけではないが、民営主義であると思われるくだりがある。それは引用した文章の少し前に、「近時社会政策上の見地より、一般に低廉なる財物を供給せんとする傾向熾烈を加えるとともに、経営者はその生産費の低廉と営業上の競争に対し、多大の努力と苦心とを払わざるべからざる状態となり……」とあるからだ。競争と営業努力によって安いサービス提供が求められている時代背景をみて、民営主義をとっているとみていいのではないか。

そして栄之助は欧州大戦後に訪れる経済体制の大変革を予見していた。そして大正12年大電は大阪市に買収される。その最後の株主総会において栄之助に感謝状を贈ることが決議された。感謝状の全文は以下の通り。

「故岩本栄之助君ハ大正2年12月当社取締役ニ挙ゲラレ、職ニ在ルコト3年、コノ間鋭意業務ノ発展ニ努メラレ、殊ニ大正4年6月ヨリ12月ニ至ル間、常務取締役トシテ専心社務ニ尽瘁セラレ、ソレ功実ニ鮮少ナラズ。シカルニ忽焉《こつえん》トシテ長逝シ不幸ヲ見ル。誠ニ哀悼ノ至リニ堪ヘズ。ココニ当社ハ株主総会ノ決議ヲ以テ別紙目録ノ金品ヲ贈呈シ、謹ミテ在職中ノ功労ヲ表彰ス」

宮崎敬介大阪電燈社長の名において感謝状が贈られた。

高倉藤平との大仕手戦

さて、栄之助と大勝負を演じることになる高倉藤平とはそもそも何者か。

高倉藤平は明治8年、大阪岸和田市に生まれて、栄之助より2つ年上。気性の激しい負けん気の強い野心家で、堂島米穀取引所の理事長の椅子を狙っていた。同33年には北浜に進出し、株式仲買店を開業する。同42年末から堂島株をひそかに買い漁る。90円台で安定していた堂島株が浮上し始め、同43年2月1日には137円に上昇、4月9日には219円90銭の高値をつけた。

この高倉の買占めに売り向かったのは地場筋だが、高倉ペースで展開する。当時、栄之助は大株の仲買人組合委員長で、高倉の買占めで、苦戦に陥った地場仲買店から助けを求められる。ちょうど3年前の40年1月に鈴久の買占めで窮地に立たされた地場筋が栄之助の売り攻勢で九死に一生を得たことがある。こんどもまた栄之助の義侠心にすがる。

決戦の日の商いの模様については沙羅双樹「浪花の勝負師――北浜に華と散った男の生涯」が刻明に描いている。

「岩本は店を早く出ると、『今日はわいが手を振る』と場立ちの石川新吉に言った。……岩本は急ぎ足で立会場に入る。守衛が立会場の入口を固めていた、一店一人の入場をチェックしている。立会場の中央に、高倉藤平は先着した薮田忠次郎と立ち話をしている。今朝はさすがに立会場はガラ空きである。今までは一店から2人でも、3人でも入り込んで、場立ちの資格のない者まで騒ぎ回っていたが、今朝は入場禁止で、外で騒いでいる。取引所の外はそれらの群集で一杯である。『あ、岩本はんが来ました』薮田が高倉に言った。高倉は洋服姿である。チョッキから出ている懐中時計の金鎖を右手でまさぐりながら、『今日は雌雄を決せんならん。薮田はん、今日は250円まで買い上がるで』」

千軍万馬の薮田も驚いた。堂島株の立会停止前の終値は208円90銭である。それを250円まで持ち上げてみせると豪語する高倉。この日は浜崎永三郎理事長みずから高台に上がるという異例の事態である。場内は水を打った静けさ。当所株（大株）から始まって、東株、雑株が薄商いで終わると、いよいよ堂島株の立会である。

死に装束が届く

地場の仲買連の悲鳴に応じて立ち上がった売り方の総大将岩本栄之助は32歳、買い方高倉藤平は35歳。北浜から堂島一帯にかけて数多くの相場師が蟠踞《ばんきょ》していた時代、その中でも2人は突出して存在感を誇っていた。栄之助は持ち前の男気と名望家として聞こえ、高倉は逆に悪名が高かった。

この堂島株を巡る仕手戦のさ中、高倉のもとにはいやがらせが相次いだ。高倉の参謀役の小島文次郎は売り方から奇妙な小包みが届いたといって高倉の前に差し出した。

高倉「開けてみい」

小島「あっ！　経帷子《きょうかたびら》です」

縁起でもない死に装束の贈り物にも高倉は動じない。

高倉「これゃ面白ろうなってきた。脅迫状をくれたり、骨董や経帷子を送ってきたり、親切なこっちゃ、売り方が万策尽きた証拠や」

小島「全くです。そこでまた売り方が揃って、岩本詣り、となるのでしょう。この戦争もいよいよあと一週間というところですかね」

高倉「君はなかなかええことをいう。まあそんなところや」

さて、13日の立会場。栄之助の周りには地場の仲買人が守護神を護衛するかのように取り巻いているのに引き換え、高倉のそばには小島がただ1人いるだけだった。「成行き売ろう」とまず第一声を放ち、150円ヤリを叫んだのは栄之助である。人がよいだけに目は血走り、顔面蒼白であったのはやむを得ないとして、一方の高倉は悠揚迫らず、微笑さえ浮かべて、「成行き買おう」から「250円カイ」を叫んで、市場は混乱、取引所は再度立会を停止した。

この時、仲裁役を買って出たのは野村証券の始祖野村徳七だった。野村は栄之助より1歳下の31歳。野村徳七みずから当時を述懐して次のように述べている。少し長いが、貴重な証言だから付き合っていただきたい。

「私はまず岩本君を訪問して、岩本君の危険極まる行動について、その軽率さを戒め、高倉君が承諾さえしたら、たとえどんな条件であろうと、この戦いから手を引けと忠告半分に申したら、さすがの岩本君もその場で、すべてを私に一任するからよろしく頼むと申しました。私はその足で北浜3丁目の高倉君の住居へ出掛けまして、高倉君に密談を申し入れました」

野村徳七は高倉に「買占めの最終目的は金か、株か、堂島か」と問うと、高倉は「最初の目的は堂島であった。しかし、今日は金と株と3つとも目的が達せられるようになった。今は岩本君のカマドの下の灰までもらうつもりだ」と意気軒高たるものがあった。

この鼻息の荒いのに困った野村だが、高倉が意外にも情にもろい男であることを知っていた。先年、野村は高倉らと世界旅行（明治41年、朝日新聞社主催の世界一周旅行に高倉や梅原亀七らと参加した）をやった時のことを思い浮かべていた。ロンドン滞在中のことだが、娼婦がえらく親切だったことに感激した高倉が毎晩、女のもとに通い、ロンドンをたつ時には時計も金の鎖もみんな女にやってしまった一件を知っていた。野村は高倉の情けに訴える作戦に出た。

「岩本君は今、非常に後悔している。ただ岩本君の名誉と男の意地が、それをさせないだけである。一つここはきれい、さっぱりと解合っていただきたい。無条件で一任してくれ。値段なども決して君のため不利益なさばきはしない。もし、君がこの仲裁に応じないといわれると、なるほど岩本君を窮地に追い詰めるかもしれないが、世間の同情は君から去るだけでなく、すべてが理詰めで、一切が力のけんかになってしまう。それは将来に大きな望みを抱いている君のためにもよろしくない」

高倉、野村の説得に折れる

高倉は手を頭の上に置き、困った、困ったを連発した。

高倉「まことに困った。実は浜崎の老人（大株理事長の浜崎永三郎）からも懇々と話があったのだが、コメの解合なら、あなたの言う通り、どうでもするけれども、株のことはどうか勘弁してくれというて、断ったところだから察してくれよ」

高倉は野村の申し出を容易に受け入れようとはしない。だが、野村もここは必死である。先年、栄之助の「侠気の売り出動」で一命を取りとめたばかりか、大もうけの端緒を作ってくれた栄之助への恩義がある。

野村「君は天下の堂島を掌握できるだけの株は集めた。最高値で解合えば、金の方の勘定も悪くはないし、世間の同情も失わず、及ばずながらこの私も君の目的達成にも協力するから、岩本君のカマドの下の灰などとは言わないで、無条件で私に和解方を一任してくれ」

高倉「君に来られて、私は大金儲けの夢は全く破られてしまったが、この仲裁を断る勇気は、今はなくなってしまった。万事、あなたにお任せする」

こうして2人は堅く握手するに至る。野村の熱誠こめた説得が高倉の心を動かした。

野村「私の手も高倉君の手も、ともに感激でふるえていました。高倉の厚い友情に感激した私は、その足ですぐ、成り行きを待ちわびている岩本君を訪ね、成功を告げ、浜崎老人を訪い、解合値段のこと、将来高倉君に堂島取引所理事長の椅子を与えることなどの話合いをして、さしもの紛擾《ふんじょう》した堂島米穀株買占めの一件も、表立っては大きな波瀾を起こさずに済みました」

野村の仲裁によって大株は創立以来の大難事を解決し、翌44年1月、高倉藤平は念願の堂島米穀取引所理事長に就任する。

ところで、明治43年4月13日の大株の立会光景、その後の解合問題について「高倉藤平伝」はどう記しているのか。伝記は終始、ライバル栄之助に対し、温い目差しで見詰めている。

「今や、買い方の本尊が高倉君たることはあまねく知れ渡り、市場は日、一日と緊張感を加え、来たる4月13日の白熱戦に向かって総突撃の陣容を整え来たれり。この時に当たって、売崩し派は、買占め派の猛烈な突撃を受けて算を乱して壊滅せんとする窮地に陥りしが、ここに一代の仁侠をもって任ずる岩本栄之助氏は奮然と立って売り方救済を名として、高倉君の当面の強敵として現れ来たれり。熱狂せる市場は、はしなくも両雄の対立となり、一層の活気というよりも殺気を加えたり。山雨まさに至らんとし、風、楼に満つの一句は正にこの場合を評すべし。刻一刻、火花散る血戦期は近づけり。両軍の旗頭にそよぐ腥風《せいふう》（血なまぐさい風）のかげより堂島一帯の暗雲は動き始めたり」

栄誉も恥辱も念頭にない岩本

野村「岩本君は自分と同窓（大阪商業学校、現大阪市立大）」の関係にあり。その人となりは義侠にして、厳父栄蔵翁の遺鉢を受け、こうした場合には慨然として義におもむき、一身一家の栄辱（栄誉と恥辱）を念とせざる人なり。売り方多数の仲買人のために、すべての売り玉をまとめて一手に背負い、彼の豊富な財力を傾けて高倉君を圧迫し、敵の攻勢を粉砕すべく、燃ゆる侠気に駆られて疾風のごとく現れ、その勇気はまことに感嘆すべきも、氏の戦闘には周蜜の用意を見出しがたし。これに反して高倉君は、多年逆境に立ち、天性の機才、胆略をもって斯界（投機界）で奮闘してきた人、財力においては、岩本君の敵にあらずといえども、慎重、綿密の用意をもって岩本君の欠陥に乗じようとする。この両雄が四つに組んで勝負を決しようとする財界相撲の大一番ということで、互いに一身を賭して立ち向かい、私は手に汗を握ったものだ」

そして、浜崎理事長から野村に調停の依頼が来るが、いったんは断る。だが、両虎が傷つくのを放置できず、調停に動く。売り方仲買に対する交渉は芝田大吉、小川平助という2人の長老に頼み、4月限210円、5月限200円、6月限195円で解合う。また13日後場で栄之助と高倉の間で新たに取組んだ分は原価で解合うこととなる。さらに、栄之助が売り方仲買から170円で肩替わりした分については、約束を解消する案も浮上したが、栄之助は「約束は約束だから」といって応じなかった。

しかし、最終的には意地を引っ込めた。結局、栄之助はこの騒動で約3万円の損害をこうむった。だが、この仕手戦によって高倉と肝胆相照らす仲となる。「高倉藤平伝」は「岩本氏に対する君の譲歩は、氏と君の間に友誼の新生命を受胎せしめたり」とし、次のように記している。

「岩本氏は直情径行、まことに参天の樹幹のごとく、矯々たる財界の機材たりしが、堂島株問題で、その猛然噴起したる敵愾《てきがい》心を捨て去って、君と握手し、以後、『傾蓋《けいがい》※水魚の交り』を結ぶのは、もともと2人は性情がはなはだ相似ており、意気が相近いことによる。それにしても君がよく岩本氏の人格を認識し、自己の利害を別にして、人の交りを重んじた丈夫（立派な男）的行為が岩本氏の身魂を動かすこととなった。……後に岩本氏の訃報を聞いた時、持っていたはしを投げ捨て、『無二の好漢を失えり』と、嘆息して、駆け付け、岩本家の債務整理に全力を注いだものである」

※傾蓋　孔子と程子が出会い、車のきぬがさを傾けて終日語り合ったという故事による。ちょっと会っただけで旧知のように親しむこと。

栄之助が自殺した翌年、高倉は急逝する。この時、野村徳七は「1代に2人男を失った」と口惜しがるが、栄之助と高倉は大阪財界の双璧であった。

マスコミ、義挙にあきれる

明治45（1912）年当時の有力経済誌といえば「実業之日本」と「実業之世界」であろう。両誌が栄之助を相次いで取り上げて論評する。100万円の寄付が世間を驚かして間もないころのことで、栄之助の評価は抜群に高い。実業之世界誌は「東西経済界の三快男児」として入丸将軍・村上太三郎、野村証券の野村徳七、そして岩本栄之助の3人に的を絞る。

「岩本君も野村君のように、その容貌・風采は純然たる大阪式で、ともに親の遺産を譲り受けて株式界に立っている人なり。野村君のように、東京の株式界に逆襲してくるような気勢は示していないが、日清戦後の相場界で奇利を博し、その後も富を積んで200万円に達した。その技倆はあなどるべからざるものがある。……いまだその資産の半分という大金を慈善事業に寄付した者があるだろうか。そんな話を聞いたことがない。よくたくわえ、よく散ず――これは言うは易く行うは難しいことだ」

栄之助は200万円の資産のうち100万円を大阪市に寄付したことに対し記者は「世人はこの美挙を称賛するのに言葉を失ったくらいだ」と感服する。数千万円の資産を持っている人でも50円、100円の寄付を渋る世の中で、栄之助はケタ外れだというのである。三井の中上川彦次郎がかつてその資産の半ばを福沢諭吉に贈って一世の美談と話題になったことがあるが、それとこれとは訳が違う。

「中上川と福沢の関係は個人的なものだ。私情である。岩本君の快挙は社会的にして、人道愛に基づくもの、金額では中上川に劣るとはいえ、その意気はすこぶる大なり。江戸っ子は大阪人を指して贅六といい、吝嗇という。その大阪で岩本君のような人物が生まれた。異例なり。いまだかつて彼のようによく貯え、よく散じた快男児が天下にいるだろうか」

これだけ持ち上げても「実業之世界」誌はまだ気が済まないようである。同誌の主宰者である野依秀一は義侠心に富む感激屋であり、改めて栄之助を「株式界の花形」として褒めちぎる。書くのは同誌関西支局の栗山湖水記者である。

「100万円の寄付！　任侠のための大戦闘！　こんな突飛なことをやる人であろうか。そうではない。彼の本能は、彼の柔和な容貌に現れているように、彼は小学校時代も、大阪商業時代も常に首席を占めた。首席を占める生徒の常で、おとなしいことでも有名だった。彼の脈管には負け嫌いの血が流れていた。彼は大阪商業学校を中途退学したため（兄の病没のため）1年志願兵の資格はなかった。しかし、猛勉強で1年志願兵の試験に合格した。日露戦役当時、たちまち陸軍中尉に昇進したのは異例のことだ」（明

治45年8月号）

この寄付が話題になった当時、栄之助は36歳、北浜市場の仲買人97人の頂点に立つ仲買人組合委員長の立場にある。

「現物団の雄将である野村徳七君と並んで相場界の白眉と呼ばれ、花形と称せられるのは、彼の負けん気だけのものではない。彼の大胆さ、不断の勤勉によって得た彼の新智識、20年間に1度も店員に小言を言ったことのないという怜悧、明晰、数理的頭脳、20年来1日もかかさず日記をつけたという根気、そして天稟《てんぴん》の侠気、これらの性格が相まって彼の名声をもたらした」

そして、栗山記者は栄之助が100万円を差し出すきっかけは実業渡米団に参加して、旅行中に米国の公共施設が富豪たちの寄付で成り立っていることを知ったためだとみる。さて、岩本栄之助自身が寄付の動機を語る。

寄付はわたしの宿志である

「このたびの金100万円の寄付は、全くわが先考栄蔵及び慈母ていが40数年来、刻苦、勤労をもって一家を成すに至った、その社会として父の遺訓に基づき弟栄三郎と協議のうえ、決定した次第です。（父の遺産は）わが家にとって大切なものですが、不肖の子孫が空しくこれを死蔵し、あるいは散逸させるようなことが万に一つあれば、自分ら兄弟の父母に対する道ではないと、信じました。そこで社会公共のため有益の資に使用しようと考えたのでございます」

栄之助は若いころから資産ができたら公共事業に寄付したいと考えていた。明治26年ころ、栄之助は10万円の資産ができた。父に10万円の半分を寄付したいと申し出ると、父は「まあ、一生懸命仕事に励め、今は寄付をうんぬんする時ではない」とたしなめた。日清戦争後の株式市場の活況で資産はどんどん増えていった。20万円になった時、また父に寄付を申し出ると、「おまえの弟や妹はまだ結婚していない。一家の前途はまだ多難である。お前のそうした志はわしが100歳になった時、実行しろ」と反対された。以後、ずっと寄付問題は岩本栄之助の脳裏を離れることはなかった。そして明治42年、秋米国太平洋沿岸連合商工会議所の招待で実業界を代表して渡米団に参加することになった。栄之助は語る。

「米国における巨大、宏壮な建築物、並びに設備の完全な育児院、養老院などの6、7割は富豪、もしくは仁に厚い人の寄付によるのだということを見聞して非常に感動しました。10月21日のことです。父死亡の電報に接し、一時は茫然自失しましたが、やっと思い返し、寄付問題を団長の渋沢栄一翁と水野ニューヨーク総領事に相談したのであります。12月に帰国するとその準備に取り掛かりました」

母に相談すると、こう言って力づけてくれた。

母「とかく特別なことをする者は高ぶりたがるもの。これは厳に慎まなければならぬ。それから他の富豪に累を及ぼすようなことがあってはならぬ。この2つが断じてない、ということならば、100万円を分割して寄付するというお前の意志に快く同意しましょう」

母の条件付き快諾を得て、岩本栄之助は渋沢栄一に使途を一任して、宿願を果たすに至る。

他国間の戦争は買い

大正3年7月、欧州大戦が勃発する。岩本栄之助は「遠くの戦争は買い」と出動を決める。以下は沙羅双樹の「浪花の勝負師」による。栄之助の買い出動の根拠はこうだ。

「他国間の戦争は買いである。日本は欧州から離れているので、戦禍は及ばない。日英同盟は結んでいるが、参戦はあり得ない。よしんば戦争したとしても、それはお義理の参戦であって、恐らく損失はあるまい。それよりも、欧州戦争によって鉄が上がり、海上運賃が上がり、石炭の輸出も増える。戦争は無限の消費だ。欧州戦争によって、第三国である日本の貿易は伸び、景気も立ち直るだろう。岩本は今の株価は底だと判断した」

栄之助は買いまくった。船株、鉄鋼株のほか仕手株といわれる東株、大株等々手当たり次第。支配人の土田は、栄之助の豪快な買いっぷりに目を丸くした。

栄之助「日露戦争の時も上がったろう。自国の戦争でも上がったのやさかい。他国の戦争では漁夫の利やないか」

土田「さいですな。明治40年の暴落の時、戦後の大反動を、旦さんは売りで取らはりましたな」

土田は、栄之助のあまりにも強引な買い作戦を警戒して、明治40年の日露戦後の大暴落の一件を持ち出して主人を牽制しようとするが、栄之助の熱気をさます術はない。古来「遠くの戦争は買い」は鉄則。実際、大戦勃発の第一報に接した川崎造船の総帥松方幸次郎は側近を集めて「鉄を買え。鉄の名のつくものはなんでもいいから成り行きで買え。指し値などというケチな買い方をするな」と命令した。松方のような超ブルでなくても経済人の多くは日本の長い不況にようやく終止等を打つ時が来た、と小躍りした。だから栄之助の買い出動も決して突飛な行動ではない。だが、目先の相場は逆に動いた。暴落である。

見込み外れで暴落

土田「旦さん、暴落だす。野村実三郎（徳七の弟）はんも売っておられますし、松井の太閤（伊助）はん、静藤治郎はん、横堀の石井定七はんも売っておるそうでっせ」

栄之助「ええのや。材料が大きすぎて分からんのや。海上運賃も上がるし、海上保険料も上がる。鉄も、薬品も上がるで」

土田「けど、旦さん、米価は暴落ですし、銀塊も下がっておりまっせ」

栄之助「土田君、ウィーンでは食料品が大暴騰しとるで。暴落したところ買い増しせい。ナンピンや」

戦火の拡大が伝えられたわずか2日後、イングランド銀行が金利を3％から一気に10％に引き上げたため、日本の経済界は周章狼狽《ろうばい》、色を失った。最初に打撃を受けたのは横浜生糸市場だった。8月1日、前日95円台で引けた生糸の先物が一挙に89円台に暴落、後場は立会停止となる。綿糸や株式市場も同様に暴落のあと立会停止に追い込まれる。

野村徳七の伝記「野村得庵」は次のように記している。

「欧州の一角に戦争が起こり、これがやがて大戦争に発展しそうだということが知れ渡ると同時に、この先どうなるやら判らないが、とにかくただごとではないといった漠とした不安に駆られ、ひとり証券界といわず、経済界全般が異常な衝撃を受け……しかも、大阪の財界証券界は8月9日の北浜銀行の支払い停止により、同行が取引所の機関銀行であっただけに一層甚大な影響を受けた」

北浜銀行の行き詰まりは岩下清周の野放図な経営による破綻で全く別要因であったとはいえ、悪いことが重なるものである。ロンドンの金融街シティでは7社以上の株式仲買店が閉鎖したとのニュースが入る。ニューヨーク市場に売りつなごうとすると、1807年以来の市場最悪の状態に陥り、ここも市場閉鎖を余儀なくされる。岩本はついに投げを決断する。買い値の半分になった株もある。ざっと100万円の損である。岩本家にあった300万円のカネのうち100万円は先に大阪市に寄付し、今また株で100万円の損。しかし、まだ100万円のカネが残っている。岩本は捲土重来を期すべく、〝見切り千両〟に出た。

栄之助ついに投げる

「相場とは皮肉なものである。岩本が投げて間もなく、正確には8月23日であるが、日本は対独宣戦布告を発した。日英協約による参戦であった。宣戦につづいて出兵となると、株式市場は様変わりになった。今までウリ一色だったのが、俄然カイ気配になった。売り方の利食い買戻しと、新現買いに諸株は急騰した」

まさしく相場の意外性である。理外の理である。だが、まだ余裕がある。

栄之助「唄にもあるわな。売れば二上がり、買や三下がり、これが相場の本調子ってな。昔の人はええこと言うわな」

土田「旦さんの見込みは当たったのでっせ。けど、ちょっと仕掛けが早うおましたな」

対独宣戦布告で日本軍は中国の山東省・青島（ドイツの東洋艦隊の根拠地）を攻撃する。そして青島占領の報に株式市場は一段高である。相場に「タラ・レバ」はないが、栄之助がもう少し辛抱して買い玉を持ちこたえていれば莫大な利益にあずかっていたはずである。

栄之助は大阪株式取引所仲買人組合委員長の辞任届を提出、後任には「とくさん」こと井上徳三郎が就いた。11月には母が亡くなり、栄之助には重ね重ねの不幸である。このころ神戸の鈴木商店は大番頭の金子直吉が、「まっしぐらに突進じゃ。鉄でも豆でも買いまくれ」と大号令をかける。新興鈴木商店が三井三菱を圧倒するか、天下を3分するかと買い指令を発する。金子は、黄金の洪水が日本を目指して押し寄せている光景が脳裏をかすめたという。

開戦前は赤字国だった日本が一気に多額の黒字国に変身するのだから栄之助の判断は正しかった。だが、仕掛けが早過ぎた。年が変わって大正4年、欧州大戦は2年目に入る。

「京都で大正天皇の御即位の大礼が執り行なわれる。株式市場は大活況を呈した。諸株奔騰して、新聞はこの相場を〝御大礼相場〟と書き立てるほどだった。欧州動乱はつづいているし、物資の需要は活発である。日本の物価は暴騰し、鉄成金や石炭成金や船成金が続出した」

ある日、野村徳七が岩本の店にやってきて相場談議に及んだ。野村は生来のブル（強気）。

栄之助「買いが早すぎて痛手を負うた。今度は売り場狙いや」

野村「この大相場を売るのかいな」

栄之助「戦争かていつまでもつづくものやない。必ず講和になる。講和説が出たら株式ブームは冷水三斗やで」

野村「わいはまだまだ続くとみるが、警戒せなあかんかいな」

大阪電灯常務として、市内の電灯を炭素線からタングステンに取り換えようと意気込んでいた栄之助だが、野村との相場談議で相場師としての血が騒ぐ。資金はまだ100万円ある。現在の価値にして30億円見当だろうか。栄之助はその100万円で乾坤一擲《けんこんいってき》の大勝負を張ってみようと意を決した。100万円の損を取り返してみせるぞと意気込む。

そのためには大電常務のポストは返上するしかない。その話に土居通夫社長はびっくりしたが、栄之助の辞意は固い。非常勤のヒラ取締役にしてもらう。土居通夫といえば、当時の大阪財界を取り仕切る男である。その土居に「とにかく1年だけヒラ取締役にして下さい」と懇願して「ほなら1年だけでっせ」と念を押されて、栄之助は相場に専念することになる。

大正4年も押し詰まった12月、栄之助は小手調べに売りを出した。相場は陽の極に至ったとの判断からである。栄之助の手元のケイ線は大きく左肩上がりの弧を描いて、栄之助が投げた時に比べると東株も大株もざっと4倍の高値にハネ上がっている。「これ以上の高値があるとしてもそれはわずかなものだろう」と確信を深める。年が明けると大正5年である。1月に304円で売った大株が2月には206円まで暴落する。講和説で大きく売られたところで利食いを入れた。栄之助の相場観は見事に的中したのである。勢いを得た栄之助は店主室から売り指令を次々に発する。栄之助の売り玉は5、000枚になり、8、000枚に膨れ上がっていく。

さて、栄之助のカラ売り玉はどうなっているのだろうか。曲がり屋栄之助を嘲笑《あざ》うかのように相場は上昇を続ける。100万円の寄付で栄之助の名声は天井知らずだが、相場の世界は非情である。義侠の相場師栄之助に対し、北浜では「曲がり屋に向かえ」とばかり、買いあおりは勢いを増すばかり。そして悲劇の10月がやってくる。

奥村朝日新聞記者と会見

大正5年10月15日、その日は日曜だった。大阪朝日新聞経済部の奥村千太郎記者は住吉、浜寺方面へ家族サービスを予定していた。一足先に出た奥村は今橋2丁目の理髪店に立ち寄ったが、客がつかえていて外に出たところで、ばったり岩本栄之助に出会った。黙礼して行き過ぎようとしていた奥村記者を栄之助が呼び止めた。

「奥村さん、ちょっとうちまでお越し下さらんか」

奥村は家族を停車場に待たしているからといって断ったが、栄之助は「時間はとらしませんから」と、奥村を自宅に誘った。応接間に通した奥村に向かって意外なことをたずねた。

「あなたは株式相場の前途をどうみておられますか」

普通なら奥村記者が開くことを栄之助の方からたずねられたのである。奥村は手記に書いている。

「当時の株式市場の形勢は欧州戦乱のまさにたけなわであると同時にわが国の特殊的地位はこの戦乱の好影響を受けて、財界全般に非常な活気を呈し、株式市場では千載一遇の好機として、大小の成金志願者が、手ぐすね引いて諸株を買いまくろうとし、相場は日一日と熱気を帯び来たって、大株はまさに400円台の壁を摩すべき最も油の乗った時である。そして岩本氏は戦乱前に買い方針を継続し、少なからざる痛手をこうむったために、戦乱勃発後に至りて売り方針に転じ、全く時代に逆行した相場の張り方で、北浜屈指の曲がり屋たることは、だれ知らぬ者なき事実である」

百戦錬磨の栄之助が曲がり屋の筆頭に列せられるに至ったのにはわけがある。100万円の寄付によって栄之助の名は天上に駆け上がり、回りの者たちとも距離ができてしまった。相場の先行きに強気にしている人でも、栄之助の前では「大将、もうすぐ上げ相場も折り返しますよ」などとお追従を口にする。迎合的弱気を吐く者が多いため、栄之助はますます深みにはまっていった。

だが、奥村は素直な意見を述べた。「岡目評ですが、まだ高いように思います。わたしは脱線相場の実現を望むものではありませんが。相場はまだ人気の沸騰点である熱狂的時代には達していないように思います」

この奥村の相場観に「なるほど」とうなづきながらも、栄之助はがっかりした表情をかくさなかった。

栄之助「わかりました。あなたが、ここぞと思われるような時が来れば、岡目評を聞かせて下さい」

気弱になっている岩本邸を後にした奥村はなんばの駅に駆けつけた。先発の家族は待ちぼうけしているところだった。

三越で記念撮影のあと

そして1週間後、栄之助は家族と店員を松茸狩りに出しておいて、硝煙一発のもとに死を図った。27日まで待ちこたえたが、回生病院で絶命した。後から分かったことだが、奥村と会った時には、すでに死を覚悟し遺書も書いたあとであった。

覚悟の自殺を図る10月22日の模様については、大阪市民政局編の「公会堂の恩人岩本栄之助」に精しい。

店員一同40人をつれて宇治へ松茸狩りに行くはずだったが、栄之助は気分が悪いからといって、支配人の栗山貫一が引率して出掛けた。奥村記者と別れたあと、栄之助は北浜の神本理髪店に行って散髪し、帰宅後は離れの茶室で午睡をとった。その後、車を呼び、妹婿戸田栄蔵、弟岩本栄三郎、岡次平らの親戚を歴訪、この世のいとま乞いをした。

「また、フィーと外に出たが、この時は三越呉服店に行き、形見の写真を撮影した。三越より帰宅後、夫人に写真代の受け取りを渡してから、夫人と差し向かいで夕食の膳に向かい、いつもは3杯に定まった御飯を『今夜はなんでかおいしい』といって5杯まで平らげ、また、いつものごとく座敷と廊下を『オッチ、ニイ』と大声に歩調を合わせながら、しばらく運動をし、再び離れの茶室に入った。この時は7時20分頃で、やがて茶室あたりでズドンと一発銃声の響きにより、夫人が驚いて駆けつけると、栄之助は左の首に日頃愛玩している支那渡りの菩提樹の数珠を掛け、右手に軍用の銃を握り、首を血だらけにして苦悶していた……」

栄之助は数通の遺言を残していた。

栗山支配人あて、「全財産を債権者に提供し、岩本妻子のために一文の生活費をも私用するなかれ」

てる夫人あて、「株式投機は自分の一代限りとし、子孫はなすべからず」

売り方同業者あて、「債権者への迷惑を最小限に食い止め、踏み倒し、倒産等絶対になさざること」

華やかで太く短い生涯

岩本栄之助の葬儀は大正5年10月29日午前11時、阿部野葬儀所で執り行われた。新聞は次のように伝えている。

「式は定刻より行われ、終わって喪主の未亡人てる子が白無垢姿に臨月の腹を抱え、女中に扶けられ痛々しげに焼香す。遺子善子（2歳）は乳母に抱かれ乳母の手により焼香をなしたるが、このいじらしきさまを見て池上市長、関助役はじめ当日の会葬者1、500余名の面をそむけしめたり」

栄之助の親友、「とくさん」こと井上徳三郎はこう悼んだ。

「岩本氏の大失敗については友人として再三忠告もしましたが、もうこうなれば、今さら言うこともありませぬ。強気で徹してきた相場に対して弱気一貫し、最後の5分間はおろか1秒間まで一歩も退かず、武士でいえば刀折れ矢尽きての上のことですから致し方ありません。……先代に対しても、またつい先年逝かれた母親にも非常に孝心深く、どんなに忙しい日でも寝る時には必ずあいさつせられたものです。それくらいですから、兄弟思いのことや友人のため、北浜村のために尽くされたことは数えきれぬほどであります。趣味は書画骨董くらいで日誌をつけるほど秩序正しい。そして若いだけ、いまだ少し角のとれぬところもありましたが、女に溺れるようなこともなく、家庭は円滑でした。華やかで太くて短い一生涯！　それが岩本栄之助の40年を語る言葉です」

野村徳七との葛藤

もう1人の親友、野村證券の始祖野村徳七はこう述べた。

「心ある人々は皆、氏の永眠を惜しまざるはないのでありました。1年志願兵出身の歩兵陸軍中尉岩本栄之助氏は、日露の役に立派な勲功を立てておられます。それだけ名誉を重んじ、恥を知る軍人として、強い責任感に打たれ、最後の道を選ばれたものと思われます。氏の最期を見た人は、いずれも立派だと褒めています。それにしても慎むべきは投機であります。私はこの時に北浜街ただ1人の親友を失うてしまいました」

野村徳七は「北浜だた1人の親友を失った」と語っているが、徳七にとって悔まれる1件がかくされている。それは栄之助が金繰りに窮して野村の店を訪ね、20万円の融資を頼んだ時、断った1件である。その時、徳七は留守で弟の実三郎が相手をして栄之助の申し出を断ったのである。そのことを知った徳七が弟実三郎の判断をなじった形跡はない。だから、歴史家は「徳七はなぜ栄之助の申し出を断ったのか」と詰め寄る。「大阪の恩人　岩本栄之助考説」の著者、寺村安雄はこう述べている。

「徳七の弟実三郎は伏してお願いに上がった栄之助に20万円の融通がなぜできなかったのであろうか。当時の20万円は相当な額であったろう。しかし、すでに莫大な利益を上げていた野村商店にとっては20万円くらいの金額は野村の屋台骨をゆさぶる額ではなかったはずである。なのにどうして融通してやらなかったのか」

作家の武田泰淳はその著「成金から財閥まで」(「士魂商才」所収)の中で、栄之助と野村の葛藤を次のように描いている。森本が栄之助で、山越が野村である。

「一時は資産2、000万円と称された森本家がわずか20万円の工面がつかなかった。それだけが死を急いだ原因だろうか。山越は、森本の自殺の動機をあれこれ考えめぐらすよりは、むしろ経済という怪物の魔力、その魔のいぶきの中を、武者ぶるいして正面からぶつかって行く肌ざわりを感じた。借金の申し入れがあった時、山越は2つの条件を出した。考えようによっては、ハッキリ借金をことわったも同然だ。ことわったのが自分として正しかったのだと、今でも信じている。たとえそれが森本の自殺の直接原因になったにせよ、後悔などする気は露ほどもなかった」

野村が20万円融資の条件として出したのは、「国司茄子《なすび》の茶入れをあきらめること」であった。もと伊勢の国司、北畠氏が所有していたもので、幕末に京都の所司代酒井忠義が金2000両で買い取った秘蔵の品。酒井家の売立てが伝わると、道具商たちは色めき立ち、栄之助も野村もこの逸品を狙っていたのだ。この落札値が20万円と想定された。当時の相場師たちは取引所の立会場での闘いと同時に、場外でもプライドを賭けて丁々発止と火花を散らしていたのだ。

公会堂屋上に現れた2体の神像

岩本栄之助が自殺して1年半たった大正7(1918)年7月、歴史に名高い米騒動が勃発する直前のことだ。栄之助が寄贈した中之島公会堂正面入り口の屋上に神像2体が取り付けられた。公会堂の天井画を描いた松岡寿画伯の手になる作品で高さ8尺(約2・4メートル)という堂々たるもの。初めライオン像を企画したが、近くの難波橋には4頭のライオンが退屈そうに控えているうえ、公会堂とライオンはなじまないということで神像となった。

日本初のコンペ形式による公会堂の設計に応募してみごとに当選した建築設計界の第一人者辰野金吾博士も神像の出来栄えにはご満悦だったという。そんなある日、前垂れ掛けや背広姿の数人が「こんど出来た神像についてお伺いしたいことがあります。へえ、私は北浜の仲買人でございます」といってどやどやと公会堂事務所を訪れた。そのうちの1人がお辞儀していわく。

「いや、お忙しいところをお邪魔して、早速でおますが、あの神像の右の方は、故人の岩本栄之助さんだすやろう、そうですすやろう。違いない証拠には、手を見なはれ、手をこうやってますがな」。こないにと、その男はいきなり、片手を差し上げ、人差し指と中指とを2本出してみせた。それは仲買人たちが取引所で血眼になって「売った」「買った」とやる時の手サインであった。そしてもう1人の男が口を切った。

「右の方はそれで得心がいきます。けれど左の方はだれだす？　栄之助さんのご母堂にしては若過ぎますし、ご家内にしては、年は合うにしても、位置が承知しまへん。ご存知のように栄之助はん夫婦は至って仲良しだしたのに、背中合わせしては、故人に済みまへんさかいな」

事務所の担当が口をモゴモゴさせていると、もう1人の来訪者が立ち上がって言った。

「実はわれわれのところ（大阪株式取引所）から双眼鏡で見ると、よう見えますのでな。例のこれが（と指を2本出して）。それで、あれが栄之助はんや、いや違う、といろいろ議論がおましてお訪ねしましたのやが、そう決まれば、皆さんおいとましましょか」

あわてた事務所側は「違う、違う。あれは指じゃない。コンパスだよ。コンパスはあらゆる芸術に必要なもので……」とさえぎった。

来訪者たちは「おい違うて、違うて。栄之助はん夫婦やおまへんて。こら罰金を出さんならんな」といつも取引所から飛び出すような勢いで去っていった。

この一件を報じた大阪朝日新聞は次のように締めくくっている。

「故岩本栄之助に間違えられたのはギリシャの女神で、平和、芸術などを司るミネルヴア神、故人の夫人や母堂と取り違えられかけたのはギリシャの男神で、商業を司るマーキュリー神と、製作技師が用意したせっかくの説明をオジャンにしてしまって訪問客はさっさと引き揚げてしまった」

ミネルヴァの神は左手にコンパス、右手に盾、マーキュリーの神は右手に商業のマークとなる杖を持ち、左手に財布を持つ。この神像は、先年中央公会堂がリニューアルしたのを機に復活、ホームページでも見ることができる。また難波橋の両岸にあったというライオン像も立派に復元されている。

株式国には不適格だった男

大阪北浜の老舗料亭「花外楼」の女将・徳光孝の証言が興味深い。大阪芸者が北と南で張り合っていた時代、岩本栄之助は北の平鹿の呂之助をひいきにしていた。ある日、栄之助が1人でひょっこり平鹿に姿をみせた。ちょうど北の花街の温習会(おさらい会)の当夜で、栄之助はぜひとも切符が1枚ほしいと言い出した。あいにくいい席は皆売り切れて、うしろの方のすみっこの席しか残っていなかった。まさか栄之助にこんな席を世話することはできないので、困っていると栄之助は「いや、それで構わぬ。それでよいのだ」といつになく素直に承諾してくれた。そこで、平鹿ではお供を1人つけて栄之助を会場に案内したのであった。この温習会に行った翌日のことだ。栄之助が今橋の自宅でピストル自殺を図ったのは……。

徳光孝「あすの死をすでに心に決めて、せめてこの世の最後の一夜を温習会で慰めようとして行かれたのではあるまいが、100万円の大金をポンと公共事業に投げ出すという豪放ぶりを発揮した岩本さんであっただけに、その夜の狐影悄然たる姿を思うと、そのかみの公会堂はいまもありし日の姿をとどめ、大川はただ無心に流れておりますけれど、いまさらながら、人の世の有為転変、生命の深い空虚感、生活の孤独感にソクソクと胸を打たれるものがあります」

孝はまた、100万円寄付のいきさつについてこうも語る。「ある時、岩本さんが北浜銀行頭取の岩下清周さんに公会堂を寄付したい意を打ち明けたところ、岩下さんから『30万や50万の寄付では、かえって岩本の名がすたる。大阪市へ寄付するのなら、せめて100万円は出せ』といわれ、100万円出す決心をせられたのだそうです」

栄之助と大阪商業学校、1年志願兵、日露戦争と同じコースをたどった木谷正之助（蓬吟）は、「岩本は生来、株式の世界には向いていなかった」としてこう記している。

「本来君の高潔な人格として、決して株式国の住民には適していない。何者のいたずらか、誤ってこの駆け引き万能の国に生まれしため、その性格と境遇の矛盾はついに破綻を免れ得なかった。潔癖な純真な、しかも道念（道徳を重んじる心）の強い君には、普通株式国の国民として些々《ささ》たる小過小罪にも、責任を感じ慚愧《ざんき》を感じ、良心の呵責《かしゃく》に耐えられなかったがために、ついに自決の途に出た。そこに一道のいわゆる武士的精神の光芒がほの見える。……不義非道、醜行悪行のありだけを尽くして、しかも平然たる獣心紳士のいかに現代におびただしいことか。その濁世の中に岩本君の義死は真に空谷の足音である。君は物資生活に破られたが、精神的生活には勝ったといえよう」

飛んで昭和28年12月、中井光次大阪市長は岩本栄之助未亡人に感謝年金を贈呈する。「中央公会堂建設寄付者故岩本栄之助の功労に報いるため同氏未亡人岩本てるに対し、昭和28年度以降、終身感謝年金30万円を支給するものとし……」。そして60年、中之島公会堂は国の重要文化財に指定されると同時に、大阪のシンボルとして大阪の人々に愛され、親しまれている。

4

Tasaburo Murakami
1857-1915

白眉の入丸将軍（村上太三郎）

売りで勝負、大々相場師

郷誠之助もうなる

東京株式取引所（東株）の理事長を13年間務めた郷誠之助が入丸将軍・村上太三郎についてこう語っている。

「村上は何といっても株界における傑物だ。村上には政治家肌のところあり、強気で太っ腹で、容易に後には退かぬ性格の持ち主だ。そんなところから、当時兜町では村上のことを〝村上の鉄砲〟とか〝入丸将軍〟とかいったもので、ドンドンと打ち上げて、それで万事を決した。村上の同時代の株式仲買人には小布施新三郎とか、半田庸太郎とか、栗生武右衛門などの連中もいたが、村上だけはすこぶる上品で、余り金銭に執着するところがなく、正々堂々くっきりと線の太い人だった」

また、大正初期の大物相場師を取り上げた「兜町物語」（岸柳荘著、大正4年刊）には木村善三郎、熊倉良助、浜野茂、野村徳七、薮田忠次郎、松村金兵衛、前川太兵衛、岩崎清七らが俎上に乗せられているが、中で一番スペースを割くのが村上太三郎である。岸によると、村上は大相場師のもう一つ上をいく「大々相場師」だという。

「ひとり超然、大々的相場師をもって任じているのは村上氏である。入丸将軍といえば、だれ知らぬものもない大立者。彼の得意は売りである。いかなる時、いかなる場合でも、彼は東株売りを本領としていた。……彼が機を見るに敏なるは、いくたの相場師の中で第一人者である。そして自分の位置を利用して、マバラ筋を威嚇《いかく》することには実に妙を得ている。しかし、今までよほど市場で買いかぶっていたようで今後、彼がさらに雄飛せんとするには恫喝《どうかつ》や事大主義だけではいくまい。ほかに新機軸を講ずべしだ」

「万朝報」が暴く

村上太三郎の名を全国に轟かしたのは明治42（1909）年の日糖事件である。村上はかつて大日本製糖の役員をやっていたが、鈴木藤三郎社長ともども反対派のために退任に追い込まれた。その意趣返しに日糖株を売りたたいて巨利を占める。鈴木社長と村上を追放したのは磯村音介専務と秋山一裕常務である。会社の業績悪化を粉飾決算で覆い隠したうえで、自社株を先物市場でカラ売りするというどうしようもないワルで、「万朝報」がその経営実態を暴露する。「万朝報」を率いているのは〝マムシの周六〟の異称を持つ黒岩涙香（本名は周六、翻訳家として有名）で、世の不正摘発を身上とする男である。

明治42年1月5日付紙面で「大日本製糖破滅」という見出しで内情を暴いた。

「大日本製糖の専務磯村音介氏は明治41年12月8日以来、その所有株約1万株を高山豊次商店など株式仲買店を通して売りたたき、秋山一裕らその他の重役もこれにならって自己の損失を免れることに腐心していた。このことを伝聞した株式市場は大日本製糖の前途を悲観し、地場筋は一斉に売りに回ったため、1月4日の立会は混乱を極めた。こういう事態になったのは、重役たちが毎期の考課状を偽造して不正支出を行い、あるいは日糖株の預け合いをして、不正行為を重ね、不正が暴露するとみるや、来たる1月14、15日頃に株主総会を開き、今日までの罪状を告白して大日本製糖を自爆させようと計画している」

190円から45円へ

一時は190円台の高値にあった日糖株が磯村一派の売りたたきによって暴落し、1月4日の大発会では45円の安値をつけた。初め磯村たちは持株の売り逃げを図っていたようだが、途中から持株以上に売り建て、文字通り売りたたきに作戦を変更した。5日付の「中外商業新報」(現日本経済新聞)は大発会の日糖株の暴落のさまを以下のように伝えている。旧株は大納会比12円安の45円、新株は同じく7円80銭安の17円15銭にまで落ち込んだ。

「日糖株は昨年末より会社重役筋の売り物頻出して、急激なる下落を重ね、いくらで落ち着くのか疑心暗鬼の状態だったが、大発会でも入丸商店等の売り物があふれ、新株、旧株いずれも払込み額以下に没落したり。思うに戻し税問題と台湾製糖保護の新現象とは、製品の在庫さばきと相まって、同社の現状を悲観させるに至り、同株の前途はすこぶる暗黙にしていつ回復するものやら一向に不明なれども、この大会社株にしてかくももろく短日月の間に払込み額以下の相場になりたるは、はなはだ憂うべき現象……」

同紙は別のコラムでも日糖株暴落の背景を探る。日糖は当時、資本金1、200万円の超大型株で、財界の大御所渋沢栄一が相談役に鎮座する日本を代表する企業。日糖安は諸株の売り人気を誘うなど波及効果は極めて大きい。株安の原因は砂糖の売れ行き不振と戻し税（国産奨励のため輸入原糖に対する関税の一定割合が製糖会社に払戻される）が減額されたこともあるが、重役陣の背任行為のほうが値下がり要因としては大きかったようである。

日糖幹部、背任の売逃げ

「会社の内情を探ると、どうしても罪の大半は現重役、いや磯村、秋山両氏が負わねばなるまい。いたずらに資本金を膨大にしたこと、大里製糖所を買収した魂胆のこと、市場で相場をやり、しっぽは会社に浴びせて高い株券を背負い込ませたことなど数え立てれば際限もないが、それよりも一層アクドイやり方は、自らこの株券を売り進みて、その後ことさらに会社の悲運悲境を吹聴し、ひたすら相場を壊し、自らの懐を暖めようとすることで、何と評してよいか、評しようがない」

磯村一派の売り建玉は東西両市場を合わせて3万～5万株に及んでおり、彼等の持株は会社に担保として入っているので、市場で売り建玉はすべて買戻すことになるが、彼等の売り値は相当高値のはずで、莫大なカラ売り益が約束されているのだ。

磯村たちの自社株売りをいち早く察知した村上は、日糖株に前途はない、とみて売り方の最前列に立った。村上が日糖株の売りたたきに本腰を入れるのは、明治41年暮れからで、磯村一派の売りと村上の売りが重なり合って株価は下落テンポを速めるが、両者の間には何の関係もない。1月7日付「中外商業新報」は「入丸の売りと磯村、秋山等の売りの間に何らの関係はない模様だが、偶然にも売りの急先峰となり、今なお売りてやまざるは彼らに非常な僥倖を与えている」と書いた。

望月軍四郎の大手柄

「万朝報」が日糖の乱脈経営を暴くよりも早く、村上が磯村たちの悪行を知るのは、村上商店の支配人、望月軍四郎の手柄である。後の史家はこう書いている。

「会社財政の紊乱《びんらん》、重役の不正行為をいち早く探知し、早晩来るべき会社の破綻を見極め、かつ磯村、秋山、その他重役さえもが、損失を免れんために秘かに持株を売りに出したことを知った場合、これを投機に利用しないわけがなかった。敏感な彼は断然、日糖株の売り方の最前線に立って猛然と売りたたき、株式の大暴落によって莫大な利益を得た」(西村真次著「村上太三郎伝」)

明治41年12月5日に76円70銭だった日糖株(旧株)は村上、望月連合の売りたたきで、4カ月余りたった同42年4月17日にはわずか13円45銭にまでたたき込まれる。村上たちの売り建ては3万7、000株にのぼったから奇利を占め、翌年、望月は「入丸印」村上商店から独立、「サシ丸印」望月商店を開業する。これより先、望月は村上将軍の養女、幸と結婚し、義理の親子となる。

村上が大胆不敵、これぞ相場師という戦法であるのに対し、望月は念には念を入れた三段構え戦法で知られる。

第一段階……前夜の食事の場へ硯箱や巻紙、乱籠(手回り品などを入れる箱、乱箱)を揃え、明日の売買予定表を作る。

第二段階……翌朝、各新聞を見て予定表を練り出し、修正ののち、小僧に持たせ、店へ届けさせる。

第三段階……いよいよ車に乗って出社となるが、その朝の立会場の気配を見て、売買予定を最終チェックする。望月の売買注文には、望月の魂が込められているといっていいだろう。「一枚入魂」の激しい売買に疲れたのだろうか、大正11年、44歳の若さで株式界を引退する。そして第一ビルブローカーを創業して金融界に乗り出し、土地売買にも手を染める。安田財閥の安田善四郎に口説かれて帝国商業銀行専務に就任する一方、京浜電鉄会長、日清生命社長など財界で重きを成す。

日糖株相場に戻る。日露戦後のバブル景気が弾けて長い低迷が続いたあと、日本経済も株式市場もようやく立ち直りの気配がみえ始めていた。確かに明治42年の経済展望は明るさがみえていたが、日糖株の暴落で回復ムードはすっかり打ち消され、日糖株への怨嗟《えんさ》の声は高まる。

「いうまでもなく、製糖株の影響に外ならず。同株が大発会以来、凄まじき暴落を重ねて、払込み以下に下がり、市人をして驚きおびえさせた結果、疑いの念は市場の隅々にまで襲い、飛語浮説は紛々として日毎に起こり、市場はまさに風声に戦々恐々として安心できない状態なり」(中外商業新報)

財界攪乱者と非難浴びる

根も葉もない浮説でビール株が7、8円暴落したのも日糖株暴落の余波によるものだ。磯村たちが元凶だとしても、日糖株暴落によって巨利を博した村上にも世論のほこ先が向けられ、財界攪乱者と罵る声も出る。かつて野村証券の祖、野村徳七が「売りで儲けても世間から恨まれるだけだ。だから買いで儲けて皆と一緒に喜ぶようにしたい」と語ったことがあるが、小泉三申（本名策太郎）の主宰する明治42年3月15日付「経済新聞」は村上に対して辛辣を極める。

「一方に悪説を立てて、一方に株式を売る、これを名づけて財界攪乱者という。従来いくどとなく繰り返された古い手だが、天道邪悪にくみせず、いつも結局は失敗と相場が決まっていた。しかるに、昨冬から今春にかけての日糖破壊の機に投じて、入丸が遂に攪乱売り成功者の金冠をいただくことになったのは、天いまだ定まらず、人盛んなれば天に勝つの変則的異例の現象である。変則でも異例でも、近ごろ一両年来の成功飢餓に飢えている相場界の亡者どもの眼には、かの村上の攪乱面が如来の三十二相とも拝まれるものと見え、新年から今日まで、鵜に学ぶカラスがカアと鳴いて夜が明けさえすれば、無闇に悪説毒説を言いふらしては攪乱者を試みる。これにより明治42年1月より3月までを兜町における財界攪乱者流行時代と後世の相場歴史には書かれるだろう」

この1年余り、兜町では大儲けした話がなかったため、村上の成功物語は広く喧伝され真似する追従者も出てくる。そしてビールが悪いの、電力会社は伏魔殿だの、東株の内部が腐っているのといった揣摩《しま》憶測が兜町を席巻するに至る。その大元は磯村音介、秋山一裕たちではあったが、世間では村上太三郎、望月軍四郎が濡れ衣を着せられる。

「おれたちは虚業家に非ず」

東京株式取引所は明治36（1903）年上期から所属の仲買人たちに売買を奨励するため、売買高上位の仲買人を表彰する制度を取り入れた。当初は上位5名だったが、同39年上期から10名に枠を広げ、同44年下期から20名に増やし、市場の振興を図った。「東京株式取引所五十年史」によると、明治39年から大正2年に至る7年14期の間、村上太三郎の名はほとんど毎期記されている。同41年に村上の名が見えないのは日糖株売りたたきの準備に奔走していたからかもしれない。

明治39年	上期	6等	明治43年	上期	9等
〃	下期	6等	〃	下期	4等
明治40年	上期	6等	明治44年	上期	3等
〃	下期	8等	〃	下期	8等
明治41年	上期	―	明治45年	上期	10等

〃	下期	—	大正元年	下期	13等
明治42年	上期	6等	大正2年	上期	13等
〃	下期	6等	〃	下期	19等

大正3年以降、突如、村上太三郎の名が消えるのは入丸商店を、村上賢二に譲ったためである。賢二は姉婿で、初め横浜の西村喜三郎商店に勤めていたが、明治37年入丸商店に入り、会計係を務めた。実直な人柄が太三郎に認められ、太三郎勇退とともに店主となる。いささか消極的であったが、手堅い経営振りが世間の信用を得た。その後中央証券を興して専務となるが、再び入丸商店社長に復帰する。

当時、株式仲買の平均寿命は3、4年とされていたが、村上が常に上位に名を連ね、破綻することなく、村上賢二にバトンタッチできたのは、その営業手法の手堅さによるものだろう。「調査の入丸」といわれるように事前の調査を重視し、「これぞ」と決まると疾風迅雷のように攻め立てる戦法が功を奏した。

「将軍」の中の白眉

東株仲買人組合の書記長を長く務めた大江誠之助が村上について追憶を述べている。

「あの〝取引所打壊令〟が来た時、反対運動に従事したのが『将軍』連であった。『将軍』は半田庸太郎、福島浪蔵、津田七五郎、小布施新三郎、山口卯之助、村上太三郎の面々で、半田は片眼であったから『独眼龍将軍』のあだ名を取り、村上は店名をそのままに『入丸将軍』と呼ばれた。村上は身長が5尺7寸（170センチ余）あり、その偉大な体躯と引き締まった風貌とは、確かに『将軍』中の白眉であった。村上は角度が多く、色彩が多様で、三角か四角か、青か赤か、形も色も分からぬほど複雑な人格の所有者だった。一体に寡黙であったが、ひとたび琴線に触れると、雄弁とうとうとして懸河《けんが》（急流）の如くであった。彼はまた非常に冷静な頭脳の所有者で、時に冷酷過ぎることもあるが、一たび熱が加わると、炎々として燃ゆる烈火の如く、焼き尽くさずんばやまない概を示した」

引用文中の「取引所打壊令」とは明治35年6月3日突如交付された取引所に対する規制策である。弱小取引所の存立を危うくするという意味で「打ち壊わし令」と呼ばれた。明治26年の取引所法施行を受けて雨後のタケノコのように続出する取引所の体質強化と投機色を薄めようという狙いがあった。その中身は①取引所の最低資本金を10万円に引き上げる、②取引所の株主に対する配当すべき利益が1割以上のときは、1割に当たる金額を控除した残額の2分の1を賠償責任準備として積み立てさせる、③取引所会員、及び仲買人の身元保証金を国庫に供託する、④証券の定期取引の限月を従来の3カ月から2カ月に短縮する――というもの。

この中で特に問題となったのは限月の短縮であった。米穀その他の商品は3カ月のままで、証券だけ2カ月に短縮したため、株の売買高が減少、業界挙げての反対運動によって翌36年8月15日、3カ月に復旧した。その先頭に立った将軍たちの中で村上の存在がひと際目立った。大江の追憶談に出てくる将軍たちの寸評を「兜街繁昌記」などから抄録しておこう。

将軍たちの横顔

半田庸太郎（明治18年仲買人免許を取得）　信州松代の人。安政3（1856）年生まれ、明治2年横浜の平市両替店に入る。同16年独立、同18年東京に移り、同32年東株仲買人組合委員長に就任。「人格もあり、議論も立ち、胆力もあり、精力の強きことは斯界稀なり。店は第一級に指を折らるる。誠実だから信用はすこぶる厚い」。

津田七五郎（明治19年仲買人免許を取得）　安政5（1858）年江戸で生まれ、明治7年津田りせ子の養子となり、同13年横浜洋銀取引所仲買人となる。ドル相場でたたき上げた山口卯之助の店から出た人で、多年にわたり山口に仕込まれただけに「平地に波を起こさずんばやまず」と、人の目の色をうかがいながら駆け引きする辣腕の持ち主。「信用もかなり得て得意も相当に取り込んでいる。余り小才が働き過ぎるため一生涯を小相場師流に送りはすまいかと思われる点もチラチラ見える」。

小布施新三郎（明治16年仲買人免許を取得）弘化2（1845）年、信州生まれ。山口卯之助、村上太三郎、阿部鉄之助、青木房次郎らと横浜のドル相場で苦労した。屋号を「六二」としたのは横浜の62番館で活躍していたことによる。「変哲極まりない斯界に立って神算鬼謀を巡らし、画策の功を常に奏し、今は長男福太郎がその業を助けている。氏の店から数多くの新進有力なる仲買人を輩出するに至っては、実に特筆大書するに値す」。

福島浪蔵 万延元（1860）年、相州戸塚の生まれ、株式仲買半田庸太郎商店で修業、独立して福島商店を開業、明治42年株の山叶商店と国債の山叶商会に分社する。小池国三（山一合資）、神田鐳蔵（紅葉屋）とともに「さんぞう」と呼ばれる。岸柳荘が「兜町物語」に書いている。「成功せる相場師である。松辰倒れ、山栗ほろび、半田庸太郎破れるという、幾多の悲惨の歴史ある斯界に彼は大沢幸次郎と並び称せられる豪の者である。……抜け目ない相場師といわねばならぬ」。

山口卯之助 安政2（1855）年、千葉県出身、株式仲買業「カクジュウ」を営み、機敏な商略と堅実な営業方針で信用は厚く、明治44年、東株理事になると、商売は養子英九郎に譲る。相場師から東株理事を経て理事長代理となった変わり種。明治26年に取引所法に基づく新生東株が誕生すると仲買人組合もできる。初代組合委員長に就任するのが加東徳三で、翌年、第2代委員長になる。さらに28年には東株監査役となる。人望のある仲買人が東株の監査役になることはあっても理事にはなかなかなれない。だから理事長代理とは破格の人事である。

山口は隻眼《せきがん》で、当時、半田庸太郎と市場目付の室尾慎作も独眼龍で、この3人が鳩首会談をしているところを目撃したのが東株理事の小山正之助。「3人集まっても目玉は3つしかなかった」と「兜町放談」の中で述べている。

相場師の力で殖産興業ができた

当時、相場師という言葉は賭博師、山師と同義語でもあった。前出の大江誠之助は入丸将軍から日ごろ聞かされたものだ。

「世間は自分らを『相場師』あるいは『株屋』といい、往々『虚業家』と呼ばれるが、一体自分らがいなかったら、わが国の殖産興業はどうなっていたろう。われわれによって明治27、28年の役（日清戦争）後、鉄道熱が沸騰して、交通機関の急速なる発達をみた。われわれが産業を助長すること多きことは、ここに会社が新設されたとして、その株式名簿をひもといてみると、大株主から順々に名前が列記してあるが、その第一ページは必ずわれわれが占めている。つまりわれわれ『株屋』がその会社の主な株主なのである。われわれが『投資家』であり、『事業家』であることは否定できない。しかるにわれわれを『虚業家』とはなにごとだ。『実業家』とわれわれと、どちらが実力を発揮しているか」

村上太三郎（1857〜1915）は安政4年、村上金七の次男として東京で生まれた。幼い時から投機の才があり、12歳の時、横浜に出て洋銀仲買商西村喜三郎氏に仕え、信用を得て支配人にまで昇った。明治19年、主家を辞し、独立して回米問屋を経営していたが、20年店舗を南茅場町に開いて株式仲買店を始める。

「以来全く自由の生涯に入り、縦横に奮闘し、翼を全く斯界に張り、日露戦争後、鈴久などとともに成金党として、その名を謳われた。今日でも諸株式7、8万株は持っているが、清算してみたら元の歩に逆戻りしているかも知れぬ。しかし、例の日糖の売り方としての当たり屋で、名声に赫々《かくかく》たるものがある。また砂糖王鈴木藤三郎と爾汝《じじょ》（親密）の関係にあったのを奇貨として醤油株の売りで至大の利益を博した。人間はなかなか大きい。度胸っ骨もある。奇策も自在で、かつ明敏、商機をとらえることの迅速、明快さは鳥にたとえたなら隼《はやぶさ》である。しかし、商売振りは客本位というよりも自己本位の手張り師という方が適評である。とにかく、株界稀にみる隼の如き、飛将の1人である。組合委員」

村上太三郎は長谷川光太郎の名著「兜町盛衰記」にしばしば登場する。明治期は格別、その名が頻出する。そのいくつかを抄出すると――。

明治10年代、兜町に洋服姿が登場し始める。そのきっかけは横浜のドル商人たちが横浜を見切って兜街に攻め込んで来た時である。

「村上太三郎さんとか、半田庸太郎さんとか、その他、横浜のドル相場中止から、横浜を去って、兜町の株式相場に転じ来るものが続々と増えてきまして……といって彼らも毎日洋服姿でやってきたわけではなく、結城紬《ゆうきつむぎ》に角帯といった兜町特有の日もあった」

そして、十五銀行が北海道炭鉱鉄道株を7、000株売り出した時、加東徳三、山口卯之助とともに村上太三郎の3人で買い向かい、その名を響かせた。明治20年ころのことだ。明治26年東株仲買人組合が結成され、初代の組合長には加東徳三が選出される。村上は小布施新三郎、高野藤吉らと組合委員を務め、翌27年加東が委員長を辞めると山口、小布施、半田、再び山口、小布施となる。村上は31年から35年まで委員長代理を務めるが、委員長には就任しなかった。

鈴久を相手に突貫売り

鈴久の全盛期に東京鉄道株の仕手戦で、村上は大沢幸次郎、松村辰次郎らと売り方に陣取り、突貫的に売り浴びせたので場面は再び崩れ出し、鈴久没落につながっていく。「売りの村上」の面目躍如である。明治40年1月から6月にかけて株式相場は大下降局面に入る。買い方だった片野重久東京米穀取引所理事長や平沼延治郎横浜株式米穀理事長らが相場に撃たれて自殺するが、この時、大儲けしたのは、松村辰次郎、大沢幸次郎、木村善三郎、小池国三、福島浪蔵、そして村上太三郎であった。

「村上、小池、小布施、福島さんなどは相場に対して一隻眼（独特の見識）を有し、確固たる心構えを持っておりました。特に村上さんは、半田さんとともに横浜のドル相場以来の猛者でした。村上さんは鈴久に加担したこともあり、知恵を授けておりましたが、その末期は逆に鈴久さんとは立場を異にして売り屋として、下げを取りました」

明治38（1905年）年5月8日付「経済新聞」が村上太三郎の略伝を写真入りで掲載した。

この「経済新聞」は現在の日本経済新聞とは別物だが、「見よ！　本紙は商人の虎の巻、定期市場の常夜灯なり」と意気込むだけあって、蠣殻町周辺では人気があった。略伝は以下の通り。

「村上太三郎は遠州浜松在掛塚の人、安政4年9月をもって生る。12歳で横浜に来たりて森谷某の店に入り、しばらくして転じ、西村喜三郎に仕える。主人は大いにその器才を愛し、挙げて手代となし、専ら洋銀取引のことに当たらしむ。精励恪勤、経営機宜に当たる。主人、彼を信ずるところますます厚く、さらにその店務の一切を彼に託して、少しも口を挟まず、その才を縦《ほしいまま》ならしむ。明治17年、ついに同店支配人となり、衆の推すところとなって、横浜洋銀取引所仲買委員に挙げられ、内外の人望ますます加わりしも、心ひそかに期するところあり。同19年主家を辞して東京に来たり、同年11月、初めて株式取引所仲買店を開く。以来、その剛毅不撓の胆と、鋭敏精緻の誠とによりて、浮沈極まりなき活戦場裏の狂乱をしのぎ、もってよく今日の盛なるを致せり」

人相見の一言「投機界に向かえ」で決断

村上太三郎が横浜にやってきて最初に仕えた森谷某については、南仲通りでカツオ節店を開いていた森田勇次郎のことではないかといわれているが、ある日東京に出て、小石川の僧侶で人相を見ることのうまい人に見てもらうと、つくづく太三郎の人相を見ていわく。「お前さんは投機の世界に向かったら成功するだろう」。

太三郎は矢も楯もたまらず、名うての西村喜三郎の門をたたく。明治元（1868）年、12歳のことだ。西村は明治横浜財界で重きを成した人物であった。西村は八王子に生まれたが、横浜開港で父親が横浜に出て両替商を開業したのに従って横浜にやってきた。一時、大手鉄物商、鴨居屋柳下商店に勤めていたが、やがて家業に従事、父の没後に家督を相続し、2代目西村喜三郎を襲名した。

明治12（1879）年、横浜洋銀取引所設立に参画、頭取に就任する。翌13年には横浜商法会議所常議員に当選、同15年には雑貨や絹物の輸出に手を広げる一方、島田三郎、尾崎行雄など改進党員の有力な後援者となる。ちなみに島田三郎夫人は西村の令嬢である。喜三郎自身も改進党員として活躍する。「横浜の大隈侯」などと呼ばれるようになる。社会活動が忙しくなって、店の業務は村上に一任することとなる。村上は20年近くにわたって、この高い識見と豊かな人柄を持った西村大人のもとで修業したことが、後に大きく開花する。西村真次早大教授は「村上太三郎伝」で書いている。

「この横浜時代は彼が後年財界に雄飛するための準備期ともいうべく、その投機的才能は西村の店頭における洋銀相場の取引で鍛えられたものであった」

西村が初代洋銀取引所頭取に

西村は小野光景とともに横浜商法学舎（横浜市立商業高校＝Y校の前身）の創立に加わるなど数々の足跡を残しているが、実業人としては横浜洋銀取引所の創立と初代頭取就任という大仕事をやってのけた。横浜では明治元年に洋銀相場会所が設立され、ここで洋銀（メキシコドル）の取引が行われていた。当時は米ドルではなくメキシコドルが貿易決済における基軸通貨で、毎日取引が行われた。前場は午前9時から正午まで、後場は午後1時から3時まで続けられた。売買高は1日数百万ドルに上ったこともある。

この相場会所は村上の相場勘を磨くうえでは大きな役に立ったが、相場の乱高下がひどくなって貿易業者などからの苦情も増え、明治12年には太政官布告で禁止されてしまう。だが、為替相場には1日として休みはない。

渋沢栄一、渋沢喜作、大倉喜八郎、茂木惣兵衛、原善三郎、西村喜三郎らは「株式取引所条令」に基づく資本金10万円の株式会社横浜洋銀取引所の設立を出願、許可された。頭取には西村が就任した。

「売買取引は3カ月先物の定期取引と実物取引の2種であったが、実際には定期取引しか行われなかった。洋銀取引所が許可された理由は、当時の紙幣増発に伴う洋銀騰貴を空相場の故であると考え、それは政府の監督が悪かったためとし、取引所を公許し厳重に取締ろうとしたためである。のちこの洋銀取引所は横浜取引所に改称し、金銀貨の取引も行うようになった」（横浜市立大経済研究所編「横浜経済・文化事典」）

村上太三郎が初めて投機の世界に首を突っ込む洋銀相場会所は「天下の糸平」田中平八ら13名の両替商たちが作った私的な取引所で平八が社長を務めていた。糸平は自ら仕手として為替相場の立て役者でもあったが、洋銀取引所創設にも積極的に参加、45株を持った。西村は55株を持ち、渋沢栄一（70株）に次ぐ大株主だった。私的取引所たる洋銀相場会所から公的機関の洋銀取引所に衣替えして市場は大いに賑わった。

「政府は投機の弊害を除去しようと種々の方策を講じたが、結局は効果はなく、相場は騰貴して投機射幸の空売買は相変わらず行われた。取引所の公許以来、京浜間の列車の乗客がにわかに増加し、毎朝夕、取引所に往来する客を満載したという」（宮下慶正著「天下の糸平　田中平八の生涯」）

シルバーラッシュ

洋銀取引所には全国各地から大勢の投機師が押し掛けてきた。シルバーラッシュに沸く中で村上太三郎は機敏に立ち回った。店主西村喜三郎の期待にたがわず、相場勘が冴えわたった。

銀行も洋銀取引に熱中した。日歩を取って洋銀を貸し出したり、委託者と委託者の間に立って巧みに売買をあっせんして口銭を稼ぐ銀行や両替商も出現する。貿易商や一般商人もじっとしていられず、一攫千金の夢を追った。

「そのありさまはあたかもアリが甘きにつくが如く、飢えた虎が羊の群れに襲いかかるが如くであった。立会は午前、午後2回あったが、2回とも取引所内は立錐《りっすい》の余地なく、人波があふれて往還（道路）を止めるという盛況で、相場が決まると、彼らはクモの子を散らすが如く、四方に散じて、その結果を市中の主な商家に知らせた。立会時間外には皆、南仲通り1、2、3丁目に軒をつらねる両替商店に集合して駆け引きを迫られたために近くの飲食店はいずれも大繁昌した。洋銀取引に関わる者は、実際に洋銀の変換を必要とする者ではなく、単にカラ売買によって、売買差額を儲けようとする射倖家であったから、これらの者は取り締りの不備に乗じて、あるいは買占め、売崩しをなし、流言飛語を放ち、はなはだしく相場を高低させ、その間にうまい汁を吸おうとしたので、風教を害するような事情も少くはなかった（「村上太三郎伝」）

横浜を去り、兜町へ

千客万来、大賑わいの洋銀取引だったが、松方正義蔵相のデフレ政策で、紙幣と銀価の値差がなくなってくると取引は低調を極めた。村上は腕の振るいようがなくなった。

店主の西村もいつかはこうした日も来るとみて、貿易商に転進する準備に入る。明治19年には仲買人を廃業する。村上は横浜で米穀問屋を開業すると同時に東京株式取引所の仲買人になる方策を練った。やがて仲買人井上作治郎の丸サ印の営業権を手に入れた。

明治時代の東株市場には小布施新三郎、山口卯之助、津田七五郎、半田庸太郎など「浜組」と呼ばれる仲買人がいて、大きな勢力を張っていたが、村上もこの「浜組」の構成員に加わった。ところが、経営がうまくいかず、明治20年には営業を中止、翌21年には西村商店時代の同僚井上兵蔵と共同で営業を始めるが、意気投合せず、再び中止する。しかし、東株仲買人に固執する村上は旧主人西村喜三郎のあっせんで東株仲買人の前島栄太郎（入丸印）の営業権を譲り受ける。

明治23年、旧友井上兵蔵が利根運輸株の買占めに失敗、違約処分を受ける。井上が前橋の第三十九銀行東京支店に抱えていた多額の負債をそっくり肩替わりして、義侠心を発揮する。村上の侠気は兜町でも評判を呼んだ。

同26年には東株仲買人組合が結成される。当時、仲買人は総勢で70名だったが、村上は小布施や半田らとともに8人の組合委員の1人に選ばれ、仲買人組合委員長には加東徳三が就任した。村上の活躍が目立つのは明治35年ころの限月回復運動のころだ。2カ月に短縮された限月を3カ月に戻す運動である。

横浜で洋銀取引所時代、外国商人の間でも3カ月限月制は評判がよかった。ロンドンでは2週間、パリは半月、ニューヨークに至っては翌日受渡しだったから日本の3限月制は、外人たちの間では、「日本の誇りは皇室と富士山と限月制度だ」と称されたほどである。

明治時代の取引所は株であれ、コメであれ、生糸であれ、一種の賭博場のように低くみられていた。商取引の実際を知らない、理論一点張りの官僚の間では「定期市場の当中、先の3限月は余りにも長過ぎる。無謀な投機心を助長して実際生活の脅威となり、虚業家を増やし、国家の生産力を減殺する危険がある」との見解が主流だった。長年続いている商習慣で業者には「得も言われぬ利便性があった」にもかかわらず、農商務省商工局長木内重四郎は〝投機的弊風〟一掃を思い立つ。

木内は三菱の始祖岩崎弥太郎の女婿で義兄が加藤高明、義弟が幣原喜重郎という両宰相に挟まれる人物だが、韓国総督府の農商工部総長となり、京都府知事となる出来物だった。木内は取引所改革に異常な熱意を燃やし、明治33年、パリ万国博の視察を兼ねて、欧州各国を1年かけて回り、帰国後、ひそかに取引所法改正をたくらむ。

転売・買戻しを封じるなど定期市場の根幹にかかわるような案を作成、さすがにこれはひど過ぎるといわれ、この条項は削るが、明治35年、突如官報に公布されたのが、〝取引所打壊令〟と呼ばれる悪法だった。1年後に〝打壊令〟が文字通り打ち壊されるに当たっては村上の活躍が大きかった。平田東助農商務相、木内重四郎局長が敗れ、村上が勝った。「村上太三郎伝」は誇らしげに謳い上げている。

「欧米の制度を崇拝して、わが国固有の慣習を無視した政府の官僚を、一仲買人たる村上が実力によって打破したのであるから、官尊民卑の気風が強かった当時においては、驚くべき出来事として、単に兜町の株式界のみならず、民衆一般からもてはやされ、村上はこの時初めて政治運動というものが大切なものであることを痛感した」

村上が後年、政界に乗り出していくのはこの時の体験からきているという。さて、どんな手で高官を打ち負かしたか。

限月復旧し、金杯贈られる

株先物取引の限月復旧に向けて業界では直ちに全国取引所同盟連合会を結成し、中野武営東株理事長を先頭に数回にわたり内閣総理大臣に陳情する。一方、仲買人は限月復旧運動委員が中心となって各方面に働きかける。村上はこの運動委員に選ばれると、桂太郎首相以下の国務大臣に面会して限月短縮の不当を訴えた。

「日本銀行、勧業銀行の総裁、理事はもちろん、いやしくも財界において勢力ある者に対しては労をいとわず、いちいちこれを歴訪して意見を述べ、熱血を注いで復旧の策を講じた。彼は〝倦《う》まず弛《たゆ》まず〟数カ月にわたって復旧運動を繰り返したが、こうした委員たちの熱誠と中野武営東株理事長の衆議院選挙を棒に振っての奮闘と、各方面の反対とはついに政府を動かさずにはおかなかった」（「村上太三郎伝」）

政府もロシアとの関係が切迫する中、国内問題でのごたごたを避けたい意向が根強く、翌36年9月になって3限月制に復帰する。3限月制復帰に強く反対する平田東助農商務相、木内重四郎商工局長は信念に殉じて辞職した。

「15カ月にわたって先物界空前の物議をかもした限月短縮問題も解決を告げ、取引所理事者及び仲買人復旧運動委員の苦心惨憺たる奮闘は、ようやく報いられた。この限月復旧の勅令が出た当日、取引所で後場を立てたら、その場で1年間の損害が戻ったというほどの景気、その後の市場も金融緩和と相まって、商況は急速に回復に向かった」（同）

「お鯉物語」に登場

仲買人組合では村上と山口に金杯を贈って功労に報いた。物に動じない村上もこの時ばかりは非常に喜んで、子供のように金杯を眺め回していたという。この運動の際、村上は初めて桂太郎首相と面会する機会を得たが、以後、桂とは親交を結ぶこととなる。

桂の愛妾として知られた新橋の名妓お鯉の口述した「お鯉物語」にも村上が登場する。

鮫洲の川崎屋で桂公と関係ある仲になってからも、お鯉は相変わらず新橋の名妓として、来る日も来る日も忙しい日を送っていた。ある日、いくつかのお座敷を回ったあと、約束であった芳町の『新福井』で兜町の仲買村上太三郎のお座敷へ顔を出す。

村上「お鯉さんか、待っていた。今日は一つ、お前さんとそっくりという評判の女が洲崎にいるというので、それを見に行こうと、本物が来るのを待っていたところだ」

村上を先頭に人力車をつらねて洲崎へ飛ばす。お鯉は新橋の瓢家《ひさごや》で井上馨と桂太郎のお座敷が待っているので洲崎行きをためらっていたが、村上の強い誘いで寄り道してしまったのだった。つい洲崎での時間が長引いて、新橋に着くのが遅れてしまった。井上は「どこに行っていた。桂はもう帰る時刻だぞ。早く座敷へ行け」とお鯉を怒鳴りつけた。お鯉はすっかり酔いがさめて、恐る恐る桂公の面前に手をつくと、桂は「お主はそんなに酒を飲むのかい」のひとこと。井上侯の落雷にもまして、桂公の情味を含んだ一語がお鯉の胸を打った。

「お鯉を洲崎くんだりへ引っ張り回した責任を感じて、その夜別間に控えていた村上氏のことが桂公の耳に入り、大変気の毒がられたが、それが因縁で後には打ち解けた交際になった。さすがは株屋さん、村上氏の機敏なところがよくうかがわれる」

村上と桂公との交友を巡って、2人はそんなに親しい間柄ではなかったとか、村上は別室で小さくなってかしこまっているような小心者ではなかったとか、いろいろ見方があるが、「お鯉物語」にその名をとどめたことだけで、もって瞑すべしといえる。それは大物財界人の証でもあるからだ。

北炭将軍の異名も

閑話休題。村上が当時の新聞で「北炭将軍」の異名を頂戴するのは北海道炭鉱鉄道（北炭）株で巨利を博し、一転大損したかと思うと莫大な利益を占めるなど北炭株で大相場を張ったことによる。北炭は明治22年設立の半官半民の大会社（資本金650万円）で、関西鉄道株とともに株式市場の花形であった。同23年に東株に上場した当時は27円くらいだったが、私設鉄道買収法案（国有化）が議会に提案されると暴騰する。ところが同法案が否決されると一転暴落する。同25年には経営陣の内紛や炭価下落や政府の補助金廃止問題で株価はさらに下落する。

九州の炭礦業者は炭価暴落の原因は北炭の安売りによるものだといって代表を上京させ玄洋社の一派とともに策動する。玄洋社は初め自由民権運動の一翼として発足するものの、次第に右傾化するが、頭目は頭山満。この時点ではまだ村上の出番はない。株価下落に乗じて買占めに動いたのは「天下の雨敬」で、安田善次郎の支援を取付ける一方、十五銀行にも買占めを促すなどして、大がかりな買い出動に乗り出す。

折からアメリカの景気回復で金融は一層緩和に傾き、金利の引き下げが進む。明治26年5月には6分利付公債1、000万円の償還があったため、金融は一段と緩和となり、資産家は前途有望な鉄道株へ投資するなど買い仕手雨敬を支援する環境となる。株式市場は日に日に賑わいを増し、売買高は前年に比べ倍増の勢い。北炭株は東京鉄道、日本鉄道など一連の鉄道株とともに暴騰し、106円80銭と上場以来の最高値を付けた。

東株全体の売買高の40%強を占め、まさに花形人気株である。この株価高騰は雨敬を大勝利に導くと同時に村上にも大きな利益をもたらした。村上が横浜時代の友人井上兵蔵の損失を肩替わりしたことは前述したが、前橋の三十九銀行の東京支店に担保として差し入れてあった北炭株が大化けして、負債を完済するばかりか巨額の利益が転がり込んできたのである。

昨日の友は今日の敵

友人を救おうとした義侠心が、かえって村上自身の懐を潤すこととなった。三十九銀行頭取安井醇一は感激して村上に記念品と感謝状を贈り、当時の新聞は村上に〝北炭将軍〟のあだ名を奉った。

だが、十五銀行の裏切りで大あわて、禍福は糾《あざな》える縄の如し。北炭株の買占めに荷担していたはずの十五銀行が思わぬ高値に独眼竜将軍・半田庸太郎商店を通じて売却、利食いに動いたのだ。

村上は雨敬や2代目田中平八、加東徳三らと連合して買向かうが、十五銀行が1万株のうち8、000株を売放ったので思わぬ防戦買いを強いられた。加えて、株式市場全体が上半期の高騰の調整局面を迎え、諸株が一斉に下落する。株価は106円80銭をピークに急落、57円60銭とほぼ半値に落ち込む。

こうした中で、雨敬は約5万株の大株主となり、北炭の経営権を掌中に収めてしまう。雨敬は息のかかった井上角五郎を専務に送り込む。さらに役員はこれまでの渋沢栄一、浅野総一郎らに代えて雨敬自身が取締役に加わるとともに田中新七、森重固と一派の猛者たちを送り込む。そして日清戦争で北炭株は暴騰、雨敬は大きな利益を占めるが、同31年に再び北炭株の大がかりな買占めに出て、今度は失敗する。この時、売り方に回ったのは村上をはじめ2代目田中平八、今村清之助、加東徳三らであった。こうした一連の仕手戦を通じて感じることは離合集散、合従連衡の激しさである。昨日の友は今日の敵、紛らわしいほどに攻守ところを変え、まさしく戦場である。「天下の雨敬」を没落させた明治31年の北炭株買占め戦の顛末をたどると……。

天下の雨敬、ついに没落

「雨敬はさきに明治26年には田中平八、加東徳三らと連合軍を組織したのであったが、今やこの両人とは敵対の関係に立ったのであり、相場界における昨日の味方は今日の敵、これは今も昔も変わりはなく、さて、それよりも、敵方が実株を準備したとなれば、こちらは資金を調達せねばならず。当時全盛の雨敬、傲岸の雨敬も、前川太兵衛や平沼専蔵のところに走り、七重のひざを八重に折って資金の融通を嘆願し、若干の調達はできたが、そんなことでは到底足らず、三井銀行へ出掛けて中上川彦次郎専務と交渉を開始した。百戦錬磨の今村は意気に燃ゆるとともに俊敏でもある。奮闘、健闘、ついに退勢をばん回して、せっかく勝ちかけたこの戦い、ここでほこ先をくじかれてはたまったものの非ず……」（根本十郎著「兜町」）

雨敬たちが三井銀行を味方に付けたのでは大逆転してしまう。今村みずから三井銀行に飛び込んだ。雨敬と連合戦線を張る横山源太郎はすでに三井銀行から150万円の資金融通を受けることで話がまとまりかかっていたが、今村が必死の形相で、買い仕手に味方することの危険を説き、中止させることができた。こうなっては売り方の勝利は決定的である。

「なんだ、かんだの騒ぎで十数日間市場を閉鎖するに至ったが、翌4月に入り、当限89円50銭、中限91円50銭の解合値段を決定して解合を行うことになったが、買い方は差金を納入することもできず、本庄伊太郎ほか6名の買い方仲買人は違約処分に付さることに至り、取引所は22万余円の賠償を行わねばならぬ仕儀となり、大江卓理事長も退任せねばならなくなった」(同)

この大仕手戦では今村清之助、2代目田中平八、加東徳三が勝利、雨宮敬次郎、横山源太郎が敗北というのが定説だが、もう1人の勝利者は村上太三郎。そして暴落した北炭株を買い集めるのが、三井銀行の中上川彦次郎。10万株を握り大株主となるのは、三菱が三井の牙城である筑豊炭田に攻め込んでくるのに対抗して北海道に基盤を築くためであった。ほどなく日露戦争バブル景気の出現で北炭株が輝きを増してきた時、北炭株を売り放つのが三井銀行の営業部長池田成彬。池田は岳父に当たる中上川が集めた北炭株を処分、利食いする。これは「銀行は株を持つべきではない。ましてや炭坑株のようなリスクの大きい株は持つべきではない」という考え方に基づくものだった。

松下軍治の東株買占めに向かう

かつて東株（東京株式取引所）の買占めをやった人物としては草創期の岩崎弥太郎が有名で、三井財閥で占められていた経営陣を総替えさせたり、大幅増配をやってのけるなど、荒療治ぶりが記録に残っている。また、鈴久も全盛期に東株を買占めたことがある。そして、明治44年には「やまと新聞」のオーナー松下軍治が東株の買占めを画策、兜街史に名高い「三つ輪事件」が勃発、この時は村上を先頭に地場筋が一斉に売り向かい、大乱戦となる。

当時の東都新聞界では三つの世相攻撃型新聞が覇を競っていた。黒岩涙香の「万朝報」秋山定輔の「二六新報」、そして松下軍治の「やまと新聞」が三つ巴を展開していた。「二六新報は三井財閥を攻撃して、世上に大波乱を巻き起こした。万朝報には小説家として知られる黒岩涙香がいた。彼は小説や翻訳のほかに、痛烈な攻撃記事も書いた。本名は黒岩周六といった。それで世間は〝マムシの周六〟と呼んで恐れていた。やまと新聞も世相風刺新聞として有名であった。松下は〝ウワバミの軍治〟のニックネームで呼ばれ、世間からひどく恐れられる存在であった」（生形要著「兜町百年」）

松下は新聞社の社長であると同時に「三つ輪商店」（名儀人は宮原良作）という仲買店を経営していた。警視総監のほかいくつかの大臣を歴任した薩摩出身の大浦兼武とはことのほか親しく、権威を笠に着て横車を押すようなところが世人には嫌われた。忌み嫌われる点では天一坊・松谷元三郎といい勝負であった。その松下が、大浦農商務相時代に東株買占め事件を起こす。

当時、東株は日露戦争バブル景気が弾けて停滞状態にあったので、「市場を振興してみようと思う。ついては大臣、目をつぶって下さいよ」くらいのあいさつはしてあったのかもしれない。松下は小川某と共同戦線を張って東株の買占めに着手する。直取引（通称ジキ）と呼ばれる短期精算市場で買い始める。定期（先物）市場に比べて少額の資金で相場が張れるので人気があった。ここではほとんど差金決済で現物の受渡しが行われることは稀であった。

松下たちの買占めで値が上がってくると地場の連中は一斉に売り浴せた。この時売り方の筆頭となるのが村上太三郎である。そこを松下は買い進み、取り組みは雪だるま式に膨らんでいく。そして受渡しを要求するらしいとの噂が流れる。差金決済で済ませようとタカをくっていた村上たち売り方の連中はあわてた。

売り方は現物をぶつける考えで、票読みすると、6、500株の現株があることが分かった。地場の連中は、これぐらいあれば十分、松下は受け切れないだろうと読んだ。この時、松下はうそぶいた。

「われわれは3万8、000株の引渡しを要求する。わずか6、500株では話にならぬ。38、270株、耳を揃えるか、さもなければ、1株につき2円50銭のプレミアムを出すか。さあ、いずれかだ」

州崎の武部親分も登場、大乱戦

松下の金主を巡っては田中光顕伯だとか神戸の鈴木商店説も流れたが、真相は横浜の富豪、平沼専蔵だった。平沼も買い玉を建てていたかもしれない。松下は期日までに受渡し資金70万円を大八車に積み上げて取引所に運んだとされる。

結局、解合という流れになっていくが、村上たち売り方が107円50銭を主張、松下は110円10銭を突っ張って折り合わず、州崎の大親分武部俊策が仲に入り調停するひと幕もあった。解合値についてはすったもんだがあったが、結局、松下の言い値が通って、村上たちの敗北に終わる。仕手戦としては松下に軍配が上がるが、村上たちは松下の強引な戦法に憤懣収まらず、東株直取引仲買人組合で除名処分にする。除名されると立会場で手振りは許されない。これには松下も降参するしかなかった。「村上太三郎伝」による。

「松下は他人名義で業務を経営させる手段に出たところ、市場はあくまで、彼を排斥して、その根絶を希望した。傲岸不屈の松下もこれには困って、ついに侠気の村上を訪ねて『この際、なんとかして救ってもらいたい』と泣きを入れたから、村上は自ら紹介人となって多数の同意者を獲得し、再び彼の代理人を市場に入らせることにした。強い者にはあくまで強く当たるが、弱い者には同情を寄せる村上の義侠心は、全く兜町の一名物であった。この三つ輪事件などは確かに村上の株界人としての作戦、行動を遺憾なく現したものといってよい」

村上は勝ったか、負けたか

文学博士で早大教授西村真次がまとめた「村上太三郎伝」では、松下の東株買占めは失敗に終わったとして、こう述べている。

「当時の松下の強気は物凄くて、だれもこれに対抗し得なかった。松下に対抗してその死命を制する道は、ただ受渡しの時に引き取る能力があるか、否かという一点にかかっていたが、世間でも取引所でも入丸将軍は勝つまいとみていた。しかし、将軍は敵の軍用金の出所を探索し、その糧道を絶つ作戦に出たのでもろくも松下が敗れてしまった。松下は暴力をもって将軍に報いる企てがあるという噂がもっぱらであったが、村上は平然として意に介さなかった。松下はしばしば市場に渦紋を起こしたので、毛虫の如く嫌われていたが、この戦争が違約処分でケリがついた……」

根本十郎「兜町」や南波礼吉「日本買占史」、狩野正夫「商戦秘話」などがいずれも松下の勝利と書いているのに対し、西村真次だけは異説を唱えたことになる。いずれが真実をついているか確かめるすべはないが、大八車に札束を積み上げた光景が兜町人種には好まれるようで、松下の資金源を絶つ「金くくり作戦」成功説は少数派にとどまっている。

村上の投機人生で、横浜の西村喜三郎の仕込みが大きな力になったのは既述した通りだが、あと2人を見逃すことはできない。1人は岩田辰五郎であり、もう1人は望月軍四郎。2人は入丸将軍のもとで忠僕として働いた。岩田は、村上が株式界を引退、姉婿村上賢二に譲ったあとも、支配人として支えた。望月も18年間村上の下で奮闘した。そして村上の養女幸子と結婚し、婿養子となるほど村上の信頼は厚かった。1人の上司と2人の部下の支援によって、村上は兜町の飛将軍としての名を縦《ほしいまま》にする。

鉱山業に専念

大正3（1914）年4月、入丸将軍は仲買人を勇退するが、悠々自適の境地に入るつもりはさらさらない。この時、58歳だから「閑雲野鶴」の世界に入り、雲と野に遊ぶ鶴の心境になってもなんの不思議もない。だが、この男に引退の気配などまるでない。

腕が鳴ってじっとしていられないのだ。

村上はこれまで兜町で仲買店を経営するかたわら、日本精製糖、日本製粉、東京製鋼所、小樽木材など数々の事業会社を経営してきた。そして、仲買店をやめた後は鉱山業にどっぷりつかる計画である。実際、大正2年には大萱生金山を買収、続いて宮城金山、秋高山、飯地、長嶋の三銅山を買収、翌3年には玉川鉱山を買収する。

村上はかねて、わが国が世界有数の鉱山国でありながら鉱山業が振るわないのは貴重な国富を空しく土中に眠らせておくことになり、お天道様に申し開きができない、と概嘆してきた。そして10数年間秘かに心に期していた鉱山業に突進してきたのだ。持ち前の不撓不屈の精神は、ついに実を結ぶに至った。

村上が仲買業をやめて鉱山業に専念するという情報を聞きつけて「経済新聞」の記者が取材に駆けつけた。「経済新聞」といえば、かつて日糖事件の際、村上のヤリ口を悪い噂を流して売りたたく「財界撹乱者」と痛罵したのは記憶に新しいところ。そして「経済新聞」の主宰者、小泉策太郎（三申）は村上とは同じ静岡県の出身で、ほどなく総選挙でぶつかり合う仲である。

仲買廃業の弁

村上は仲買廃業の弁をとうとうと語った。

「仲買人生活がいやになったのだ。仲買人という商売は、世間で考える如く、楽に、愉快に金が儲かる商売ではない。取引所に対する責任だけで済むかというと、そうではない。委託者に対しても同様に責任がある。この責任負担の地位に立って、波瀾起伏常なき荒海に航路を取るのであるから、危険の多いことは言わずもがなである」

だが、廃業の理由は他にあった。仲買人の責任の重さに耐え忍ぶことはできよう、危険の多いことにも耐え忍ぶことはできる。耐えられないのは「仲買人に対する政府の迫害である」――とし、以下のように述べる。

「取引所税率の半減の対価として、税務官吏をして仲買人の帳簿を点検せしむるが如きは、改善に非ずして改悪なり。取り締まりに非ずして破壊なり。これ疑いなく仲買人に対する迫害に非ずしてなんぞや。政府から色めがねをもってみられる結果、その取り締まりは峻烈になり、その営業は窮屈になり、悪貨は良貨を駆逐するの結果を生じ、仲買人の地位、人格の向上は遂に望み得られぬことになるのだ」

村上の憤慨ぶりに経済新聞記者も共鳴を覚えたようで、27年間に及んだ入丸将軍の奮闘録を書く決意を固めたらしい。村上はまだまだしゃべり足りない。熱弁は続く。

「わが輩の仲買人となれるは、今より27、28年前にして、以来取引所の資本は幾数倍し、市場の膨張、発達、仲買人の資力、信用の向上、真に百世を隔てる感あるにもかかわらず、政府の態度は依然として、昨日の如きなるは、はなはだ遺憾に堪えざるところ。短くない仲買人生活を一擲するのは心中寂莫の情なしとせざるも、終生をかかる窮屈な商売に任すのは、断じてわが輩の取らざるところにして、男子のなすべき事業は必ず他にありと思う」

総選挙に出馬、当選直後に急逝

大正4年2月27日付東京朝日新聞の政経面に突然、入丸将軍が写真入りで登場する。近づく総選挙に静岡県郡部から立候補するというのだ。新聞は兜町出身の村上を少し茶化しながら横顔にこう伝える。

「常陸山谷右衛門でも当選すれば立派な代議士さんで、川上音次郎でも天下の選良なるに妨げない。画家で尾竹竹坡が名乗りを揚げ、文士で馬場孤蝶が打って出る世の中に、元の入丸の親方、株屋の村上太三郎が候補者で候といったところで、別におかしくも、不思議でもない。しかし、三カイ・五ヤリに身上を張って、一か八かで押し渡った者が、いまさら法律だの、予算だのと、小面倒な詮議立ては妙なものだが、もともと大礼を目当てにひと相場張ったに過ぎぬので、そんなことはどうでもよい。ただし、入丸の親方にも相当の抱負があるのは頼もしい」

村上は大隈重信後援会の推薦で立候補を予定しており、政友会と対決する構えである。「入丸の親方」は紙上で吠える。

「西半球は最前の戦争にてグラつき始め、わが国が横っ面をぶんなぐって青島というものをふんだくり、支那に向かって利権開拓を迫っている時ではありませんか。国防の充実を計るのは急要なことなんでさあ」と大きく出たかと思うと、地元静岡での政友会の横暴ぶりをやり玉に上げる。

「前年、安倍川の氾濫で私の知己、親戚が水攻めになっておりますのに、政友会の連中は適切な案を出してくれようとはしません。目的とするところ、ことごとく私利私欲の外なき政党は国家に害ありて、どうして益がありましょうか」

村上の推薦人には郷誠之助、藤山雷太、中野武営、小池国三など財界のお歴々がズラリと顔を揃える壮観さであったが、残念ながら体調を崩し、選挙演説には立つことができなかった。だが、女婿の村上浜吉が代わって欧州仕込みの有弁をふるった。結果は4、073票を取ってトップ当選を果たす。「経済新聞」の小泉策太郎は最下位にすべり込む苦戦ぶりだった。

鉱山業と国政の両立てで、第二の人生をスタートした直後、急逝する。

Tokuzo Shima
1875-1938

5

梟雄《きょうゆう》島徳（島 徳蔵）

「悪名でもいい、無名よりましだ」

毀誉褒貶《きよほうへん》とはこの男のためにあるような言葉である。大阪株式取引所理事長として北浜の黄金時代を演出した凄腕として「北浜盛衰記」を彩る反面、錬金術師とヤユされる。一度ならず〝塀の中〟も体験する。北浜を代表する相場師といえば、中之島公会堂にその名を残す岩本栄之助と野村証券の開祖、野村徳七が双璧だろうが、島徳蔵は相場師であると同時に〝会社屋〟の顔を併せ持つ。著名な経済学者、菅野和太郎が学術論文「会社屋」の冒頭で島徳蔵を論じている。

〝会社屋〟島徳の功罪

「欧州大戦後関西、いな日本の財界においてメキメキその名をあげた者に島徳蔵氏がある。同氏は欧州大戦により生じたるわが財界の好機に乗じ、盛んに諸方において会社を興した人で、いわゆる会社屋である。一時その富は1億円を算したといわれるほど、会社屋で金儲けをなし、遂にその富力をもって財界にまで頭を突っ込み、それがたたって罰を問われることになった」

平成の会社屋、村上ファンドやホリエモンが槿花一朝の夢に終わり、刑事被告人となる姿と梟雄島徳とが二重写しになる。菅野は島徳の功罪は相半ばすると結論づける。

「彼は多くの会社を発起した際に、少なからぬ不正行為をなしたかもしれないが、同時に彼の活動が起業心及び株式会社知識を世人に扶植したことは、何人も否定し得ないだろう。かかる精神及び知識が植え付けられたがために、投機心をあおったという悪影響は肯定し得るが、しかし、現代産業界の特色たる会社企業が旺盛となったという事実は、会社屋たる島氏の活動に待つところが少なくなかった」

さて、1年余り獄中で罪を償っていた島徳が新聞で大きく取り上げられるのは昭和9年11月から12月のことだ。11月1日付大阪朝日新聞は「〝惑星〟島氏豪奢の跡、書画骨董の売立　私財提供の180点を」との大見出しで、私財処分が近く大阪美術倶楽部で執り行われることを報じた。

「ごうごうたる民衆の声に追われて財界の惑星、島徳蔵氏が愛国貯蓄銀行事件で悄然、北区刑務支所に収容されてからすでに1年、今なお保釈を許されず、刑務所で迎えた2度目の秋に配所の悲哀感を深めている運命をよそに、島氏が提供した私財中の書画骨董180点が皮肉にも秋を飾って豪華な売立てを繰り広げることになった」

島徳が経営する愛国貯蓄銀行を倒産させ、10万人の預金者に150万円の損害をもたらした。私文書偽造・行使、有価証券偽造・行使、業務上横領、背任など数々の罪で1年余の獄中生活を送るとともに時価100万円ともいわれる書画骨董を提供し、預金者からの強い配当請求に応じることとなった。先代徳治郎から2代にわたって収集に努めてきた逸品揃いということで、京阪神地区の古美術商も色めき立つ。秋の大売立ては11月27、28両日が下見で、29日が売立てと決まった。

大正時代には横堀将軍を名乗った借金王・石井定七の大々的売立てが話題を呼んだが、島徳という怪物の持ち物ということで前人気は上々のようである。これまで大売立てではもっぱら買い方に陣取ってきた島だったが、今度ばかりは売り方に立つ羽目となる。

1年ぶりの出所

昭和9年12月1日、島徳とその子分たちがまる1年と5日で出所となる。当日の大阪朝日新聞はこう報じた。

「この間同氏は卒倒騒ぎまでやったほど健康をそこねたこともある。最近では回復したというものの、すっかり老い込み、往年の剛腹な面影はすっかり消え失せたと伝えられる。同氏が私財を提供した島家2代にわたって収集した書画骨董の売立てが豪華の夢の跡をしのばせて大番狂せの好景気を描いたのに反し……」

売立ては予想を上回る好結果で預金者たちも好配当に胸を撫でおろしたか、どうか。保釈後の島徳は面会謝絶を続けていたが、12月4日、大阪地検に出頭したところを大阪朝日新聞記者につかまってしまう。大朝はよほど島徳の動静を注意深く追っかけていたのであろう。地検から退出する姿が写真にとられたが、歩幅は大きくやつれてはいない。
記者「島さん。島さん」
島徳「何もしゃべれまへんね。……私はまだ地下鉄に乗ったことがおまへんのでいっぺん乗ってみたいが、乗り場はどこだす？」
記者「梅田か、淀屋橋です」
島徳「そりゃ、あかん、わしやったら堂ビル前にぜひ乗り場をこしらえれてもらいまんなあ。当分はどなたさまにもとても会えまへんなあ」
北浜の梟雄島徳について当時のマスコミはどうみていたのだろうか。「実業之世界」誌は略伝風に述べている。
「彼は大阪投機界一方の勇将と謳われた先代徳治郎の長男に生まれ、お坊ちゃん育ちのわがまま者、生粋の堂島ッ児だけに子供の時から株屋街に出入りし、押しの一手で頑張り通した男だ。日清戦争のころ20歳そこそこで大鉄株を買占め、一挙に30万円の巨利を博して市場人をあっと言わせた麒麟児、日露戦争当時に400万円ほど儲けてから彼の手腕はぐんぐん伸びた。そして大正5年には大株理事長の椅子に頑張って北浜はいうまでもなく、大阪の財界をわが物顔に振舞った」

もう一つ島徳評を掲げておく。大阪毎夕新聞の岡村周量記者は島徳を擁護する側に立つ数少ない記者である。

「島君には官位の眩耀《げんよう》（まばゆいほどの輝き）もなく、お大家の風袋もなく、上役辛抱の勤めもなく、一市場裡より身を起こし飛躍し財界を仕切り、なびかせたのだ。……風雲児とは、ひとり彼のみ得る快称ではなかろうか。ただ、惜しいことには、複雑な人生観を持ち合わせず、現実主義の勇者、黄金万能信奉の手段を選ばぬ猪突者であり過ぎたかも知れぬ」

「仏の徳さん」とは似つかぬ鬼子

島徳蔵（1875～1938）は明治8年、大阪市出身、父徳治郎は初め堂島米市場の仲買人であったが、北浜の長老磯野小右衛門に誘われて、株の北浜に本拠を移すと芽が出る。徳治郎は「仏の徳さん」と呼ばれ無類のお人好しで、電信柱にもお辞儀をするといって、「お辞儀の徳さん」ともたたえられた。「大株五十年史」を繙くと、徳治郎は明治20年以来、12年間にわたって仲買人組合委員として一騎当千の連中を束ねる人徳の士であった。情に厚く涙にもろく、頼まれたら首を横に振れない人だった。

それに引きかえ、島徳は世の中が何だ、人間が何だと気随気まま、傍若無人の振舞いが伝説化している。18歳で父の代理人として立会場に現れた時、場立ち連中は一瞬息をのんだ。島徳のかざす両手にはダイヤモンドが燦然と輝いていたからだ。ダイヤをはめた場立ちなど前代未聞だが、島徳伝説の一つとして今日に語り継がれる。

島徳の名が北浜から全国に広がっていくのは明治33（1900）年ころ。明治の大豪といわれ、横浜のドル相場で外人相手に大勝負をやり、「天下の糸平」田中平八をもしのぐ勢いを誇った「島清」今村清之助と大一番を交えた時である。大阪鉄道株を買占め、たった30円だった大鉄株を140円まで担ぎ上げ、売り方島清があわや憤死の目に遭わされる寸前だった。このころになると、島徳が立会場に姿を現すのを待ち伏せする玄人筋が増えてくる。島徳にチョウチンをつけるためであろう。見えざるものを見る目、聞こえざるものを聞く耳の持ち主で、カンの鋭い相場名人だったと松永は語っている。そして、こういう才士をはぐくむ土壌が当時の北浜にはあった。

明治36年、島徳は29歳で独立し、仲買を開業、日露戦争後の大相場では、終始買い方に陣取り、巨利をさらっていく。一説には島の儲けは400万円にのぼったという。

このころ、島徳は北浜銀行の頭取岩下清周に取り入ることに成功、大きな玉を預かって利益は膨らんでいった。岩下清周といえば時の宰相でもひざまずくといわれるほどの剛腹の士で、この傲岸な態度と清濁併せ呑む度胸の良さは2人に共通したものだった。

ともに大阪財界では王道を避け、覇道を歩んだ巨人である。２人の結び付きは、無類の相場好きだった岩下が島徳の店で相場を張るうちに、島徳の采配に惚れ込んでいったものであろう。

銅山に目を付ける

日露戦争バブル景気で大儲けした島徳は、鉱山業へ転進を目論んでいた。当時の相場師は株やコメで掴んだ金を鉱山開発に投じ、山師に挑戦する例が少なくなかった。

「島は日露戦争で儲けて大成金になったら、徳島県の持部銅山というのを２００万円で買い、藤田組のような堅気の実業家に転向したい、そして株商売から足を洗うために、その店を北浜銀行に売りたいと言うのであった。岩下はこれを買って、その理想とする公社債、有価証券専門の証券会社をつくろう、と言うのである」（三宅晴輝「小林一三伝」）

岩下清周は島徳の株式仲買店を引き取って、小林一三に経営を任せたいと考えていた。小林一三は後に阪急電車を創業、社長として関西財界で〝太閤さん〟と呼ばれるほどの大物だが、当時は三井銀行の実力者、池田成彬とそりが合わず、調査課で悶々たる日を送っていた。岩下は三井銀行大阪支店長時代に小林を使ったことがあり、できる男と目を付けていた。そこで小林をスカウトすることになるが、小林が三井銀行を退社、家財道具一切を売払い、家族5人で梅田駅に降り立った時、株式市場は瓦落《がら》に見舞われる。島株式店は買い方大手として大きな建玉を誇っていただけに、バブル崩壊の打撃はことのほか大きく、整理に終われ、北浜銀行への売却話は立ち消えとなる。路頭に迷う小林を、親分岩下清周が放っておくはずがない。その後の小林の出世物語は本稿とは直接関係がないので触れないが、島徳と小林を抜きにすると、大正期から昭和初期の関西経済界は一味も二味も薄味になっていたはずである。

梅原亀七の野望を次々くだく

大正4年、島徳が大株の第6代理事長植村俊平の後任に意欲を燃やしていた時、豪胆梅原亀七も理事長のポストを狙った。梅原は三重県出身で帝国新聞（関西日報の前身）を経営するかたわら、代議士もやる強者で、大株の仲買人組合委員長や取引所理事長代理も務めたことがある人物である。梅原は八方に渡りをつけ、大株理事長間違いなし、の流れができてくる。

ところが、どたん場で三井物産大阪支店長の藤野亀之助が理事長に収まる。地場の予想をくつがえす人事に「亀去って亀来たる」と評判になったものだ。この逆転劇の仕掛け人はほかでもない島徳だった。一般には梅原を応援していたはずの常務理事の宮崎敬介が寝返りを打ったためとされているが、宮崎をご馳走酒で丸め込んだのが島徳であった。梅原の口惜しさは察するに余りある。手ごわい梅原に理事長になられては、〝仕事〟がやりにくいと考えたようだ。御《ぎょ》しやすい藤野理事長なら、やりたい放題できる、そしてあわよくば藤野を短期政権に終わらせて、その後はわしが、と目論んだに違いない。

大株理事長の夢敗れた梅原は堂島米穀取引所の理事長に狙いをつけるが、この時も島徳が邪魔をして、梅原つぶしをやってしまう。梅原は島徳とは正反対でマスコミの受けも上々だった。「温乎《おんこ》として玉の如く、藹然《あいぜん》(気分が和らぐさま)として春風の如し。黙して多くを語らず、さりとてもったいぶる訳でもない」。大阪経済界の将来を担う男の1人と太鼓判を押され、大株や堂島の大株主でもあったが、島徳の横ヤリに志を阻まれてしまった。

パニックの市場救済で大働き

翌大正5年、藤野が急逝すると島徳が念願の大株の第8代理事長に就任する。島徳黄金時代の始まりだが、理事長就任直後に大仕事をやってのける。この年の12月、ドイツと連合国軍の間で停戦の風説が立ち、市場が大瓦落《がら》に見舞われた時のことだ。パニックに陥った時の島徳の采配は見事だった。

「船株を中心に前年来の上げ足の一本調子を踏んでいた市場は、この飛電一閃《いっせん》にたちまち目がくらんで混乱、せっかく立会中だった商船株、郵船株、久原株などみるみる40～50円方の崩落というのだから、その狼狽《ろうばい》振りは想像できるだろうが、『ウンよし』と握りこぶしでグワンと机をたたきつけた新理事長、島徳大将は、その瞬間立会いを中止とすると同時に、委託者の追証拠金不納に悩める仲買人の買い玉7万4、000余株を現物団に肩代わりさせる一方、東京へ駆け付け、東株当事者と提携して八方奔走、間もなく日銀了解のもとに仲買人組合のシンジケートを組織……」(「財界実話」)

この辺りの突破力、判断力は並みのものではない。「さすが島徳」と快刀乱麻を断つ早業に世間は舌を巻いた。興銀等から莫大な資金を融通させ、4、000万円にのぼる大受渡しを無事完了させることができた。

「あの若造が」とみくびっていた連中が、一転「さすがは島徳はんだ」と讃美の渦と変わる。「国危うくして英雄現る」などという持ち上げように島徳はしばし至福の時をかみしめるのだった。この修羅場の収束は、藤野、梅原の〝両亀さん〟では無理だったかもしれない。

島徳の武勇伝に欠かせない一件に久原株買占めの問題がある。久原株の買占めに動いたのは「北浜の太閤さん」こと松井伊助で、取引員20数社に買い玉をはわせた。すると、額面割れに沈んでいた久原株が114円50銭にまで高騰してしまった。松井伊助は相場の盛んな和歌山県出身で、和歌山米穀取引所仲買人から大阪に攻めのぼり、大正6年には高倉藤平と組んで郵船株買占め戦を展開して勇名を馳せ、翌7年には政府筋の要請を受けて米価の鎮圧に奮闘するが、自然の流れに抵抗し切れなかった。その松井の久原株買占めに向かったのが1回り年下の島徳だった。

「北浜の太閤さん」を証拠金攻め

島徳は日露戦争バブル景気のあと、一時期取引員（当時は仲買人）をやめて、久原房之助と手を結び、鉱山事業に手を出し、その鉱山を久原に売却したことから、「久原はおれがこしらえた。久原のことはおれが一番知っておる」と日ごろから豪語していた。島徳は久原株がこんなバカ高値をつければ売るしかない、と売りまくる。だが、松井には大量のチョウチンがついていくらでも買ってくる。

仕手戦としては買い方松井軍団に有利な展開ではあったが、この時、島徳は理事長という立場にある。いろいろと規制を強めながら松井軍団を追い詰めていく。市場運営については中立公平な采配が求められる理事長だが、当時は相場に直接かかわってもコンプライアンス違反に問われることはなかった。むしろ市場振興に理事長が積極的に場に出ていくことはよくある光景であった。

「彼は買占め派が玉を増やしてくると、新規売買の証拠金は前納でなければいかんと決めつけ、その証拠金も本証と合わせ最高65円までつけてしまった。両建てに証拠金を取るなんて、取引所創立以来、これが最初だが、彼は前例もくそもあるかと、苛烈なほど厳重にこれを実行した。こうなっては、さすが買占め派も自由が利かず、比較的放漫だった東株市場に本陣を移すなど、どじを踏み始め……」(同)

松井御大を筆頭にそれの追従者は島徳の締め付け等にあって無惨な結末を迎えた。額面割れに落ち込み、屍《しかばね》累々、島徳に名を成さしめた。

野村徳七と張り合う

名著「北浜盛衰記」で知られる松永定一は島徳についてはことのほか行数を割いている。良くも悪くも北浜全盛期に一番目立った男、それが島徳であった。

「島はすでに20歳のころ大阪鉄道株をウンと買い込んで、明治の大豪今村清之助と一騎打ちの勝負をし……、さすがの今村もこのくちばしの黄色い若造にヘトヘトにされ悩まされたという。そして明治36(1903)年、ついに自分名義でも仲買人を開業し、日露戦後の相場には買い方の1人として彼の『運』を信じない疑い深い人々を向こうに回して巨利をさらったのである。しかし志小ならぬ彼は、明治40年4月あっさり株屋を廃業し、阪神電鉄の取締役に就いた。その執着を残さぬ鮮かさは当時の人々をアッといわせたものだ」

同年代の野村徳七とは表面親密そうにみえたが、お互いに張り合っていた。明治43年ころ、2人が加島安治郎に招かれて心斎橋の料亭「はり半」で会食したことがある。その時、加島は「どうや、3人で千万長者になる競争をみようやないか」と提案する。

野村はそのころすでに数百万円の資産をこしらえていたが、日露戦後の相場で苦しんでいた。だから加島の提案に野村はビビッた。一方の島徳はニヤリと皮肉な笑いを浮かべた。北浜銀行頭取岩下清周の全盛期で、島徳の店で大きな建玉を動かしていたからである。島徳は岩下から大口の注文をもらっていた。だから、大正3年北浜銀行が行き詰まった時には島徳はしょげかえっていたという。

古来、戦争は多くの成金を生む。日清戦争の時は大阪財界では松本重太郎、田中市兵衛、岡橋治助らが飛び抜けていたが、日露戦争の時は住友、藤田両家が際立っていた。そして欧州大戦では島徳と野村が儲け頭だった。神戸では船成金が続出したが、北浜の株成金も豪快に儲けた。開戦から1年半ほどたってから株が乱舞し始める。松永定一が書いている。

「大正5年1月、片岡直輝、稲畑勝太郎氏らの創立による日本染料株が応募850倍、申込み割当て430株に1株という好調などのため、人々は大戦景気の規模の容易ならぬことを知った。そしてこれをきっかけに投機人気が沸騰し、火は火を呼び、風は風を呼ぶ燎原の火のように燃え広がった」

たった8、9円だった明治精煉が110円、120円の大阪アルカリが178円、41円の日本舎蜜が650円、86円の大株が730円と狂騰したのだから、島徳も野村も黄金の洪水に身を浸すような成金大明神を縦《ほしいまま》にした。中でも久原鉱業株の増資新株がバブル景気を象徴するような人気をみせた。松永が述懐する。

「久原鉱業は鉱山王の名を縦にしていた久原房之助の経営で、日立鉱山を中心に大正元年、資本金1、000万円で設立された。そして大正5年2月、増資新株10万株（25円払い込み）をプレミアム付きで売り出したのだが、当時久原の声望と激しい買い人気のため売出し株は羽根が生えて飛び、プレミアム83円でも、ものすごい奪い合いとなった。その年の12月には早くも420円を突破して、応募者を驚喜させた」

野村は店員名義で3万株を申し込み、その他あらゆる手を通じて買集め、騰勢をあおるとともに350円がらみで巧妙に売抜け、当時のカネで千数百万円の儲けを手にしたという。今日の価値にして200億円から300億円の奇利である。島徳はかつて徳島の持部鉱山を久原に売付け、その代金として久原株を大量に引受けていたし、増資で割り当てられた分を合わせると野村以上の株数を誇っていた。久原との約束で「絶対売らない」ということになっていたが、370円くらいでこっそり売抜け、以後、梟雄と怪雄の間は断絶された。本尊の久原はもとより、野村も島徳も「スキでみそを掘るような儲け」に酔いしれる。

宮本又次の「大阪商人太平記」もこの件を特筆大書する。

「久原鉱業は大正期に2回増資した。第1回目は大正5年2月で、このときは資本金を1,000万円から、いきなり3,000万円に増資した。そして最低70円のプレミアムで、10万株を公募した。野村徳七はそのうち2万5,000株を引受け、お客から注文があった分だけを渡すことにした。しかし応募は公募株の3倍半の35万株となり、最高プレミアムは92円、募集プレミアムは82円という異常な人気を示した。株価も上がり、25円の払込みが最高408円10銭になるなど、とてつもない利益が野村の手に入った。島徳もこの増資に乗り、いっぺんに成金になった」

野村徳七は京都南禅寺に別邸をつくり、島徳は南地大和屋で政治家連中を招いて豪遊した。そして久原は阪神住吉に3万5,000坪の庭をつくらせ、吉野川を模した清流を流し、法隆寺の巨石をはじめ天下の名石を集め、王侯をしのばせる豪奢な振舞いが世間の耳目を集めた。久原はこの増資で大分県佐賀関に日本一の大煙突を持つ精錬所を建て、朝鮮の銅山をアメリカ人から300万円で買収する一方、大阪の一流芸者を貸切り列車に乗せ、株の引受け団を現地視察と称して歓待した。

久原株の2回目増資は大失敗

このプレミアム付き増資に味をしめた久原は第2回の増資を計画する。大正6年10月、3、000万円の資本金を7、500万円に増強するため25万株を公募する。この時は竹原友三郎を代表とする大阪現物団が87円50銭というプレミアムで引受けた。ところが、前回と違って全く売れず、暴落する。戦争成金たちが飛び付くだろうと目論んでいたが、全く当てが外れてしまう。成金たちは大盤振舞いの果てにカネを使い果たしていたのであろう。

「竹原は主な株屋と一緒に久原を訪れ、暴落したからプレミアムを負けてほしいと頼んだ。竹原はその後、病床につき、久原が豪華なお見舞いを届けたが、竹原はこの立派な菓子箱をけちらし、久原の仕打ちをいさめたと言う。竹原は、増資さえできたら、株主はどうなっても構わぬというやき方をたしなめたのである。この時、野村は『いったん契約した以上、全財産をほうり出しても払うのだ』と言ったといい、大阪商人たる土性骨が浮かび上がる」(「大阪商人太平記」)

この時、島徳がどういう行動に出たのかは記録がないが、第1回の増資の際、黙って売逃げて以来、2人の関係は途絶えていたのを幸い、2回目の引き受けには参加しなかったと思われる。どうやら島徳は悪運が強いようだ。久原鉱業がきっかけとなって「新株プレミアム付き売出し」による増資が大流行し、4年間で500社近くがこの方法で増資を行い、資金をかき集めた。現物団と称する株屋連も大いにうるおったものだが、久原の第2回増資の失敗が響いて下火になっていく。

それでも久原株を巡る仕手戦は何度か展開される。松井伊助による久原鉱業株の2度目の買占めは大正15年に繰り広げられた。同年10月、65円から買い始めてみるみる90円にはね上がる。大株では売買証拠金の引上げなどで規制を強化するが、株価は上昇を続ける。立会停止なども交えながら騰勢はやまず、11月19日には111円90銭にまで上がる。この時点で松井はほぼ全株を手中に収め買占めは成功したかにみえたが、株価はこれ以上には上がらなかった。それというのが大正天皇の病状悪化が報じられる中で、買占めによる株価高騰などやっている場合か、といって世論が厳しく買い仕手の動きを封じ込めた形である。

「大正天皇がご病気になり、財界もまた沈滞した。さらに金解禁を気構えて、正貨の流出が心配されていたので、高値を示していた久原鉱業株も買占めの手が緩むと、株価は下がり始めた。昭和になって金融恐慌でますます下がった。こうして久原鉱業株の買占めも、予期した成功を収めることはできなかった」(同)

この買占めの本尊は久原房之助本人だったというのが、その後定説となる。久原はほどなく田中義一内閣の逓信大臣に就任するが、そのための資金稼ぎのために松井伊助と組んで自社株買いをやったというのだが……、真相は今では薮の中である。

大株、中興の祖

梟雄と恐れられた島徳の大株理事長時代について、大阪今日新聞の光末磯市記者は次のように述べている。

「毀誉褒貶《きよほうへん》を超越し得る者は英雄である。褒められてうれしがらず、くさされて意に介さず、あらゆる世評を超越して平然とひとり高所におるのが島君である。喧々囂々《けんけんごうごう》の非議(批難)悪罵を満身に浴びること、ここに年あり。参ったともいわず、かすったともいわず、これを風馬牛視して、超然堅く自己を信じ、動ずるところがない。世の凡人どもならば、とっくの昔に神経衰弱にかかって気死(憤死)しているはずであろうに、ひとり君は眉間にしわ一つ寄せず、いつも風呂から上がりたてのような艶やかにして晴々しい面色にニヤリ微笑を浮かべている。英雄なりと断ずるに十分である」

島徳は大正5年、片岡直輝、永田仁助、土居通夫ら関西財界の錚々たる面々の支援を得て大株の第6代理事長に就いた。以来、昭和2年に退任するまでの10年半の間に資本金を700万円から4、500万円まで増やした。島徳の頭の中には東株に負けるな、の思いが強かったのであろう。東株の資本金（4、700万円）に迫るばかりか、払込み額では、東株の2、675万円を上回り、2、950万円と実質的には東株をしのいだ。大正バブル景気という超弩級の追い風を背に受けていたとはいえ、島徳の才覚がただものでないことの証明になろう。そして短期清算市場を開設するなど、ライバル兜町とどう差別化していくか、を常に念頭において市場運営に当たった。

大株創立以来の理事長（初めは頭取）の顔触れは次の通り。

初代　中山信彬　（明治11～同15年）
2代　吉田千足　（明治15～同16年）
3代　磯野小右衛門　（明治16～同36年）
4代　阪上新治郎　（明治36～同42年）
5代　浜崎永三郎　（明治42～大正2年）

6代　植村俊平　（大正2～同4年）
7代　藤野亀之助　（大正4～同5年）
8代　島徳蔵　（大正5～同15年）

磯野小右衛門の20年間にわたる采配は別格だが、島徳はいちど退任して、すぐまた選出されるかと思うと、大正15年12月には理事長選に当選したのち、辞退するという珍しいいきさつも織り交ぜての10年半に及ぶ長期政権であった。

短期清算取引市場の創設

島徳理事長時代の特筆すべき業績は短期清算取引の創設である。昭和2年上期の売買高について、東株と大株を比べてみよう。（単位株）

	東株	大株
長期株式	22、961、820	5、450、070
短期株式	12、348、000	16、327、290
実物株式	4、380、899	7、796、050

東株は、長期取引が一番多く、大株は短期取引の売買高が最も多い。また実物取引に

ついては大株が東株を圧倒している。

両市場の相違について時事新報社がまとめた「ビジネス・センター」は次のように評している。少々長いが、うがった見方をしているので、味読していただきたい。

「関東長脇差の東京が荒っぽくスペキュリたがり、上方贅六《ぜいろく》が、二一天作の五でいこうという差が出てくる。究極において、投機のマラソン競争においては亀さんの贅六が勝ち、兎さんの江戸っ子がたちまち息を切らしてしまうのだが、こういった気性の違いが株式取引の相違の第一原因だ。東株では証拠金で張る長期の清算取引が最も栄えるゆえん。大株が実物取引と実物取引の代用として短期清算取引が珍重される。宵越しの銭を軽蔑したがる位だから、関東では金銭の扱い方がそこつでやりっ放しで軽信しやすい。ろくろく資産状態や経営人物も調べずにポンと素人客がヘナチョコ仲買やボロ銀行に金を預けて平気だ。すると金から生まれた関西では人を見れば泥棒で、金のこととときたら油断もスキもあったものではない。されば銀行ならまだしも、株屋さんへ大金を永々と預けておくのはケガのもとと心得ている。大阪ではその日勘定の短期取引や現金取引の実物取引が繁盛する第2の要因だ」

実際、大株では野村や大阪商事といった現物取引主体の店が大きな勢力を誇り、彼らの店頭は小さな取引所を思わせるほどのにぎわいをみせている。そして、そうした大手現物店が6、7軒はあるという。反面、東京では長期清算取引の店が幅をきかせ、現物店は2流か格下にみられ、1人前の仲買人としては扱われない。東西で正反対であるのが面白い。いずれにしても、短期取引の導入で大株市場をにぎわし、大株の株価を770円という高値に舞い上がらせたのだから、「島徳大明神さまさま」の声もかかる。

島徳の親分筋に当たる岩下清周が北浜銀行を破綻させた罪で入獄、公判の場で「友人の窮状を救うために銀行の金を使ったまでだ。天地に恥じるところはない」と大見得を切って預金者たちのひんしゅくを買ったものだが、島徳にも岩下と共通項がある。「島徳は大株を私物化している」と非難されることにもなる。

テントリ、シャントリで錬金術

島徳は大株理事長のかたわら〝会社屋〟として中国大陸で次々と取引所をでっち上げ、プレミアムを稼いだ。一体、こんな田舎町でだれが相場を張るのか、といわれる過疎の地に取引所を立ち上げる。そして株券を発行して投資家を募り、うまく上場できれば、高値で売り逃げるという戦法である。そのためには政界に顔が利かないことには芸当ができない。取引所の許認可権は時の政権が握っているのだ。

「政友会の横田君や、岡崎君などと肝胆照らしたり、照らされたりして、それ上海取

（シャントリ）、それ天津取（テントリ）といろいろ植民地に取引所をでっち上げるやら泡沫会社を作っては政党や仲買、地回りどもにプレミアム稼ぎをさせたものだ。このため一時は島徳なしでは北浜村の夜が明けなかったものじゃ。お役人にしてからが、表向きはともかく、彼の威力に恐れをなしていたもので……」

大陸での取引所作り、金作りの手順はこうだ。旧知の代議士奥繁三郎（京都府から衆院選に8回当選、衆議院議長を2度務める）から取引所を開設する権利を入手すると、出資者を募って会社を作り、その株を大株に上場して買いあおる。大正7年の上海取引所で味をしめた島徳は同10年には天津取引所、同11年には漢口取引所と、たて続けに3つも作り上げる。当時の新聞が島徳のやり口を書いている。

「お手際鮮やかに3つまでこしらえ、プレミアムを稼ぐとともに、大株市場の実物取引では花形としてもてはやしたから花街にまでこれらの株が侵入するに及び、大正9年春、上取株が250円の高値をみせた当時、南地に出入りする粋人は、上取株をホメルとケナスで芸妓のもてなし方がまるで違ったそうだ」

天津取引所株では、仲間の静藤治郎を使って、買占めをやらせる。静は持株をどんどん増やし、株価はぐんぐん上昇、ところが高値で大量の売り物が出てきた。奥繁三郎ら政友会の面々の株ばかりか、島徳自身も持株を手放して、利食いの味を満喫していたのである。

静は島徳から「天取は浮動玉が少ないから買占めると面白いよ」と耳打ちされて買い始めたら、当の島徳まで持株を処分したことが判明し、「あの島徳めが〜」と口惜しがる。発行済み株、15万株のうち14万株を持たされてしまう。しかし、静もさるもの。その株を株栄会《しゅえいかい》に肩代わりさせてしまう。株栄会というのは分かりにくい組織だが、大株の損失引き受け機関として、島徳が作らしたもので、大株とは一心同体の別組織。島が株栄会の会長でもあり、静の持株を株栄会が引き受けしてしまう。これは推測だが、島徳は静に対し、テントリ株でうまくいかなかった時は株栄会で面倒みるからな、と示し合わせてあったのではないだろうか。

政治屋にはかなわない

島徳は後年、回顧して語る。

「政治屋どもを手玉にとって天取、上取と儲けたころは、一時はワテほど偉いものはないと思いました。それが上取にせよ、天取にせよ、大連もそうだっせ、みんなその政治家連に早う逃げられてな、ワテ一人残されたんだっせ。やはり政治家の方が違います。ワテなどとてもかないまへん」

株栄会の一件が明るみになって、島徳はいったん理事長を降りるが、間もなく復帰する。大正13年のことだ。この年、10月1日、島徳以下、役員一同が総辞職する。その時の島徳のあいさつの概要は次の通り。

「なんら私心なく、一面においては大株を世界的の立派な大市場にしたいとの考えから出発し、他面においては短期取引なるものを理想的なものに仕上げ、もってわが証券取引を発展させたい一念から徐々に画策いたしたのですが、戦後の反動に際し、十分目的を達することができず、かえってこと志と違い、株主諸君に多大のご迷惑をかけることとなりましたことは、誠に申し訳ない次第であります」

北浜の辻々に島徳の罪状をあばくビラが貼られたほどだが、10月25日、島徳は再び理事長に選出される。1日に総辞職したあと、上島益三郎が理事長代理を務めていた。島徳はいったん辞退するが、年末の総会で満場一致、理事長に選ばれるに至って、理事長職を続投することになる。

「北浜100年」の著者、中村光行は「怪物の怪物たる由縁か。怪物は怪物なるが故に、人心を魅了する政治力を備え持っているのであろうか」とあきれてしまう。島徳の底力、魔力というべきか。

大正14年当時の大陸取引所

①大連株式商品取引所（資本金1、000万円）

理事長　小泉策太郎、大正9年設立、株式、綿糸布、麻袋、砂糖、麦粉

②漢口取引所（資本金200万円）

取締役　宇田貫一郎ほか5名、大正11年設立、綿花、綿糸、金、銀、証券

③上海取引所（資本金1、500万円）

専務　森本健夫、大正7年設立、有価証券、金、銀、綿糸

④仁川米豆取引所（資本金300万円）

社長　若松兎二郎、明治29年設立、米、大豆

⑤安東株式商品取引所（資本金250万円）

理事長　太田秀次郎　大正9年設立、株式、金、銀

⑥満州取引所（資本金320万円）

理事長　手塚安彦、大正8年設立、株式、白米、もみ

⑦天津取引所（資本金750万円）

社長　島徳蔵、大正10年設立、株式、銭

⑧青島取引所（資本金1、400万円）

理事長　峰村正三　大正9年設立

阪神電鉄社長に就任、配当引き下げ、積極経営

昭和2年、大株理事長を退任し浪人していた島徳は阪神電鉄社長に就任、同6年まで4年間、采配をふるう。これより先、明治40年4月に岩下清周、片岡直輝らとともに阪神電鉄の取締役に就いていた。「阪神電気鉄道八十年史」は次のように記している。

「大正15年に大株理事長を辞任した島は、当社にこれまでより積極的な関心を向けるようになった。昭和2年5月から同年10月までの短い在任であった小曽根喜一郎社長の後を継いで、当社の経営に当たる。島社長の下で出発した当社は、多くの事業上の課題が残されていた。それは、既設運輸施設の改良、神戸・大阪増設線の建設、今津出屋敷線、千鳥橋、野田、梅田線の建設、湊川延長線の結末、没線の開発、新京阪鉄道との提携による姫島・十三間路線の建設、そのほか関連事業の経営にわたっていた」

株式市場では鬼才振りを発揮、満天下をうならせた島徳だが、事業家として腕前は未知数であった。しかも、課題山積の阪神電鉄という会社をどう運転していくか、株主の間には危惧する声もあったが、島徳の行動様式は基本的には北浜時代と変わらず、奔放な言動が世間の耳目を集めた。毎日出社するとともに、重役会を1週間に1回開いて、

役員たちの奮起を促した。島徳の経営判断は緻密ではなかったが、骨格の太さを持っていた。目先の利益より長期的戦略に立って改革が進められた。その一つとして株主の反対を押し切って配当を10％に引下げた。島徳の言い分はこうだ。

「大勢の市民を相手として商売する会社は配当が多いと、それ運賃を値下げしろという声が上がって問題になる。余り沢山な配当をすることは、実際において株主の損になる」

阪神電鉄の経営はこれまで消極的であったが、島徳がリーダーシップを発揮して一変する。ある株主の言葉が残っている。

「大体において当社は従来いかなることにも因循《いんじゅん》姑息《こそく》、消極的方針でありましたが、島社長就任以来、積極的方針となり、すべての点において改善されている」

昭和4年4月の株主総会の席上、島徳はこう言って我慢を呼びかけた。目先張りを排し、長期張りを旨とする相場師島徳蔵の片鱗がうかがえる内容だ。

「当社はこれまで消極主義で、今度の御影の工事も400万円も要っておりますが、それに伴う収益は割合に増えません。されればしばらくは今までの遅れた点を補うため自然利益を産み出さないことがありましょうが、この点は我慢していただきたい」

島徳は重役陣を一新し、今西与三郎を専務に抜擢した。与三郎は、かつて阪神電鉄の専務を務め大阪三品取引所理事長でもあった今西林三郎の養子で、大阪高商から京大に進み、海外留学後、大阪商船、山下汽船等で海運業に励んでいたところを、島徳に見込まれ、その右腕として力量を発揮する。後に阪神電鉄社長に就任するのは島徳時代に培われた事業家の才が開花結実したことを意味する。島徳は阪神電鉄社長として積極策を次々に打ち出したと述べたが、相場師らしからぬ近代経営への脱皮という面でも足跡を残している。

「島徳蔵は、天性、相場師のひらめきを持っていたと伝えられる。当社の最高経営者の中でも異色の個性であったが、歴史の流れの中では、明治・大正を代表する資本家的経営者のタイプとして位置づけられるであろう。その一つのステップが住友合資会社との提携であった。住友合資会社は傘下事業の株式会社化を急速に進め、巨大コンツェルンの形態を整えつつあった。同時に関係会社投資を活発に行い、自社系列外にも資本的なネットワークを拡大していく施策を採っていた」（阪神電鉄八十年史）

明政会事件で社長退任

島徳時代に阪神国道電軌の買収に伴う増資を行った際、金融恐慌下の困難な情勢の中で、住友合資は増資新株のほぼ半数を引受け、一挙に阪神電鉄の筆頭株主となる。この時の増資で資本金は4、000万円から5、000万円に増強されたが、翌昭和4年には倍額増資で一挙に1億円に膨らむ。同年10月にはニューヨーク株の大暴落に象徴される世界大恐慌に突入するが、島徳の経営はびくともしない。川崎造船所の職工2、980名が解雇され、国策会社満鉄職員が2、076名解雇されるなど空前の大恐慌を尻目に島徳阪神は引くことを知らない。

住友合資の資本を背景に島徳の積極経営が本格的に軌道に乗ろうとしていた矢先、明政会事件に連座して検事局の追求を受け、昭和6年9月、辞任する。

明政会事件というのは、昭和3年の第1回普通選挙で民政党が大躍進し、政権与党の政友会は多数派工作を迫られ、小政党の明政会を抱き込むため金をばらまいたというもので、〝策士〟島徳は逮捕され、阪神電鉄社長の椅子を降りる羽目になる。

島徳退任後の阪神電鉄社長は大阪商船社長の堀啓次郎が乗り込んでくるが、商船社長との兼務はどだい無理な話で事実上の采配は専務の今西与三郎が握っていた。今西は島徳譲りの積極策で押しまくり、4年後には社長に就任するのだから、島徳の路線は今西を軸に継承されていくことになる。「昭和10年スタートした今西社長体制は、今西自身を含めて役員4名中の3名が、かつて島徳蔵が抜擢した人物によって固められることになった。これらのトップマネジメントは、内部養成を経た者はいなかったが、経営実務に明るい専門的な経営者によって構成されていた」(阪神電鉄八十年史)。

阪神電鉄の社史は、島徳の采配については極めて好意的にとらえ、その積極策を評価し、明政会事件で失脚したあとも今西体制のもとで島徳イズムは継承されていったと記されているが、全く別の評価もある。その辺りがいかにも島徳らしい。島徳の継承者とみられていた今西与三郎が実は島徳を追い出す張本人であったというから奇々怪々である。

大毎新聞の佐藤善郎記者が「実業之世界」誌に連載した「悶《もだ》ゆる島徳」によると――。

島徳は社長としての在任期間はわずか4年だったが、大株主、取締役として20年以上にわたって、阪神電鉄を支えてきたという自負がある。島徳が蔭になり日向になりして引立てて来た部下や後輩から辞職勧告書を突きつけられたのは無念残念の極みであったろう。

無念の辞職勧告

「一時は全大阪を1人で背負っていたかの如き威勢を縦《ほしいまま》にしていた彼のにらみも、いつの間にか、〝魔除けの鬼がわら〟以下に失墜してしまった。しかも、ああした連中の末路によく見る事業の失敗、行き詰まり、倒産、破産などというものではない。現に彼が裁判所で言明したところに徴するも、彼にはなお3、000万円の資産がある。160日の未決生活中にタバコをやめて、かえって身体の具合がよくなったという健康もある。持って生まれた負けじ魂に、はち切れそうな闘志もいまだ充ち満ちている。にもかかわらず、彼の身辺には、この金、この健康、この闘志をもってしても、どうにも動きがとれぬほど、悲運の濃霧がひしひしと取り詰めているのだ」

明声会買収事件で有罪判決を受けた島徳は四面楚歌の状況下でも持ち前の剛腹さは揺るがない。

「おれはむしろ被害者だ。おれ自身には後暗い点はつめのあかほどもない。おれは浜口雄幸民政党内閣が政友派を根こそぎやっつけてやろうとする政略的剔抉《てっけつ》のわなにかかったまでだ。なに内閣でも変わりゃ無罪になるに決まっている。皆さんどうぞご安心下さい」

こう開き直れば、これまでだったら「さすが島徳はん」と島徳株は逆に高騰するところだが、島徳を取り巻く環境はガラリ変わってしまった。明政会事件は一つの導火線で、これまでの島徳の強引な経営方針下で鬱屈していた連中の間から反島徳の大合唱となる。落ち目に祟《たた》り目、この流れは変わりそうもない。佐藤記者は語る。

排斥派の急先鋒は今西だった

「原因はむしろ島氏の社長就任後にあるのだ。そもそも阪神電鉄といえば、関西電鉄界の覇王で、専務もいれば、常務もいる。支配人もいれば重役会というれっきとした決議機関もある。にもかかわらず、重役無視の専制政治をいまだ改めようとせぬ……。排斥派の急先鋒は、ほんとに自分の子供のように守り立ててきた専務の今西与三郎だとの話に、さすが剛腹をもって鳴る天下の島徳も、そぞろ物の哀れを感じざるを得なかった」

今西の造反を知らされた島徳はさずがに言葉を失ったらしい。160日間の未決拘留から釈放された時は、翌日直ぐに阪神電鉄本社に出社した島徳だったが、今度ばかりは高野山へ分け入って瞑想にふけるしかなかった。佐藤記者は落胆する島徳の姿を次のように伝えている。

「明政会事件で政党領袖の恃《たの》むべからざるを知り、北浜で、堂島で、そして今また阪神電車で商売友だちや多年、目をかけてやった後進のたのむに足らざるを知って、浮き世をよそに分け登った高野山ではあるが、元来が坊主臭い物の考え方など大嫌いな彼にどれほどの新しい人生観を加え得るであろうか。それに山寺などで悟り済ますには彼はまだ現実社会に、より多くの執着と興味とをそそられ勝ちな、血の気の多い働き盛りの年ごろではある」

島徳が阪神電鉄の社長時代のことだが、「実業之日本」誌とのインタビューで「お金」について大いに語ったことがある。金銭談議の中で1カ月の小遣いが1万円と聞いて記者はあきれてしまう。

記者「あなた個人の小遣いは1カ月どのくらいかかりますか」

島徳「そうやな……交際費を入れたらどんなものかな。ちょいちょい自分の部下にもお小遣いやらんならんし、1万円、そう1万円くらいはいりますやろ。裏面のことは言えんからな。かくれたやっかい者がいますからなあ」

昭和4年ころの話だから、現在ならざっと1、000倍、1、000万円に相当する巨額な小遣いである。

島徳「ハハハッ、金、金、……世間の人が思っているほど、わしは金儲けはしやせんよ。大いに使いたいから大いに儲けたいと思うだけでね。大阪で一番金持ちといえば、寺田甚与茂氏らは動かんだろうな」

寺田甚与茂といえば岸和田に陣取る大富豪。岸和田紡績を牙城として鉄道、銀行などを次々に買収して、「寺田財閥」を形成、「働け、働け、もっと働け」の「働け宗」の教祖として崇められる。「財界物故傑物伝」は寺田甚与茂のことを次のように記している。

「彼は毎朝5時に起床、まず冷水浴をとり、それから箒《ほうき》を手にして広い庭園を清掃すること十年一日の如くだった上に、岸和田紡の社長としての日課たる本社及び春木工場の巡視は盛夏厳冬といえども、往復数里の間、片手に洋傘、または洋杖を持ち、こつこつと徒歩して、終生馬車等を利用することはなかった」

さて、島徳の1日はいかに。寺田甚与茂の1日とは大分様相が異なるようである。

島徳「そうね。朝は早いぜ。このごろだったら6時ですかな。風呂に飛び込んで、いい気持ちになってから、朝めしだが、これは簡単で、茶漬けくらいのものだ。カマボコがついているかな。それから神仏に祈り終えると、客に会うんだからね。これがうるさいほど来る。12時になるとピタリと客を断って、自動車で出社するんだよ。昼食は毎日ここ(阪神電鉄社長室)ですしを食う。1円のすしだ。ここへ来る1日の面会人はまあ、10人ないし30人の間だろう。晩は大てい宴会でね。寝るのは気分のいい時で12時だ。わしには背負い込みが多いでな。つまり人情で女を一生養わねばならん。至るところに1人ずつはいる。ハハハッ」

休日はいっさい人に会わない。ごろ寝したり、郊外へ出掛けたりとのんびり骨休めに徹する主義。それにしても至るところに彼女を抱えて〝一生面倒をみる〟というのだから、1カ月の小遣い1万円も、宜《むべ》なるかな。

当時、島徳が関係していた会社は阪神電鉄社長のほかにもざっと15社。

日本信託銀行、豊国火災、大月電力、大阪北港、中央毛糸紡績、大同肥料、天津信託、朝鮮電気興業、新阪神土地、奈良電気鉄道、大日本産業各取締役。東洋拓殖監事、日本郵船監査役、天津取引所理事長、大阪株式取引所理事など。

株主名簿に名が出ない〝もぐら主義〟

島徳が重役としてからんでいる会社の大株主名簿に島徳の名前がまるで出てこないのは奇怪ではないか。株式市場で島徳のことを〝もぐら〟と呼ぶのは、実はこのためである。自分が重役をしている会社の大株主の中に自分の名義が出ていては株の売買が自由にできない。「それ、島徳が売りに出た」などと世間の噂になるのを避けて、もぐらを決め込んでいるのである。

「相場の腹から生まれた彼には、一攫万金の相場が、何よりも大好物である。彼は徹頭徹尾相場師だ。こうして関係会社の大株主中に名義を出さず、もぐらのように、潜航艇のように、暗から闇の裏に潜んで、機に応じてその持株を売買し、一挙に万金をつかまんことを、絶えず計画しているのである。彼は到底相場師だ」（昭和4年5月15日付「実業之日本」）

ところで、先のお金談議には続きがあって、「金に兄弟はない」「金に親子はない」発言がいかにも島徳らしい。

記者「あなたの兄さんが金に困って、あなたに金を貸してくれと頼まれた時、『金に兄弟はない』といって断ったそうじゃないですか。それは事実ですか」

島徳「それはうそじゃない。本当のこと。金に兄弟はない――これはわしの長年の意見ですよ。兄弟ばかりに限らない。親に対してもそうだよ。親は親、子は子だよ、私は世間でいうように、金をためることはしない。金はためはせん。骨董品にかかるからね」

日魯漁区乗っ取り事件

さて、「島徳という男は実に悪らつ極まる!」「非国民だ。実にけしからん奴だ!」などとマスコミに書き立てられ、天下の耳目を驚かす事件が勃発する。島徳の凄腕を満天下にみせつけた日魯漁業の漁区乗っ取り事件とは――。

昭和4年4月5日、ロシア領漁区の入札で、これまで日魯漁業のドル箱であった優秀漁区221カ所のうち78カ所がとんでもない高値でロシア人を代理とした日本人宇田貫一郎※の手に落ちたのである。日魯漁業の社長、堤清六には青天の霹靂である。この衝撃の一報は兜町を直撃する。東株の取引員沼間敏朗たちは東西市場で日魯株を売りたたく。

※宇田貫一郎　明治22年高知県出身、関西大学専門部卒。大阪市書記から大阪株式取引所理事長秘書、日魯漁業支配人、上海取引所、漢口取引所各専務ののち大日本アスファルト工業社長。島徳蔵の側近として活躍。

日魯側は懸命の防戦買いに出るが、厳しい売り攻勢に防ぎ切れず、日魯株は一挙に18円20銭の暴落で市場は大混乱である。ことは余りにも計画的で、この一連の動きはだれかが計画的に仕組んでいるに違いない。世間は一様にそうにらんだ。そこへみずから、「反日魯の総大将島徳蔵ここにあり」と名乗り出たのだから、世間は「やはり島徳の仕わざか」とうなった。

「舞台は波荒き北洋の海上、そして花道はずっと日本の株式取引所まで続いている。登場の役者は、金儲けのためならちっとやそっと血を流したって、痛くもかゆくもなんともないというういずれ劣らぬ豪の者、島と堤を主役に舞台が大きいだけに踊り手も多く、たぐればたぐるほど、大は田中義一首相から小は株屋の番頭に至るまで、後から後から幕のかげから出てきては踊る。見物人は一度はあっと驚き、二度はにやにやと喝采し、三度は、さて一体この納まりはどうつくのか、少々心配し始めた形だ」（昭和4年5月1日付「実業之日本」）

北洋漁業を巡る日露間のせめぎ合いは遠く明治8年ころにさかのぼるが、日露戦争後のポーツマス條約によって一定の結論を得た。世界3大漁場の筆頭である北洋において日本はロシア人と同等の資格で開発できる権利を獲得した。以来、欧州大戦、ロシア革命の間、ゴタゴタがあったが、昭和3年1月に新条約を結び、同年5月には批准書を交換した。だが、その後もロシア側は日本人の手から漁区を奪取しようとあの手、この手を使って迫ってくる。そんな中で日露両国関係者の入札で決着を図ることになり、4月5日、漁区の第一回入札がウラジオストックで行われることになった。

「わが国にはもともとロシア領水産組合なるものがあり、組合員は漁区の割り振り、入札値段について予め協定し、無謀な競争はお互い国家のため避けること、……などという取り決めがあったので、入札参加者も至極のんき気な顔で入札に出掛け、政府も組合関係を除いてはなんの注意も払ってはいなかった」（実業之世界社編「財界実話」）

ところが、意外なことに入札に際し、ケー・ウダなる日本人が破格の高値で有望区をかっさらったというのである。

島徳と堤の悪因縁

島徳と堤清六の悪因縁は根深い。島徳は日魯の元社長であり、堤は現社長である。日魯漁業をまず立ち上げたのは島徳である。昭和初期の政財界の惑星、久原房之助の番頭だった中山説太郎がやっていた漁業会社を久原の手を通じて島徳に売却し、日魯漁業が誕生する。久原と島徳はかつて久原株の仕手戦でからみ合った仲である。

そこへ堤清六が登場してややこしくなる。堤は日露戦争の時、25歳で満州に渡り、酒保を経営、戦後はハバロフスク方面まで訪れていくが、ロシア領の漁業に目をつけて、堤商会を興す。そして、日魯株を売りたいて、島徳をいじめにかかる。島徳は200万円ほど投資した日魯漁業を1、000万円で堤に売り渡してしまう。大正10年のことだ。この辺りは島徳の凄さだが、堤はカムチャッカ漁業を合併して、資本金1、700万円の日魯漁業の社長になる。日魯株を堤に高値で売っただけでは島徳は満足しなかったらしい。堤が日魯の業績を伸ばしているのが口惜しいのだろうか。島徳の堤への意趣返しが始まろうとしていた。

「島徳といえば株界では泣く子も黙るほど凄腕だ。親の葬式さえ立会わずに、堂島で売った買ったをやっていたという男だ。堤づれ（程度）にしてやられて、おめおめと引き下がっているはずがない。折あらば目に物見せてくれんと爪をといでいた。そこへロシアとの交渉が紛糾して、日本のロシア領水産組合員は競売には不参加だなどといっている時こそ、彼が乗り出さねばならぬ時であった」（同）

金主は寺田甚与茂か乾新兵衛か

島徳が〝日魯城〟に進軍するに当たって、参謀役をつとめるのが、前出の中山説太郎である。岸和田紡の寺田甚与茂（一説には神戸の金豪乾新兵衛）から金を出させ、帝国ホテルに陣取って策動を開始する。ロシア領水産組合函館支部長の中瀬某が組合からのけ者にされているのを抱き込み、島徳社長時代に日魯の庶務課長だった宇田貫一郎も加えて謀議を巡らせる。そして、ロシア領漁業に経験のある神戸の石鹸屋・児島侃二《かんじ》を帝国ホテルに呼び寄せ、監禁同様に禁足してこの謀議を打ち明け、入札のため現地に飛ぶ役を命じる。児島は命掛けの仕事だから10万円欲しいというのを5万円に値切ったために、交渉は決裂する。結局、宇田が入札のため現地に飛ぶことになる。出陣に当たって、島徳は、わがプロジェクトが国家的大事業であることを強調して宇田らに発破をかける。

「日魯漁業は政府の保護を受けて多大の利益をあげているうえ3割もの高額配当を続け、しかも堤は組合長としてロシア領水産組合をわがもの顔に切り回し、横暴を極めている。天下国家のために日魯漁業は膺懲《ようちょう》（こらしめる）すべく、日魯の漁区を全部奪還せねばならない。権利さえ取っておけば、経営はさして急がずともいい。すでに100円余で日魯株を先売りしてあるから漁業奪還が実現すれば、株は60円くらいに暴落するのは請け合いで、その利ザヤで不経営の欠損などすぐ埋めてしまう」

入札担当の児島と成功報酬を巡って島徳との話し合いが行き詰まった時、児島は日魯漁業の平塚常次郎常務（後に社長、運輸大臣）に島徳の乗っ取り計画を通報したというから、児島もひと筋なわでいく男ではない。この時、平塚は「島徳らにそんな金があるはずがない」と笑い飛ばし、黙殺してしまったという。結局、宇田がウラジオストックに飛んで現地人を表面に立て入札をやってのける。ケー・ウダはもちろん宇田貫一郎のことだった。

「大阪の島徳から天下の島徳へ」

日魯漁業の漁区入札の本尊はやっぱり島徳であったのかと、世間は改めて島徳の荒業にあきれる。島徳は得意満面で語る。

「何も騒ぐことはないじゃないか。わしは日魯の連中のやり方が気に食わぬからやったまでの話だ。日魯株の買占めだの、日魯会社の乗っ取りなんて、そんなけちな考えじゃないよ。新しい会社を作って堂々と国益を図るんだ」

島徳の金主の1人、神戸の船成金、乾新兵衛までが島徳をけしかける。

「うんとやりなはれ。やりなはれ。有望な事業なら、あたいも2、000万でも3、000万円でも出しますぜ。ただし、儲かる目途が立たんと1文たりともお断りだす」

日魯漁業の社長堤清六と格別親しい関係の山本悌二郎農商務大臣は島徳の乱暴な手口にカンカンである。島徳を大臣室に呼びつけて「国際的信用にかかわることをやってくれたな」と怒鳴りつける。島徳は平然としたもので、とうとうとまくし立てる。時々「首相の田中義一大将もご存知のはずだが」などと「オラが大将」をちらつかせながら島徳節は続く。

「あの漁区は年間1、000万円以上の利益があるはずなのに、日魯漁業は700万円くらいの利益しか計上していない。堤社長が会社をわがもの顔に食い散らかすからじゃ。おれは別の会社を新設して堂々お国のために活動するのだ。うんと儲けて現内閣のためにも十分ご奉公をしてみせるよ。わしの支払う借区料は年間393万7、000ルーブルで高過ぎるというが、今のルーブルの相場から割り出せばなんでもないよ」

この日魯問題は政権与党、政友会内でも2派に分かれて抗争に発展しかける。政界大浪人の怪人・杉山茂丸なども、これは面白いと飛び出してくる。堤清六と島徳との間で妥協工作も構じられるが、島徳はなかなか降りようとはしない。とどの詰まりは田中首相に一任となる。「おうヨシヨシ」となんでも呑み込んでしまう田中大将だが、「こんどばかりは、いや、こいつはどうも」と逃げ腰となる。

「これにつれて今まで頑張り続けてきた島徳も遂に腰が折れて、ようやく妥協が成立、入札に投げ出した元金だけは取り戻したが、おかげで、彼は大損、当時乾新兵衛から金を引出すために抵当に入れた財産は、今日でもなおそのまま、清算未了で、お預けのままになっている。『田中義一という人は案外弱虫だね』と、それ以来、折に触れて、述懐をもらすようになった。この事件以後、島徳の名は『大阪の島徳』から『天下の島徳』と書き替えられるようになった。同時にその『天下の島徳』には『怪しからぬ奴だ』の形容詞がつくようにもなった」(「財界実話」)

島徳に貼りつけられた「怪しからぬ奴だ」というレッテルは日魯漁業側から流布したものではあるが、以後、日露間の漁区交渉でロシア側につけ込まれるスキを与えたのは否めないだろう。大損したうえに悪名まで高めてしまった島徳だが、島徳の心底には「たとい悪名でもいい。無名よりはましだ」との思いがあったに違いない。

策士ではなく、計画家と擁護の声

島徳の人物評は百花斉放、毀誉褒貶さまざまだが、大株理事長時代に出た「大阪財界人物史」(大正14年、国勢協会編)は「有言実行の希代の手腕家」と持ち上げ、こう評価する。

「なさんとすれば必ず遂げざるなく、行って果たさざるなし。けだし手腕の人と、いわずんばあるべからず。そしてまた強固なる意志を有するものに非ずんば企て得ざるところ、かくの如き人物は求むるといえども容易に得べからず。たまたま島徳蔵氏あり。彼は疑いもなく、その人ならん」

世間の厳しい批判に対して前掲の史料は徹底的に島徳を擁護する。

「世間あるいは氏を指して策士と称するものあり。されど世のいわゆる策士と称する類には非ずして、むしろ計画家というを妥当とすべく、しかもその計画には必ず常に実行を伴い、その実行するところ、勇往邁進して必ず、これを達成せずんばやまざる奮闘力を有し、みずから信ずるところに対しては世間の毀誉褒貶を超越して、果断、決行の勇に富むところ、財界広しといえども、いまだに他に例を見ざるところなり。故にある者は評して剛腹なりと称し、あるいは大胆不敵の士となすもある。それだけ男性的にして、善悪併せ呑むの概《がい》（様子）あり。胆度の大、気宇の宏濶《こうかつ》（広々と開けていること）、そしてその行うところ飾らず、衒《てら》わず、率直、無遠慮にして、時には余りに露骨に流るるところあり」

政界における星亨のような存在だという。星は衆議院議長時代の明治26年、後藤象二郎農商務大臣とともに取引所設置をめぐり疑獄事件に連座して除名されるが、このとき議長解任の決議を数度にわたり無視、登院したことはよく知られる。除名されるや直ちに選挙区に帰り、補欠選挙に立候補してすぐ国会にカムバックを果たす姿と島のねばり腰とが二重写しにみえてくる。

晩年はボロボロだった

島徳の晩年は淋しかった。昭和8年には「売塩事件」で利敵罪を適用され、同9年にはメインバンクの愛国貯蓄銀行破綻にからむ背任横領事件で投獄される。この時、右翼の大物笹川良一が登場する。住友銀行から「島徳を助けてくれとは言わぬ。一般の預金者を助けるために力を貸してほしい」と頼まれた笹川はその場でポンと50万円を用立てる。現在の価値にすれば10億円を超す大金である。侠気の男笹川らしいひと幕だが、笹川もそこは抜け目がない。しっかりと島徳所有の京城《ソウル》郊外の土地を担保に取ってあったのだ。昭和13年、希代の錬金術師島徳蔵は没落のドン底で他界する。63歳だった。

日本経済新聞社長をつとめたジャーナリスト小汀利得はこう述べている。

「政界と深い因縁を結んでいる点で、島徳蔵氏の右に出る者はまずあるまい。島徳全盛時代に――それは日本財界のデタラメ時代であったが――内地に取引所を作るだけでは足りなくて、盛んに支那各地に博奕場を設けた。天津のテントリ、上海のシャントリはまだしも、漢口にまで取引所をつくる騒ぎ……」

テントリ、シャントリ、カントリ……一連の錬金術で島徳とアウンの呼吸で立ち回ったのは政友会の代議士奥繁三郎。世間では「欲繁三郎」などとヤユされるが、衆議院議長を務めるほどの大物で、まず取引所設立の権利を獲得するところから島徳の政商ぶりがいかんなく発揮された。小汀は大正時代を「日本財界のデタラメ時代」と表現したが、この時代に最も羽振りを利かせたのが、東京の高田釜吉（高田商会）、横浜の茂木惣兵衛（茂木合名）、神戸の金子直吉（鈴木商店）、そして大阪の島徳であった。

Shohei Shimomura
1931-

6

不敗の∧昭《やましょう》（霜村 昭平）

相場こそわが人生

幾多の相場師輩出した山梨県

霜村昭平、85歳。糖尿病と闘いながら、日々相場と格闘する。株、商品、為替なんでもござれ。かつて「赤いダイヤ」の花やかなりし頃、仕手として、あるいは準仕手として数々の仕手戦いに参戦した。商品先物取引業者の山梨商事を創業、屋号（𠆢昭）にちなんで「ヤマショウ」（山梨の昭平）と呼ばれ、戦後の商品市場史を彩る。山崎種二、伊藤忠雄、栗田嘉記、板崎喜内人、本田忠……戦後の相場師列伝の中で、霜村昭平は異彩を放っている。とにかく勝負運が強く相場が好きなのだ。「あと3年は相場をやりたい」と、ケイ線をにらむ毎日である。現物、先物、オプション……命ある限り、相場を張り続けることであろう。

霜村昭平（１９３１〜現在）は昭和6年9月21日、山梨県芦川村（現笛吹市芦川町）の資産家に生まれた。明治以来、山梨県は数多くの相場師を輩出した。若尾財閥の始祖若尾逸平、根津財閥の根津喜一郎、富士製紙（現王子製紙）の穴水要七、「投機界の魔王」雨宮敬次郎、山一証券の開祖小池国三、小野金六、前川太兵衛、徳田昴平、田中角栄元首相の「刎頸《ふんけい》の友」小佐野賢治、「１００億円稼いだ男」坂本嘉山セントラル商事会長まで、投機市場史は甲州閥を抜きには語れない。甲州は昔から養蚕業が盛んで、種紙、生糸、乾繭など絹にからむ商品の相場取引が盛んであったことが多くの相場師を産んだ要素と考えられる。また地勢が山岳中心で経済的にハンデを負い、智略と才覚で一攫千金を狙う風潮が強かったことも影響しているのかもしれない。

12歳で株式欄読む

霜村が初めて相場に興味を持ったのは小学校6年、12歳の時だった。霜村家は先代村長をつとめる名門であったが、母方の祖父が株をやっていたので、隔世遺伝で相場好きの子が生まれたのだろうか。父も相場とは無縁ではなかった。財産3分法を心掛け、預金と不動産と投資に3分割する法を信奉していたこともあって、父の代でも「投資」(相場)のウェートは高かった。父は甲州財閥ゆかりの東京電力や函館ドックなどの株を買い、儲かると、帰りに土産を買ってきてくれた。だから、父の持っている株の値動きに関心を持ち、持株の値上がりを期待した。

小学校6年生の時、初めて新聞の株式相場欄を読んだというから、「栴檀は双葉より芳し」である。子供心にお金ができたら株をやろうと気構えていた。そして株を初めて手掛けたのは19歳の時だった。忘れもしない、新宿三光町の野村証券に出掛けて日本鉱業株を買った。担当は滝野さんといい、今も覚えているそうだ。なけなしの金で300株を買い、子供の頃からの夢を叶えることができた。

スターリン暴落ですってんてん

朝鮮動乱があったりして、相場が激しく動き、毎日のように兜町に行き、東京証券取引所の立会場の熱気に酔い、「相場こそわが人生」の感を強く持った。身振り・手振りで大口売買を手際よく約定させていく場立ちは千両役者のように映ったことだろう。だが、昭和28年3月、ソ連のスターリン首相が亡くなり、「スターリン暴落」ですっからかんになってしまう。親からは「今後一切、株をやるな。そうしなれば親子の縁を切るぞ」とまで言われ、いったんは相場をやめた。

だが、「相場の申し子」霜村が、いつまでも拱手傍観していることはできなかった。相場をやるために生まれてきたかのような男が相場を脇目で見るだけで建玉のない日のいかに空虚なことか。2年ほどの空白期間を埋めてくれたのは商品先物取引の山文産業の亀井定夫社長であった。

亀井定夫は大正8（1919）年、和歌山県出身で大阪商科大学高商部を卒業、野村証券に入り、山文証券を経て、山文産業の社長になる人物。相場の名人で後年、「私はこうして商品相場で儲けた」という著作を持つ。亀井から商品相場を誘われるが、小豆相場は怖いものだという先入観があったので、すぐにはその話には乗らなかった。

事実、昭和28、29年頃は小豆の買占め戦が年中繰り広げられ、右翼の大物児玉誉士夫が買い方に陣取り、「相場の神様」山崎種二（東京穀物商品取引所初代理事長）が売り方に回り、大仕手戦の挙句、山種が敗北、取引所理事長を辞任するという事件に発展する。

だから、霜村は商品相場の世界に入るのはためらいがあったが、株のほうが元気がなかったので、「赤いダイヤ」人気に沸く穀物相場に手を染めることになる。ちょうど純文学作家の野間宏が兜町を題材に相場小説を書こうとして、証券が停滞していたので商品先物を舞台に「さいころの空」を書くころだ。

小豆をたった2枚買ったが、当時の金で5、000円儲かった。今の価値にすれば10万円くらいだろうか。これが「小豆相場人生」のスタートだった。昭和30年のことだ。以来、勝ちまくって、山文産業の吉祥寺営業所に霜村という凄い当たり屋がいる、と評判になる。60何勝というから、神がかりとしか言いようがない。往時を回想して次のように語っている。東京穀物商品取引所（東穀）開設40周年を記念して、産業新聞社が特集した時のこと。霜村の一代記で一ページそっくり埋める大胆な企画だった。

「最初は非常に順調にいった。昭和31年の大凶作をピタリ当てたんですよ。この凶作を夢に見て、北海道がストップ高になった夢を見て、夜中に大きい声をあげて飛び起きたらしいんですよ。それぐらい熱が入っていたんでしょうね。これで相当の利益を上げたわけです。その当たった勢いで、10月限の捨て場（新設の出回りを控えて、旧設を処分売りする月）をドテンして売ってしまった。そうしたら例の吉川太兵衛さんの買占めに遭ってしまった。確か店数からいって、45店売り、20店買いでしたよ。これを吉川さんが買っていた」

吉川太兵衛に売り向かって大敗

霜村はこの時、大きなミスを犯していた。「利食い後のドテン」は相場道では禁じ手とされていたのである。「損をして後のドテン」はいいが、利食いしてドテンすると失敗する。その心は、儲けさせてもらった恩義を忘れて相場に歯向かうと相場の方が牙をむくということである。相場師として未熟さを暴露してしまった。そして、大物相場師吉川太兵衛の動きから目をそらしていたことも失策だった。吉川太兵衛といえば、京橋の老舗穀物問屋で、東穀創立時のメンバーであり、当時は東穀理事という要職にあった。それでいて相場が大好きで、このころ最強の相場師と評されていた。その吉川の買いに向かう結果となったが、少々勝負する相手を間違えたようである。

東京小豆の取組は20店買い・45店売りの取組で、市場用語で「売り長」と呼ばれ、大口の買いにマバラが売り向かっている構図であり、買い方有利、相場は上昇することを暗示している。買いで取った勢いで、売りで取ろうと小豆を7、000円台で売り建てるが、相場はぐんぐん上昇する。買い本尊が吉川太兵衛と知っては不安がつのる。それよりも追証を調達しなくてはいけない。この時も結局は親に頼るしかなかった。
「相場をやったら親子の縁を切る」とまで言っていた父だったが、この時はあっさり300万円を出してくれた。当時は1万円札はおろか、5、000円札もなかった時代。(5、000円札の登場は昭和32年10月1日)
「数えるだけでも大変でした」と述懐しているが、親が300万円の大金を出してくれたのは、連戦連勝のころ、それなりの恩返しをしてあったことが急場のしのぎに融通してくれた。そして、「親子の縁を切る」と宣告しても、相場をやめる男じゃない、と親もあきらめていた。「それならおれが持って行ってやる」と昭平のもとまで届けてくれたのだった。

山林売り、背水の陣

この時の高値は9、980円にまでハネ上がる。農林省から「1万円はつけさせるな。つけたら立会停止だ」と警告されていたので東京の10月限納会こそ9、980円と1万円相場の出現を抑え込んだが、大阪では11、990円までハネ上がった。

「本年の作柄不作を見越して東西市場の期近に同系の思惑買いが注がれ、10月1日の7、500円に始まったのが、16日には11、100円に暴騰していた。17日から大阪では新規売買停止につき東京側に同調を求めてきたが、東京は証拠金対策と仲買人の自粛で対処することを決議、それ以上別段の措置は取らなかった。名古屋は開業早々で仕手戦の圏外に立ったため、7、300円に納会したが、東京、大阪、名古屋各市場の納会がそれぞれ約2、000円の開きをみせたのは、異常なことであった」（『東京穀物商品取引所十年史』）

「相場の損は相場で取り返す」といって、商品相場に入ってきた霜村だが、こんどは「売りでやられたものは、売りで取返す」と考えるようになっていた。霜村は言う。

「昭和32年5月限の発会を9、020円でいきなり100枚売って、ずっと売り上がっていった。31年10月にやられたから、32年5月限が立つまで『忍の一字』。売りでやられたから売りで取返すという信念と根性がなかったら、今日の私はなかったと思う。田舎の山林やコンニャク玉の種を売らして資金を用意した。これで負けたら、それこそ親や兄弟を裏切ることになるのだから、死んでお詫びをすればよいと、文字通り命を賭けた背水の陣で臨んだものだ」

カラ荷証券事件で初の大勝利

吉川太兵衛の買い思惑もいつまでも続くはずがないとの信念で32年5月限を売りまくったらカラ荷証券事件が勃発して大暴落、このため吉川太兵衛は一転没落、蛎殻町から消え去り、初めての大勝利で、750万円の儲けを手にした。山文産業の社内では、「霜村昭平は勝負師だ」と評判になるが、まだシマ全体では知られた存在ではなかった。ところで、市場を震撼させたカラ荷証券事件とはなにか。

「昭和32年5月2日、当所会員（仲買人）北信物産が4月限の小豆受渡しに提供した東洋海運倉庫の発行した倉荷証券240枚が貨物引換証の荷為替代金未済のものであることが判明した。同社は4月中旬以降、思惑の失敗により、荷為替決済不能となったため、今回の不祥事を引き起こしたもので、5月1日、建玉全部を手じまって、5月2日、取引所に休業届を提出した。5月18日、臨時総会を開いて、受渡し違約の行為に該当するとして除名を決めた」（同）

違約玉240枚の決済値段は特別委員会（座長木村房五郎）では4月限の受渡し値段（8、300円）として、違約金総額は3、636万円と決まった。カラ荷をつかまされた吉川太兵衛とその機関店はこの値段（棒値）について「4月中の最低値段であって、同店の手持ちとなったカラ荷証券分の大部分は高値の早受渡しによって品受けしたものである」と、この棒値に強い不満を示し、紛議は後日まで尾を引くことになる。

意地を張るな、素直に楽しめ

霜村は半世紀を超す相場歴から生まれた信条をこう語る。

「相場というものは、儲けるということではなくて、損することを頭に置いて張る。資金は全部を一度に投入せずに、三分の一投資法を実行している。資金が100万円あったとして、まず30万円を投資、あと20万円投資、それでうまくいかない場合、それ以上突っ込んではダメです。そこでは転換しなければならない。相場にさからってはいけない」。

そして、霜村が金言にしているのが、「逆ザヤ売るべからず」「値ごろ感を捨てろ」「相場は相場に聞け」――いずれも先人の残した相場格言集に収められている訓言ではあるが、霜村は自らの体験を通じて、これらの言葉の重みを実感したという。そしてこう述べている。

「相場の動きについていきさえすれば、そう損をするわけはない。変化したらまた変化についていく。素直な相場を絶対するべきだと思います。意地を張った相場は絶対にいけません。要するに素直な相場をやって楽しむものです」

この枯淡の境地にたどり着くまでは霜村も長い年月を要した。平成11年に本丸の山梨商事を36億円9、600万円で小林洋行の細金鉚生会長に売却し、第一線を退いたあとも相場との縁は切れるばかりか、ますます太く、大きな玉を動かしているが、ほとんどの年、勝ち越している。平成20年のようなこれまで経験したこともないような難しい相場展開の年でもプラスを計上、税金を払ったほどだから、その天分は衰えることを知らない。

豊商事の多々良實夫会長が、戦後の相場師の中で、「霜村さんが最高でしょう。あとの相場師は道中華やかでも最後が悲惨だった。伊藤忠雄、栗田嘉記、板崎喜内人、角田純一など皆末路が哀れをとどめましたよ」と語っている。多々良は「本田忠さんのことは知らない」と言うが、戦後の大物相場師を勝者と敗者に分けるなら、山崎種二、本田忠、霜村昭平の3人は勝ち組を代表する勝負師といえるだろう。

さて、昭和32年のカラ荷証券事件の勃発で名相場師吉川太兵衛は没落、霜村昭平は750万円の大儲けとなるが、以降、「赤いダイヤ」人気に陰りが出る。一般景気も停滞期に入るが、東穀の場合、カラ荷事件の後遺症が尾を引き、相場らしい相場のない時期が数年にわたった。この間、霜村は小豆の代用品の大手亡や人絹糸、生糸などに手を伸ばした。拠点は山文産業の吉祥寺営業所で「客外交」として相場観を磨いた。客外交とは、外務員として、営業活動をやりながら自分でも大きな思惑を張るセールスマンのことだ。昔は客外交から身を立てるひとが少なくなかった。たとえばエース交易(エボリューション・ジャパン)の榊原秀雄なども「客外交」から大きくなっていった。

山文産業は、国の政策で証券と商品分離が行われ、山文証券の商品部門が独立してできた取引員だが、亀井定夫が社長をしていた。日本橋人形町に本店を置いていたが、本店の商いよりも、吉祥寺営業所のほうが賑わったといわれるほどである。それは取りも直さず、霜村の手腕がモノを言った。霜村の手張りに多くの顧客がチョウチンを付けるようになったからだ。相場師にはチョウチンが付くのを嫌う人と好む人がいる。たとえば伊藤忠雄などは、一般投機家が「伊藤さんとなら心中しても本望じゃ」などと、チョウチンを付けられるのを極端に嫌う。「ふるい落とし」と称して、チョウチン筋を降ろしてしまうことが多い。その点、霜村はチョウチン筋と一緒に儲けようという侠気の人である。この点は栗田嘉記と共通するものを持っている。

昭和37年には、常務取締役に昇進。亀井定夫社長のもと、亀井の身内の小山定男専務、そして霜村昭平という序列であるが、小山は東京繊維商品取引所に軸足を置いていたから、東京穀物商品取引所は霜村が担当する形である。だが、上昇志向のひと一倍強い霜村が中堅取引員である山文産業常務にいつまでも甘んじるはずがない。経営戦略の路線を巡る対立もあって独立する時が来る。

「山大商事の杉山（重光）の親爺さんに相談し、直ぐに鈴木四郎東穀理事長に話を持ち込んだら、『看板のことは心配するな』と言ってくれた。杉山さんに話して独立する意志表示をしてわずか39日、昭和41年4月1日、山梨商事は営業開始に漕ぎつけるというスピード振りでした。こんなに早く開業できたのはどこにもないはずです。資本金7、000万円は当時としては大金でした。開業の日の朝礼で『お客さんと一体となって片玉一本で勝負にいく』と挨拶したもんですよ」

引用文中の「看板」とは営業権のこと。そのころ東穀の取引員は定員制で60社に限定されていたから、既存の取引員に高いカネを払って看板を手に入れる必要があった。

山梨商事を開業

霜村はふるさとを想う心の熱い男である。後年、折に触れ、故郷に社会還元するが、山梨商事という社名も愛郷心から命名した。故郷に錦を飾るという願いよりも、事故を起こしたり、倒産したりして故郷の名を汚すことのないようにとの思いが込められているのだ。取引員（商品先物取引業者）が開業の挨拶で「お客さんと一体になって」というのはごく当たり前のセリフだが、「片玉一本で勝負にいく」とは大胆極まりない。

取引員の店内建玉で、売り玉と買い玉を相殺したものが片建玉（片玉）。この片玉に対し、取引所と取引員の間で毎日値洗いが行われ、片玉がプラス勘定だと取引所から値洗い資金が入ってくるが、マイナス勘定だと取引所に差額を納めなければならない。片玉が大きい取引員は取引所との間で日々、多額の金銭が出入りする。逆に片玉が小さいと取引所との値洗い差金のやり取りは少ない。

取引員経営の面からいえば、片玉が小さい方が安定しているが、反面で顧客の注文に店が向かう結果になり、顧客とのトラブルのもとにもなりかねない。霜村が敢然と「片玉一本槍」を宣言し、事実、山梨商事は〝片玉の店〟として知られるようになる。相場見通しに絶対的な自信を持っている証拠であり、資金的にも余裕がないと、片玉一本槍はやりたくてもできない。霜村の片玉宣言を聞いたベテラン経営者は「2年ともつまい」と危惧したものだ。

大量の売り建玉、買い建玉を持っていても、相殺するとほとんどゼロに近い店は、両建て屋として軽くみられ、相場変動要因になり得ない店として、マスコミの取材対象とはならなかった。両建て屋はたといオーナー社長でも記事になるような材料なり相場観を聞き出すことはできない。片建て屋なら店の規模は小さくても、ちゃんとした相場観をもって営業をやっている。「記事になる店」として新聞記者に珍重される。当時は連日のように霜村のコメントが紙面を飾った。

S・S時代の花形役者

前出の〈昭談話に出てくる山大商事の杉山重光は場立ち（市場代表者）の親分として知られる。当時は市場代表者協会の会長であり、相場も大きく張っていた。後に東穀の理事にも就任した。〈昭は杉山とは親密な間柄だった。〈昭は産地情報に詳しく、場（立会場）の情報は杉山がお手のものだから、２人は熱心に情報交換する間柄だった。

昭和40年ころの〝赤いダイヤ〟全盛期をS・S時代と呼ぶと教えてくれたのはカネツ商事の清水正紀会長(現相談役)である。そのころの市場の主役が鈴木四郎、清水正紀、杉山重光、霜村昭平と、大阪の大手仲買山三商会のオーナー桜井三郎。いずれもイニシャルがS・Sであったからだという。そして、S・Sと称される人は皆相場が大好きで、寄ると触わると強弱論を激しく闘わせていた。鈴木は取引所理事長、清水は取引員協会長、杉山は場立ちのボスであり、〈昭は無冠ながら相場師として市場で主役を演じていた。

〈昭は開業早々から片玉一本槍を実践した。〈昭自身の玉のほかに多くの信者、ファンを従えての登場だから、おのずと玉が膨れ上がる。今ならさしずめヘッジファンドの雄といったところか。

昭和41年4月、∧昭は小豆を売りから入った。８、５００円から売ってあっという間に７、０００円台に落ち込んだ。緒戦まず勝利の旨酒を味わうが、「８、０００円以下は売っちゃダメ」とチョウチン筋に命じ、みずからも強気方針に転換する。果たして、６月16日、降霜を伝えて９、１００円とストップ高を付ける。

「ところが、霜の被害はないという発表があった。普通なら翌日は下がるのが当たり前だが、逆に20円高に寄付いた。これをみて私は『今年は凶作になる』とみた。そこで買って、買って、買いまくった。あっという間に１万円台に乗せた。７月10日に北海道に行って空港に降りて近くの畑を見ただけで翌日にはすぐ帰ってきました。７月10日に、作柄が遅れているからといって『今年は凶作だ』等という人は当時、だれもいなかったですよ」

降霜被害がないという発表の翌日の２文高（20円高）を見て、大相場がひらめき、現地に飛んで確認し、開業祝いともいうべき大当たりを取った。∧昭は「ヒラメキの相場師」とも呼ばれる。一瞬のヒラメキで売りから買いへ、買いから売りへ、「大ドテン」を平気でやる。半世紀の相場道を振り返りながらこう語る。

「私は常に勘一本で今日まで生きてきました。人の意見は聞くけれども、自分の信念で相場をやってきた。勘に頼るのは危険が伴いますが、勘と度胸と金の力が必要ですね。それに細心の配慮が必要です」

世にも珍しい経営訓

〈昭は山梨商事の創業に当たって経営五訓を掲げた。微に入り細を穿《うが》つ点に霜村色がにじみ出ている。

一、顧客に誠実一路、証拠金を預かり、責任をもって保護し会社の信用を保護すべし
二、少数精鋭、一人三役、互いに助け、和を尊重すべし
三、清潔、整理整頓を保ち、顧客、社員相互間の挨拶は元気に明朗に行うべし
四、証拠金は常に充分な余裕を持たせ、顧客が心にゆとりをもって楽しむよう指導する。会社は現物の受渡しを積極的に行い、顧客を支援し業界の範となるよう努力すべし
五、先輩の忠告を守り、自己を過信せず、相場を過信せず、毎日自己反省をすべし

相場師兼経営者ならでは、と思われるのは四、五で「証拠金に余裕を持たせ相場を楽しむ」「相場を過信するな」などといった社訓の取引員は例がないだろう。創業時は父親の霜村賀英を社長に据え、翌年昭平が社長に就任する。発足に当たって、先代の名を借り、みずからは専務に甘んじたのは、〈昭が相場師として余りにも派手に立ち回っていたの

で、関係先に不安感を与えてもいけない——といった配慮からではなかったろうか。実際、相場師は経営者としては失敗する事例が多いが、∧昭はこのジンクスに挑戦する。後年、こう語っている。

「相場の世界では二足のわらじははかないというジンクスがあるんです。つまり相場師が経営の方もやることは不可能だということです。だが、私が売った、買ったで、張りまくった経験から、経営と通ずる要素があるように思えたものですから、あえてこのジンクスに挑戦しました。その結果、相場師∧昭は経営者∧昭として業界において認められるようになりました。古いジンクスを破ったことに満足していますが、実際は、相場というものは厳しいものですよ」

「相場は賭博ではない」

霜村昭平が山梨商事を開業して1年たった昭和42年6月、地元紙「東都山梨新聞」は「躍進著しい山梨商事、穀物取引の既成の概念を取り除く」と、大々的に報じた。記事によると、「穀物の先物取引は投機以外の何物でもないという既成の概念があり、この取引をする人は賭博者のようにいわれてきた。こういう既成概念を払拭して穀物取引ほど堅実なものはない、なぜなら現物投資であり、証券と違って零になることは絶対にないという理由を掲げ、証拠金の三分の一を残し、三分の二で余裕をもって投資すれば損しても軽くて済み……」と、〈昭が得意とした現物を裏付けにした先物取引の妙を強調している。

確かに〈昭ほど頻繁、かつ大量に現物の受渡しを実践した相場師も珍しい。東穀の記録を見ても開業早々、現物の受渡高で三晶実業に次いで2位を占める。三晶実業は中国系の有力輸入商で仕手戦にもしばしば登場する勝負師仲買人だが、これに次ぐのが山梨だった。当時、佐賀町筋といわれた数多くの現物問屋が先物市場で活躍していたが、彼らを差し置いて取引所で活発に現物の受渡しを行った。山梨の社訓に「会社は現物の受渡しを積極的に行い、顧客を支援……」とあるのと符号する。

そして、「相場は賭博ではない」と、世間の既成概念を払拭するのに必死の〈昭はこうコメントする。

「競輪や競馬での成功者は今もって聞かないが、私はこの道に郷土の名誉をかけて山梨商事という社名をつけた。この世に不可能ということはない。一歩一歩着実にやっていきたい。県出身の皆様の心からのご支援とご指導をお願いしたい」

およそ相場師らしくない発想である。だが、〈昭は真顔である。あたかも全国相場道選手権大会に山梨県を代表して出場を決めた選手が、抱負を語っているような響きがある。

∧昭は若尾逸平を始祖とする甲州財閥の面々が「相場」でのし上がっていった顰《ひそみ》にならって相場に取り組む。このころ、商品先物記者の雄「風林火山」こと鏑木繁が一問一答を試みた。ここでも∧昭が言いたかったことは小豆・大手亡の受渡しが10万俵（1俵＝60キロ）に及んだことだ。

ゆとりをもって相場に臨む

∧昭「三晶さんに次いで二位でした。これは私の方針で、仲買店は定期（先物）の値ザヤばかり追わず、山種さんのように現物面でも商売するべきだと思っているからです」

「相場の神様」山種はコメ相場師の時代から常に現物を裏付けにした先物売買で大成した人物である。∧昭は山種を師と仰いでいたフシがある。同時に伊藤忠雄にもあこがれていた。「この時期の相場に関わった人で、伊藤の存在を何らかの形で意識せずに相場を張ることはできなかった」と述懐している。

風林火山「数ある仲買でもお客さんに相場を休ませるのはおたくぐらいでしょう」

∧昭「お客さんが儲かったら必ず休んでもらう。お客さんがどうしてもしたいという場合は、よその店に行ってもらう（笑い）」

風林火山「相場には心のゆとりが大切ですね」

◆昭「私は毎日のセリを開いていて直感するのです。しかしその直感は、心のゆとりからハッシとひらめくのだと思う。この月（昭和42年6月）の新甫発会の日、私は鮎釣りに行っていた。その前日、明日の相場が陰引けしたら成り行き買いだ――と指示しておいた。次の日に出社したら安いので皆大騒ぎしていたが、絶対心配ないと私は断言し平然としていたのです」

風林火山「あなたは相場を断言しますね」

◆昭「相場が判るのですね。いままでどれだけ天底を当ててきたか分からないくらいです。もちろん信念でもあります。それは思い付きではない、読みに読んだあげくの直感でしょう。常に心に考えるゆとりを持つようにしています」

◆昭は現物商以上に現物を取り扱う。東穀開所30周年式典では現物受渡し第一位として表彰されるが、現物屋でもないのにこれほど現物を愛した男もいない。現物を裏付けにした売買、特に先物で売りに回った場合、常に現物を用意するよう心掛けた。一種のサヤ取りでもあるが、カラ売りで踏まされる恐しさを十二分に味わってきたからだ。

昭和40年代は問屋仲間同士の先物取引（これをザラバと呼んだ）が活発で、ザラバで現物を引取り、先物で渡す例が多かった。ザラバの取引は一車（２４０俵、1俵＝60キロ）単位で行われるが、1、０００車（24万俵）の現物を抱えたこともある。1年に支払う倉庫料が数億円にのぼったというから、現物問屋顔色なしである。その現物の販売先は、ごく一部を実需家に向けることもあるが、ほとんどは取引所に渡す。

昭和44年、山本晨一郎率いる山友産業の売りに∧昭が買い向かっていった。老舗と新興の闘いに市場の注目が集まった。スタートして4年目の∧昭が例の片玉主義を標榜して、小豆で7、000枚、大手亡で3、000枚の片玉を建てた。当時、1万枚の片玉を建てるのは極めて危険なこととされていたが、血気にはやる∧昭は信念を貫き、老雄山本が苦杯を喫した。この時の敗北が起因して名門山友産業は没落していく。

売り将軍・近藤紡に向かう

∧昭が「売り将軍」と呼ばれた名古屋の大相場師近藤信男と一戦交えるのは昭和46年のことだ。近藤紡績所の社長を兼ねた相場師で、その点では規模の違いはあれ、二足のわらじをはく点で∧昭とは共通していた。近藤は株と商品両市場を股にかけて大きな相場を張り、マスコミの前には全くといっていいほど顔を出さない。新聞は市場の伝聞をもとに「K紡の売り」などと書いた。繊維を得意としたが、小豆相場も大好きで、ある時買い思惑が失敗、大量の小豆を現引きして近藤紡の女工さんたちは朝、昼、晩と、赤飯とぜんざい攻めに遭ってげんなりしたというエピソードが残っている。

さて、近藤紡との一戦だが、〈昭が名古屋穀取で小豆10月限を３００枚買いに行くと、岡地がハナをポンと取った。次の節で「２００枚買い」とやると、また岡地が「売った」とハナを取る。〈昭としては初めての体験だった。これだけまとまったハナを取れる男が名古屋にいるとは？〈昭はいぶかった。やがて岡地で売り注文を出す客の正体は割れた。名にし負う近藤紡の売りであった。10月限は「旧穀の捨て場月」と言われ、近藤紡と三晶実業はそれと狙って売ってきた。〈昭は買い方勢に１万３、０００円台を割ることはないからとハッパをかけ、釣りに出掛けた。釣り場でも北海道の天気には常に気を配っていた。〈昭は回想して語る。

「ところが、天気が凄くいい。これでは１万３、０００円台を割込んでもやむを得ない。近藤紡の勝ちだという気になっていた。精神的に落込んでいたせいもあり、釣りに行って竿を出す元気がなかったですよ。ところが、帰ってきて夕方の天気予報を見たら北海道の最高気温が15度なんですよ。そしたらそれが底値になって46年は２万１、３６０円までいった。私は１万９、０００円までで全部降りてしまった」

この勝負は近藤紡と三晶実業が踏み、〈昭が勝利を収めた。この時三晶実業の下野順弘取締役から〈昭のもとにＳＯＳが発信された。売り玉を踏みたいが立会場で買戻せば一段と高騰するのは必至である。それを避けるため一種の解合の申し出であった。〈昭は1万8、000円台で1、500枚の解合に応じた。数億円の損を免れた三晶のオーナー傅在源は大喜びで一日、昭を自邸に招きご馳走した。傅は大正8年7月9日、上海出身で早稲田大学を卒業、上海祥大源五金号を経て、三晶実業に入る。

実はこの昭和46年の小豆相場は「増山相場」と言われ、大手くず米商、増山商店社長の増山真佐四郎が大思惑を張り、いったんは巨利を占めながら、すっかり吐き出し、遂には没落してしまったのだが、増山が付けた2万1、360円という高値は増山への鎮魂碑としてそびえ立っている。

欲かいて没落した増山真佐四郎

増山は昭和44、45年と失敗続きで、46年に起死回生を狙っていた。増山は初め弱気を張っていたが、途中からドテン買いに回り、あとは利乗せで突っ走る。9月2日には北海道に早霜が降りて1万8、000円台に高騰、昭は増山に「私はぼつぼつ手仕舞うつもりだが、あなたはまだやるか」とたずねた。この時増山は「米穀の取引きで大損しているし、昨年の小豆相場でもやられた。それらを一気に取り戻したい。この相場は2万5、000円までいくと思うので降りるつもりもない」とピシャリ。霜村に「もう口をきいてくれるな」とまで語ったという。9月17日には2万990円の新高値をつける。

増山は2万5、000円を夢みて、手仕舞う構えがない。結局、10月7日の2万1、360円が大天井となり、あとは中国、韓国産の輸入商談も進展し、奈落の底へ落ち込み、1万4、000円に暴落、大勝利のはずの増山がついに破綻、市場から姿を消す。この時は静岡筋（栗田嘉記）、桑名筋（板崎喜内人）、北海道筋（鈴木樹）も入り乱れ、名うての相場師総動員の一大絵巻をみせつける。〈昭は表面立って主役は演じなかったが、しっかりと実利を取っていた。増山は名を残すが、実を失い、〈昭は名を求めず実を得た。

増山相場では多くの悲喜劇を生んだが、博多の名物男「正田のじいさん」も苦杯を喫したひとり。「正田のじいさん」は穀物問屋のご隠居さんだが、小豆相場が唯一の道楽で、「風呂の中にも腹巻きを持って入る」という伝説的なケチンボでもあった。80歳を過ぎても相場を張り続けていた。小豆が9月に1万7、000円台を付けた時、「こんなに高いはずがない」「高過ぎる」とみて、売りまくった。2万円大台を突破したあとも、きっと大暴落するはずだと、売り上がった。

「しかし、彼は〝こんなことはあってもいいもんじゃねえ〟と呟きながら、ついに降伏せざるを得なかった。損害は再起不能といわれるほど莫大だった。悲劇的だったのは、彼がいわば80何年間の全生涯をかけて〝こんなことはあり得ない〟と信じながら売った相場に破れたことである。この敗北は相場を愉しみに生きて来たひとりの老人にとって『運』では片付けられない傷を与えた。そして、より悲劇的だったのは、これ以上傷を深くしないようにと手を上げた、まさにその直後に、中国広州交易会での小豆の大量成約があったことによって、小豆相場が暴落したことであった」（沢木耕太郎「鼠たちの祭」）

郷里へポンと１、０００万円

増山が苦渋をかみしめ、「正田のじいさん」が悔恨のほぞをかんでいるころ、⌃昭の地元紙、山梨日日新聞は「１、０００万円ポンと寄付、芦川出身の山梨商事の霜村さん、過疎の村に福祉を」の大見出しで、⌃昭が地元に社会還元したことを報じた。

同紙によると、「霜村さんは、自分の腕一本で現在の地位を築き上げた人。『甲州財閥はそもそも相場からスタートしている。私も財界の大物にこそなれないが、相場の世界では大物になりたい』と相場の世界に飛び込んだ。『根性一路、なせばなる』というのが霜村さんの信条だという。だから、３人の子供があるが、子孫のために美田を残すようなことはしたくないそうだ」（昭和47年１月21日付）。

⌃昭の社会還元はこの時が初めてではない。昭和45年には自宅のある都下小平市の道路建設資金に１００万円、同46年には山日厚生文化事業団を通じてやはり１００万円を寄付、紺綬褒章を受章した。当時、業界紙の名物男江幡重三郎が〈昭を持ち上げている。

「霜村氏は稀有の相場師であるが、その生活は極めて真面目で、酒、女などは一切かかわらないそうで、これは難しいことだが、相場には禁物のものなので……損すりゃ、ヤケ酒、儲かりゃ豪遊、そんな人に相場というものはお金を渡してくれるはずがないのだ。霜村氏の趣味は釣りとボーリング。儲けた金は田舎の学校へテレビでもピアノでも寄付してしまう。社員にも温かい愛情を注ぎ、真に現代の相場師だ」

また企業情報誌「商品と企業」は商取業界各社のボーナス情報で山梨商事が業界ダントツの25カ月分を支給したと報じた。昭和45年に商品取引による客殺し問題が社会問題に発展し、昭和46年は取引が低調を極める中、山梨商事は例年通り、20~25カ月のボーナス（年1回）を支給、商品先物業界ではもちろんトップ、他業界を見渡してもこれだけの高額支給企業はなさそうだ。この時〈昭は取材に答えて「営業マンあっての会社ですよ、苦しい時期頑張ってくれましたよ。これぐらい当然です」と淡々と答えている。

夜中に目覚めた時ひらめく

昭和46年、小豆の増山相場で大勝利を収め、郷里にポンと1、000万円寄付した直後、山梨日日新聞は創刊100年記念として霜村昭平を俎上に載せる。「甲州が生んだ若き相場師、カンと度胸で勝負する」と題し、1ページをそっくり使った大型企画で、霜村は気持ちよさそうに「甲州からこれからも私のような相場師がどんどん出てくれるといいですがね」などと語っている。昭和47年3月、41歳のことだ。日頃から饒舌な𠮷昭だが、近藤紡や増山を相手に大勝利を収め、地元紙に自らの足跡を語る機会を得て、舌の回転は一段と滑らかである。（聞き手は山梨日日の小林茂副社長）

——相場のために生まれてきた男とおっしゃいましたね。

𠮷昭　相場が好きだということです。不可能なことを可能にしたいという欲望が強い。危険だから誰も尻込みするものだけど、あえてチャレンジしたいようなところもある。相場は頭のいい人がいくら計算して、コンピューターを使っても、その通りいかない。結局、相場の立会で、サッときた勘でしか決まらない。私は不思議なくらい勘を当てている。勘というのは、夜中にふと目覚めた時にひらめくことがあります。

——その勘はどういう風につかむのですか。

𠮷昭　自然にひらめいてくるんです。しかし、努力は天才を負かすというように、日常の努力はしています。今でも相場は怖いと思う。だから常日頃、真剣に相場のことを考えている。この仕事に命を張っています。

――この世界が一番性に合っている？

＜昭　私も含め山梨県人は昔からこういうことが性に合っている。若尾逸平さんにしても甲州財閥は初め相場に足を入れて金を儲け、企業に進出して大きくなった。横浜生糸取引所にも甲州人会があって、この人たちが相場を張りまくったもんです。

――相場を張る人は年の割には若造りが多い？

＜昭　この世界には立会のことを聞かないと、夜も昼も暮れぬというタイプが多い。私の周りにも85歳になる先輩相場師がいる。顔がつやつやしていて、しかも驚くことに何月何日の値段がいくらということまで記憶している。緊張感の余り、記憶が衰えないでしょうかね。結局、自分の好きなことをやっていることと、動きを追う緊張感が刺激となって若さを保っているんだと思う。私も健康のために人生の終着駅にたどり着くまで何枚かはやるでしょう。

＜昭の話に登場する85歳でつやつやの老相場師とは、「電光将軍」、小島兼太郎のことだ。横浜生糸市場で、戦前から変幻自在の仕手として活躍した。横浜信用金庫の初代理事長でもあったが、山文産業時代から＜昭の顧客として大きな手を振っていた。＜昭がかつて属していた山文産業の創業社長の亀井定夫が小島電光将軍について語っている。

小島電光将軍のこと

「小島将軍は、何とかこのスランプを抜けなければと焦れば焦るほどに曲がり方がひどくなるので度胸を据えた。煎餅焼きよろしくドテン、ドテンを繰り返した。これがかえって結果がいい。生糸相場の特徴で、放たれた相場はたいてい一方づいて相当大きな動きをする。一方、当たればチャブついていた時の損は一挙に挽回しておつりがきた。飛びつき買い、突っ込み売りがいうことをきくようなら、乗せ、乗せで突撃だというわけで、それを実行したのが、この仇名のゆえんだろうか」(「私はこうして商品相場で儲けた」)

小島は記憶力が終世衰えなかったと𠆢昭は盛んに感心しているが、実は𠆢昭の記憶力も小島に負けず劣らず凄いものがある。月日、値段、枚数……これらを実に正確に記憶している。𠆢昭自身が言っている相場という変動してやまない生き物と四六時中向かい合っていることが若さを保つ秘訣なのだろう。

大手亡で大仕手戦

「休むも相場」というが、𠆢昭の相場人生に休みはない。昭和50年、「静岡筋」こと栗田嘉記と大手亡で大勝負を演じる。大阪穀物取引所(大穀)を中心に展開された大手亡の仕手戦は一般投機家も巻き込んで記録的な大商いが続き大穀は老朽化していた取引所ビルを建て替えるほど財政的に潤い、「手亡ビル」の異称が生まれるほどだったという。〈昭は手亡を売る。栗田が中井繊維を通じて買う。大きな買いハナを取られると面目をつぶされたかのように〈昭が売る。ある時、〈昭は栗田に言った。このままいったら大きな戦いになるから、買うのはやめてくれないか、と申し入れたが、栗田は買い続けた。

「結局、彼との戦いになってしまった。手亡と小豆両方の売り方になって、1日500車を産地から買った。その後も買い続け、結局は1、000車（24万俵）に達した。それでも足りなくてピービーンズ（大手亡の代用品）を三晶実業から4、000トン手当てした。こうして結局は静岡筋を負かした」

静岡筋の買い腰が余りにも強いため、〈昭は産地で手当てする一方、輸入物のピービーンズまで買い付け、片っ端から静岡筋にぶつけて、とうとう栗田を潰してしまったのである。ところが、栗田にぶつけた現物がブーメランのように〈昭のもとに逆流して大負けとなるのだから、相場の世界は一寸先は闇である。翌51年、〈昭は安値をつけた小豆の買い方に陣取っていた。ところが当局から「逆ザヤ相場はダメだ。小豆から降りてくれ」と横槍が入る。仕方なく小豆の買い方を降りた〈昭は割安な大手亡を買い始める。前年栗田にぶつけた現物が大量に残っている手亡を買うのも奇妙だが、前年の高値を覚えていて、「こんなに安い手亡を買わない手はない」と値に惚れた。常勝将軍・霜村昭平が苦杯を喫するのはこの時である。

∧昭は小豆との比較観から割安の大手亡を買い続けた。納会ごとに現物を引き取った。

「１万５、０００円で受けたものを最後は４、５００円で投げました。10億円や12億円の損は覚悟したが、結局、18億円の損だった」

∧昭は前年輸入したピービーンズをイギリスに１、０００トン逆輸出したり、２、０００万円かけて大手亡を小袋に入れてバラまいたのもこの時だ。家庭での調理法を印刷し、袋詰めにして道行く人々に配ろうと考えた。大手亡の消費の宣伝にもなると考えたというのはあと講釈で半ばやけっぱちの発想であった。

銀座の歩行者天国で蒔こうとしたが、宣伝行為になるという理由で差し止められた。仕方がないからトラックを蠣殻町の東穀前に乗り付け、時ならぬ〝豆蒔き〟に街では大騒動となった。青年相場師、霜村昭平の客気を物語るひと幕としていまも語り草となっている。この時の失敗が教訓となって「これからは仕手戦はやるべきではない」と考えるようになった。以後、自ら仕手（主役）となることは極力避け、おとなしくしていたが、いつまでもじっとしているわけにはいかない。

昭和55年８月、∧昭は小豆相場で創業以来最高の月間売り上げを記録した。１日に朝礼を済まして伊豆に釣りに出掛け、10日に帰京、買い指令を出す。すると2万6、000円が3万3、000円に暴騰する。特に18日から28日まではいずれかの限月が毎日ストップ高を演じる狂騰ぶりで同28日には東穀の取引員協会が緊急総会で対応策を迫られるありさま。それが、総会の翌日からは暴落に転じ、2万8、000円まで逆戻りする。この暴騰落を上手に泳ぎ切った∧昭が創業以来の利益を満喫する。

この時∧昭を圧倒する利益を出したのは静岡筋・栗田だった。新聞は150億円の儲け頭と書き立てた。栗田はこれで磐石の体制を築いたと太鼓判を押されたものだが、その直後、栗田の足元がぐらつき始める。一時は3万9、000円にまで高騰した小豆相場が緊急対策として安徽小豆の輸入問題が具体化すると暴落に転じ、2万7、000円にまで崩れ落ち、その2年後の〝六本木事件〟でとどめを差され静岡筋は破滅する。この時、桑名筋こと板崎喜内人も傘下の機関店、川村商事、京丹商事がともに違約を起こしてしまい、命運が尽きた。∧昭は静岡筋や桑名筋のような派手な儲けもしない代わりに着実に利益を積み上げていった。

六本木事件

穀物市場を震撼させた六本木事件は「強制解合」という非常手段で仕手戦の決着を図

るしか手はなかった。主戦場となった東穀では昭和30年以来、27年ぶりの不祥事となるが、東穀の会員総会の席上、⌃昭が「東穀の歴史の灯を消さないために涙を飲んで収拾しよう」と訴えた。この⌃昭発言が流れを作った。森川直司東穀常務理事は「取引所に対し売買差損を払えない取引員が出始めた。取引を停止状態にせざるを得ない」と決断、強制解合となる。昭和57年7月16日付日本経済新聞は朝刊第一面で「小豆仕手戦きょう強制清算」と報じ、商品市況面、社会面でもいきさつを詳細に報じた。

主役を演じた「六本木筋」とは東京六本木に居を構え、あるいは本社を置く会社幹部のグループとされるが、正体不明。中華料理店の経営者がリーダーとか、別の金持ちグループとかさまざまな見方があるが、50億円以上を投じ、小豆の消費地在庫の大半を買占めた。しかし産地で大幅増反となる一方、好天に恵まれ、作柄が順調で、相場は暴落したが、買い方主役は取引が公正でないとして、追加証拠金を機関店に預託しなかった。このため買占め機関店が差損金の取引所への納入ができなくなり、強制解合に至った。

沢木耕太郎描く「不敗のショッペイ」

昭和48年ころノンフィクション作家の沢木耕太郎が全国の有力相場師を訪ねてその生きざまをまとめた。「鼠たちの祭」と題するそのルポは「人の砂漠」に収められたが、その中で∧昭は語る。

「私は度胸がいいと自分でも思う。決心したら火の中でも飛び込んでしまうだろう。けど、いつも大事なところでは夢を見る。5年前にも、小豆をどんどん売ってたが、ある夜、夢を見たんだ。ボーボーと音立てて燃えてんだ。そう、これはすごい相場になるということだ。翌朝からドテン買いですよ。買って買って、買いまくった」

沢木耕太郎は穀物相場界で最も持続している∧昭の世に出る前のエピソードをつづっている。

「霜村は中学を出て働き始めた。伝説によれば、彼が相場の世界と関わる契機を持ったのは、彼がキャンディー屋をしている時だったという。国分寺でチリンチリンとキャンディーを売っていた。ある日、不思議なことに気がついた。ある場所に3時過ぎに行くとよく売れるのだ。それは証券会社の支店であり、後場が終わると一息つくためにキャンディーがよく売れることに気がついた。それから毎日、午後3時頃からその店の前に自転車を止めたままにしておいた。しばらくすると店の外に出ている株価の黒板に興味を持ち出した」

「小金を少し貯めた霜村は、その店で株をわずかだが手に入れた。売ったり買ったりしているうちに、逆に支店長が興味を持ち出した。実にいい勘をしていたからだ。いつの間にか門前のキャンディー屋は、相場を覚えていたのだ。支店長は彼を外交員にスカウトした。しばらく証券会社の外交員をしているうちに、もう一つの相場があることを知った。商品相場、とりわけ値動きの激しい小豆が、やはり気性のきつい彼をとらえた。やがて『不敗のショッペイ』といわれるまでに大成し、山梨商事を作った」

そして沢木ルポの神髄が登場する。このエピソードは昭をよく知る人でも初めて聞く挿話ではないのか。昭が売り方で苦戦していたある年の仕手戦の時のことだ。

「心配でどうしても眠れない。少しウトウトしたがすぐまた眼が覚めてしまった。まだ朝の5時だ。彼は家にいたたまれず会社に行くことにした。会社に着くとまだ6時になっていない。ビルの出入口のシャッターはしまったままだ。7時を過ぎなければ開かない。——早朝出勤してきた社員は、そのシャッターの前でただ呆然と佇んでいる社長を見つけて驚いた、という」

沢木は昭との会見記を以下のように締めくくるのだった。

「あの小柄で向こうっ気の強い霜村が、迷子のように自分の会社の前で佇んでいたというのは、物哀しくも滑稽である。しかし、その二つのものこそ、闘いをつづけていく男が纏わざるをえない、ささやかな衣裳であるのかもしれない」

昭はこの稀有なノンフィクション作家の俎上に載せられたことをもって瞑すべし、

と言いたい。

山梨商事を売却、表舞台を去る

へ昭が山梨商事を36億9、600万円で同業の小林洋行に売った代金は全額株主に還元した。創業から33年間で1株が52倍強に大化けしたわけだが、平成11年7月15日付山梨日日新聞は「霜村さん、故郷へ恩返し、村内全戸にポンと10万円、会社経営の引退を契機に、村民ビックリ、うれし涙も」と大きく報じた。記事によると、へ昭の義兄たちが村内の273世帯を回り、1軒ずつ現金10万円とあいさつ文が入った封筒を手渡したという。総額2、730万円の〝善政〟を施した。

翌年の長者番付でへ昭は3億386万円の納税で全国ランキング70位に名を連ねた。そして18年、今もへ昭は株、為替を中心に相場と格闘する毎日である。へ昭の古戦場である商品相場の世界は売買規制の強化で寂れてしまい、勝負する相手がいないため株中心にならざるを得ないのだ。へ昭が小林洋行の細金鉚生に売却した山梨商事は共和トラストと社名を変更、商品先物取引業者として営業を続けていたが、あまりにもひどい市場の衰退で平成27年夏営業をやめてしまった。

誰よりも商品相場を愛した男にとって最近の商品先物市場の荒廃ぶりは何とも淋しく

も悲しい。やむなく某大手証券会社に口座を持ち、かなり大きく張っているらしい。そういえば昭の〝戦友〟である〝蝮の本忠〟こと本田忠も長崎を根城に株や商品相場を楽しんでいると聞いた。本田は昭より4歳年長の昭和2年生まれだから、今年90歳の卒寿のはず、相場師には長命な人が多い。相場はボケ防止にいいといわれるが、長寿の秘薬でもあるらしい。素人が相場をやるとストレスがたまるだけだが、プロの相場師にはその緊張感が長命を誘うのであろうか。昭はこう語る。

「人生を堅苦しく考えたってしょうがないんだから、ギャンブルもいいけど、競馬やマージャンなんていう小さい博打をやってもしょうがない。あんなことをしているようじゃ大成しませんよ。どうせやるならもっと大きな賭けをしなきゃ。ギャンブルをやるくらいなら、相場をすすめます」

昭は先年生前葬を営んだ。親しかった友人知己に記念品を贈り、この世と縁を絶ち切った。そこには他界しても連絡することはないであろう、人知れず世を去っていく旨の強い決意が記されていた。その決断の一つの背景として、商品先物市場の崩壊が挙げられるように思う。ここまで荒れ果てた市場を見るに忍びなかったのではないか。

そして山梨商事の売却先が悪戦苦闘している様に忸怩たる思いを募らせた結果が生前葬であった。買い手である細金鉚生は「その資産価値相当の価格で買ったものですから、その後の市場崩壊は関係ありません。霜村さんはそんなことを気にされることはないが、義理がたい方だから私に同情してくれているのですかね」と語る。〈昭は天井値で会社を売ったことで、「さすが相場師」「さすが〈昭」などと揶揄されるのが耐え難かったのかもしれない。霜村から預かっていた伝記を描くための資料の山も強い回収要請で今や手元にはない。

Keijiro Amemiya

1846-1911

7

天下の雨敬（雨宮敬次郎）

投機界の魔王は事業の鬼

雨敬が死んだ。それは大ニュースだ。明治44年1月20日、当時日本は前代未聞の大逆事件で幸徳秋水以下24名が死刑判決を受け（翌日12名が無期懲役に減刑）、1週間後には処刑されるという物情騒然たる中、天下の雨敬が死んだ。新聞はその死を大きく取り上げた。臨終の枕元で安田善次郎は語りかけた。

安田「雨敬さん。病気は大丈夫ですよ。全快するから心配なさるな。今日も松方（正義）侯に面会してきたが、明日は見舞いに来るというておられた。安心して心長く治療なさるがよい」

雨敬は安田の言葉に「ありがとう」と答え、瞑目黙想すること20分、にわかに呼吸が荒くなる。医師団は雨敬の耳元に口を寄せ「文明の医術はことごとく尽しました。どうかご安心ください」と大声で呼び掛けると雨敬は両目を開き、両手を胸の上におき、「承知しました。思い残すことはありません。さようなら」と言って息を引き取った。

東京商品取引所理事長など多彩な肩書

雨敬が逝去する直前の肩書きは次の通り。東京商品取引所理事長、熱海鉄道、江島電鉄各社長、日本防腐木材、川越鉄道、北海道炭鉱汽船、山梨軽便鉄道、静岡鉄道、武相中央鉄道各取締役、名古屋電力相談役、東京商業会議所議員。雨敬には鉄道王の異称があるくらいだから鉄道会社の役員が多かった。

死亡広告には友人総代として安田善次郎以下、田中平八(2代目)、小野金六、井上角五郎、岩田作兵衛と錚々たる名前が並んだ。ともに一癖も二癖もある投機心あふれる面々で、おのずと雨敬の輪郭が浮かび上がってくる。東京朝日新聞は雨敬の生涯や人柄を精しく報じた。

「明治3年郷里を辞してまず横浜に赴き、わずかの資本で洋銀相場に手を出し、同9年西洋各国の蚕業不作なりと聞き、生糸、蚕種紙の騰貴すべきを信じ、大いにこれを仕入れようと思い、所持していた銀時計を質に入れ、金1円50銭を得、これを旅費にあて、昼夜兼行、郷里に帰り、人々に謀りて1、000円余の繭を借受け、急いでこれを生糸にして横浜で売り、3、000円を得たり」

後年、「投機界の魔王」と呼ばれるにふさわしい投機市場へのデビュー戦のエピソードで雨敬の横顔を描いている。雨敬の商才はこんなものでは終わらない。第七十四国立銀行の開業式に招かれ、三井からその家を買わないかと持ち掛けられると、1、800円で買うことを約束する。雨敬はその家を担保に銀行から2、000円借り、200円の差金ができるとこれをタネ銭として商売に取り掛かる。

「当時、内外商人の貿易には必ず中国商人を介し、100分の1の口銭を出す仕来りだったが、雨敬はこれは不当だといって、石油の直取引を行い、逆に外国商人より幾分かの手数料を取ったので、三井物産、大倉組などから数万箱の石油の購買を依頼されるに至る」

明治13年には小麦粉製造機を輸入して東京深川に工場を設置、同18年には軽井沢を開拓して50戸余りの村落を開き、雨宮村と名付け、その後の活動ぶりは世間の耳目を集める目覚ましいものがあった。ジャーナリストで思想家の中江兆民が代表作「一年有半」の中で、実業界の巨人として、岩崎弥太郎、古河市兵衛、そして雨敬の3人を挙げたのもうなずける。東京朝日新聞の雨敬追悼の記事はまだまだ続く。以下は生前、親交のあった鬼怒川電力社長（後に小田急電鉄社長）の利光鶴松の談話の抜粋である。

すべてを事業に賭ける

「雨宮君は政権や財閥の保護を受けず、全く独自、一個の奮闘によって、何びとの助けを受けず、種々の事業をやってきたのは偉い。人物の価値についてはいろいろいう人があるが、事業家としての徳義上においても傑出した点があった。大ていの事業家は事業そのものに死に身になれず、権利株を売り飛ばしたり、株を売って金儲けをしようとのみ心掛けているが、雨宮君はその身体も、その財産もすべて事業に賭けて、一身を事業の盛衰と共にするだけの雄々しい信念と覚悟があった」

利光鶴松は、雨敬と星亨がそっくりだと強調する。「星に学問がなかったら第二の雨敬ができただろうし、雨敬に学問があったら第二の星亨になっていた」というのだ。2人に共通するのは精力が旺盛で、意志が強固、勤勉努力家であったとし、次のように締めくくった。

「趣味はない人で、衣食住、その他書画骨董などについても特別の好みはなかった。しいて道楽といえば、やはり事業道楽で、炭鉱にせよ、甲武鉄道にせよ、軽便鉄道にせよ、君は終始死に身になって事業ばかりやっていた。要するに雨宮敬次郎という1人物に学ぶべき点は、事業に熱心であったこと、精力の旺盛だったこと、不撓不屈の奮闘的精神があった点である。人物がどことなく鷹揚で大きかったことも想い出の一つである」

以上は東京朝日新聞からの抜粋だが、都新聞も大きなスペースを割いた。当時の国民的人気者は大相撲の常陸山、梅ケ谷であったが、徒手空拳で上京し獅子奮迅、一代で巨富を築いた雨敬の生涯が市民の称賛を浴びたのだ。市民は雨敬のことを東京ドリームを体現した男とみていたのかもしれない。都新聞も東京朝日と同様、投機師ぶりから入る。

「明治15年の朝鮮騒動で銀相場が上がった際、氏は20万両儲けた身上をペロリすってしまった。昨日の栄華に引き換えて今日は裏店に閉居すると、間もなく騒動が静まったことを聞き、妻君の差し出した大判2万両で早速銀を買いに回って、当たるは、当たるは、わずか4、5日間に7万両の大金持ちになった。氏のやり口の豪胆さには仲買人も舌を巻いたという」

雨敬はきちんとした教育を受けていなかったとの思いから、人の意見をよく聞いた。そしてみずからの経験によって、ことの是非を判断した。そして一度でも会った人とは後々まで引っかかりを持つよう心掛けた。「人は皆師」であった。雨敬というと傲岸不遜の典型のように思われがちだが、なかなか如才ない交際術の人だった。

「どんな儀式張った席に臨んでも、失敬といってあぐらを組む。雨敬は非常に健啖家で、分けても魚の干物を好んで食った。これといって道楽はないが、強いていえば、事業を企てること、健闘することだ」

雨敬が事業道楽であった点では都新聞も朝日新聞も共通している。そして雨敬自身は自分の生涯を以下のように総括する。他界する5年前、口述筆記させた自伝「過去六十年事蹟」による。

「私の過去は人も知るごとく、全く奮闘の人で、奮闘の目的は徹頭徹尾、社会及び国家の利益を増進するのにあった。世のため、国のためを希図し、これに伴う利益を獲得するのにあった。ことに任じては赤誠と勤勉の外には何物もない。一時の毀誉褒貶は毫も顧みるところではない。私は学問がない。故にことを処理するは一に実験の力によって決した。実験によって判断する前にはかなり多数の学者、実験家の意見を徴する。したがって、一度決すれば頑として動かず。その信ずるところに従って勇猛邁進する。要するに私の過去六十年事蹟は実験の歴史である」

雨敬の無二の親友、天下の糸平・田中平八が他界した時、記念碑を建てることになり、碑文をどうするかで、侃々諤々《かんかんがくがく》の議論となった。福地桜痴や学者、文人たちがしかつめらしい撰文を草したが、この時、雨敬が一言、「天下之糸平でいい」と結論づけた。これを伊藤博文に話すと、妙だ妙だと賛成し、伊藤みずから畳13畳分の巨碑に筆を執った。その碑は東京隅田川畔、木母寺の境内にそびえている。今や東京一の人気スポットとなった東京スカイツリーの足下である。

塩山市の名家に生まれる

雨宮敬次郎（1846～1911）は弘化3年、旧田安領だった甲斐国東山梨郡牛奥村（塩山市）の名主雨宮総右衛門の次男として出生、幼名は袈裟六（一説には今朝蔵）、生家は農が本業だった。奉公人もいて手広く農業を営んでいた。甲州財閥の始祖、若尾逸平よりは26歳年下である。

雨宮家では子供に農業の手伝いをさせなければやっていけないような経済状態ではなかった。坊ちゃんとか若旦那とか呼ばれて、懐手で遊んでいられる身分であったが、父総右衛門が一つの主義を持つ人であったため、袈裟六もおのずと父の影響を受けた。総右衛門の信条とは、「損得は度外視して、人というものは働かなければならない」というもので、「時間を無駄にする者は光りがない」と口癖のように言っていた。父は率先して畑へ出掛けた。雨敬は述懐する。

「自分の出る必要のない時でも子供を仕込むためといって畑へ出た。これは親爺の教育法であって、私は今になってそのありがた味が分かってきた。この通り、身体が達者で、寒暑を恐れないようになったのも、親爺に仕込まれた結果である」

袈裟六は7歳で萩原村（塩山市）の慈雲寺に通学し、9歳で古屋同斎について漢籍、習字を習った。同斎は当時甲州随一の学者で、ここに5年通った。袈裟六は早くから商業で身を立てることを志し、14歳で父からもらった1両を元手に商いの道に入る。

「村落を巡っては卵を買い、これを宿場にさばいて若干の利を得、次いで生糸買いを試み、17、18歳のころ、600円ほどの蓄積をなし、次第に商法（商売）に興味を持った。

当時、郷党の先輩若尾逸平が新開の貿易港たる横浜に出て成功しているのに刺激され、蓄積したカネ全部を投じて蚕種を仕入れ、横浜に出て丸損した」（実業之世界社編「財界物故傑物伝」）

絹成金の夢破れる

甲州は古くから全国有数の養蚕地帯で、相場変動の激しい生糸関係の商品、つまり種紙、繭、生糸、絹織物などの取扱いには一攫千金の夢があった。だが、逆の目が出ると裸一貫である。横浜に出て間もないころ、雨敬は自分の金をそっくり失ったばかりか、他人の金まで300円ほど損したのだから、弱ったの、弱らないのといった話ではない。進退極まった雨敬は横浜の波止場から身を投げてしまおうか、というところまで追い詰められていた。おそらく1人だったら、身投げしていたかもしれない。一緒にいた平次衛門が「余り心配しないでもいいじゃないか。今日は神奈川へ行って女郎買いをしよう」と慰めてくれた。雨敬は「馬鹿なことを言え。大損して女郎買いどころじゃない」とやり合っているところへ船が入ってきて、飛び込まずに済んだ。神奈川の宿から甲州街道をとぼとぼと歩いて実家に向かう。3日目の夕方家にたどりついた。横浜での一件はすでに家族に伝わっていた。

父「大分損をしたというじゃないか。貴様みたいな度胸のない奴は少し損をすれば、死ぬことくらいしかできない。今度は商人になれるかしらん」

父はそう言いながらも、息子のために取ってあった田を売って勝沼の竹原田某に300円返すよう善後策を構じてくれた。ところが竹原田という人が出来物で、そんな金をもらってもしょうがないと受取ろうとしない。そこで雨敬は300円を元手に種紙、生糸相場を始めた。これが当たって竹原田の借金も完済することができた。

そして、慶応4（1868）年は戊辰戦争の年、雨敬は22歳になっていた。雨敬自慢の武勇伝が生まれる。

種紙や生糸の商いを手広くやっている雨宮彦兵衛という男から15％の歩合を出すから信州へ行って生糸を買集めてくれないかと頼まれる。雨敬は以前世話になった竹原田を訪ね、軍資金を頼むと、快諾してくれた。2分金で2、500両出してもらった。これを背負って信州を目指す。その日のうちに16里（64キロメートル）離れた下諏訪まで行った。大変な健脚である。

「宿屋に泊まって宿屋の亭主に預けておくのもいやだ。これは女郎買いをするがよいと思って女郎屋に泊った。ところが、少しも眠ることができなかったので、翌日和田峠へ差しかかると、眠くてたまらない」（自伝）

次の日は、一気に28里（112キロメートル）を駆け抜け善光寺に着く。ここで7、8、

9月と3カ月滞在し、生糸を5駄（36貫目、1貫目＝3・75キログラム）、買占める。馬5頭に乗せて江戸に向かう。

当時の雨敬は行商に明け暮れる。真綿、柿、ブドウ、魚、海苔、古着、呉服などを扱い、近在の村だけでなく、東京、埼玉、静岡、長野まで足を運んだ。その健脚、奮闘ぶりを「甲州財閥」（小泉剛著）はこう伝えている。

「まず甲州から真綿を背負って江戸に行き、これを大森辺で売りさばいて、帰りに海苔をしこたま買ってくる。この海苔を甲州で売り払うと、そのもうけで今度は江戸から塩鮭を仕入れて、これを甲州の12月の市に出す。これが終わると、日本橋富沢町辺りの古着屋へ出掛けて大量の古着を買い、正月には甲州で古着屋となる。夏になると生糸、種紙を商い、秋になるとタバコ、唐糸織、干し柿を持って駿河に出掛け、正月用のミカンを仕入れてくる……」

そのやり方は「ノコギリ商法」とも「ヤスリ商法」とも呼ばれ、往復で儲けた。手ぶらで甲州街道を歩くようなことは絶対にしなかった。後に神戸の鈴木商店など貿易商が手掛ける3国間貿易の先駆をなすもので、儲けが儲けを呼ぶ。だが、決して気を抜くことのできない緊張感に包まれた日々である。

横浜で捲土重来を期す

さて、行商は所詮行商である。雨敬の夢は横浜で大商いをやることだった。捲土重来を期して横浜に出向く。雨敬の履歴書にはこう記されている。

明治5年　意ヲ決シテ横浜ニ出テ、同郷ノ両替商金子元兵衛方ニテ、両替及ビ洋銀相場ニ従事ス

明治6年　横浜ニテ信州上高井郡島村ノ市村信子ト結婚シ生糸、蚕種、陶器、漆器、米穀及ビ海産物ノ売込業ヲ営ム

そのころの横浜には一騎当千の冒険商人たちが群れを成していた。大倉喜八郎、原善三郎、茂木惣兵衛、小野光景、渡辺福三郎、大谷嘉兵衛、平沼専蔵、高島嘉右衛門…中でも田中平八は「天下の糸平」と称し、勇名がとどろいていた。雨敬は金子元兵衛の手ほどきで洋銀（ドル）相場に手を出した。

この時が雨敬の相場師開眼となる。そして商才が冴えわたる。たちまち800両の大儲け。翌年信州屋の若後家、お信と結婚する。信州屋は大きな売込商（輸出業）で金子元兵衛の店と隣合わせにあったので雨敬とも取引関係にあった。お信の亭主が死んだ時、亀善こと原善三郎が乗っ取りを策したらしい。当時、亀善は横浜切っての豪商であった。亀善の羽振りのよさはこんな戯歌《ざれうた》に詠まれている。

「横浜は善きも悪しきも亀善の　はら一つにて事決まるなり」

そんな亀善の乗っ取りを許してなるものか、と雨敬が割って入る。雨敬の根っこにあるのは反骨心である。「いったい、亀善の奴を殺してしまえばいいんだ」と口走ったというのだ。この一件が郷里の父総右衛門の耳に入り、「お前がそんなことを言ったのなら、義理が済まぬ。お前が婿に行け」となり、一件落着する。雨敬は姓こそ変えなかったが、事実上は婿入りしたことになる。雨敬27歳、お信24歳。両替商から売込商へ商売替えして、食客変じて大問屋の主となる。両替商で鍛えた相場勘は生糸や蚕種紙の売り込みでも大いに当たった。平民にも乗馬が許されると、天下の糸平たちと一緒に真っ先に馬車を買い、横浜の町を乗り回す。が、好事魔多し。得意の絶頂から失意の谷底に突き落される。雨敬は語る。

得意の絶頂から失意の谷底へ

「それは洋銀相場に大変動が起き、その不意打ちを食らったためだが、この時は女房お信に下宿屋をさせて、自分は相変わらず相場をやっていた。女房が朝暗いうちに起きて下宿人の靴下を洗い、1足1銭ずつ稼いでそれを朝食のおかず代に当てていた。しかし、相場は一向に儲からない。そのうちに極貧に陥る。とうとう国元へ援助を仰ぎに出かけると、その留守中に横浜の家が火事で丸焼けになる」

泣き面に蜂の雨敬だが、田中平八や今村清之助ら商売仲間の支援で復活を目指す。横浜ビジネス街の中心部南仲通で再起のノロシを上げる。「身代限り」(破産)の札が貼ってある店を無料で借りたのだった。当時、破産すると、「身代限り」の札を60日間斜めに貼っておく決まりがあった。雨敬はそこに目を付けた。縁起が悪いといって見向きもされない空き家で再起を図る。そして息を吹き返す。明治9年のことだ。

この年はイタリアの養蚕が凶作と伝えられて生糸相場が大暴騰した。雨敬は秘蔵の銀時計を質に入れると甲州へ飛んで帰り、生糸を買いあさり、立ちどころに1万円の大金を稼ぎ出した。同郷の大先輩若尾逸平は7万5、000円の儲けだったというから、さすがは甲州財閥の総帥だけのことはある。

雨敬たちが大儲けした後、蚕種紙相場が暴落する。あまりの値下がりに政府も放置できず、70万枚という莫大な種紙を買上げ、イタリアに輸出することを決める。この時、雨敬はイタリア人デロロと組んで30万枚を買収し、政府の代理人としてイタリアに売込みに行くことになる。明治9年の時点で海外渡航者は政府派遣の視察団を含めても414名に過ぎなかったから、雨敬の洋行は相当早い時期でのものだった。しかも、海外渡航者の行き先の半分以上は中国で、ヨーロッパ行きは極めて稀な時代であった。洋服も洋食も知らなければ、船に乗るのも初めてのこと。至るところで珍談奇談を繰り広げる。

赤ゲットの商法は見事に失敗して帰国する。と、家産はそっくり番頭や手代に蕩尽されて、妻は分娩して、体を病床に横たえているありさまだった。

雨敬「洋行する時少し金を残しておいたが、どうなった」

妻「番頭さんや弟が相場で損をして一文なしになってしまいました。家賃も一文も納めておりません」

雨敬はポケットを探ってみたが、出てきたのはアメリカの金貨が1枚とナポレオン金貨が2枚、合わせて45円なり。立派なひげを生やし、上等の背広を着て、胸に金時計をぶら下げているとはいえ、あり金はたいて45円ではどうしようもない。また下宿屋を始めるしか手はない。つぶれた空き家を利用して下宿代を稼ぐ作戦だが、そんな小銭稼ぎで満足する雨敬ではない。雨敬が目をつけたのは石油の先物取引だった。これも洋行土産であろう。

「雨敬は西洋仕立てのフロックコートを着込み、胸に金時計をぶら下げて、横文字の名刺を持つと通弁（通訳）をつれて、早速外国商館へ乗り込んだ。そこで外人館主と直談判して、石油先買いの約束をして、これを三井物産や大倉組へ売り込んだ。当時、外国商人と日本商人との取引には必ず清国人が仲立ちをして、彼らが法外なマージンを取るのが通例だった。雨宮はこれに憤慨して直接取引を敢行、見事に成功させた」（小泉剛著「甲州財閥」）

雨敬が始めた「6カ月明日」という先物取引は大成功を収めた。三井物産や大倉組は従来のルートで買うより雨敬の方が安いため、大歓迎され、雨敬はたちまち5、000円ほど儲けた。気前のいい雨敬は通訳の河村敬三に1、500円のボーナスを出してやった。河村は「どうだ、わしの通訳はすごいだろう」と威張っていたが、雨敬も「いや、君にはかなわないよ。よろしく頼む」と、河村を持ち上げて気分良さそうであった。この辺りも洋行帰りでひと皮むけたようだ。

雨敬は明治10年の経歴書に以下のように記した。

「明治10年10月　我売込商人ノ多クガ外国商館雇人ノ為ニ不法ノ口銭ヲ貪ラレッツアルヲ嘆キ、直接商館主ト取引スル途ヲ講ジ、自身先ヅ石油ノ輸入ヲ試ミ、引続キ、諸物貨ノ輸出入ニ従事ス」

一難去ってまた一難。明治11年は蚕種紙の大増産で相場が暴落する。蚕種紙にかかわる人々はピンチに立たされた。この時、余った蚕種紙を焼却処分にするという奇策を思いつく。

蚕種紙焼却事件

外国へ輸出する蚕種紙は年間100万枚が必要量とされている。不足すれば高騰するし、余れば暴落する。明治11年の蚕種紙は120万枚の供給が見込まれるため、相場の暴落必至の雲行きである。雨敬は「ゼネラル雨敬」の名前で外国商人に手紙を書き町会所に集まってほしいと告げた。すると、時間通り夕方6時にやってきた。イタリア商人、ドイツ商人、フランス商人、イギリス商人ら合わせて40余人、皆そろって横浜の町会所の2階へ集まった。そしてボスの居留地商法会議所会長パルドンが雨敬に向かってこう言った。

「ゼネラル雨敬君、本日はお手紙をいただき、ありがとうございます。さて、一体、今日はどういう、御評議になるのですか」

雨敬はフランス語の通訳を使って以下のように述べた。

「定刻通りお集まりいただき恐縮です。蚕種紙の価格安定策について当方の考えをご披露したい。貴殿たちはすでに80万枚の蚕種紙を買ってくれた。とことが、ここに新たに40万枚の種紙が現れた。ご承知のように貴殿たちが必要とする種紙はあと20万枚で沢山のはずだ。そこに40万枚も出て来ると相場は暴落する。貴殿がすでにお買上げいただいた種紙もタダ同然になってしまう。それでは貴殿たちもお困りであろう。ついてはここにある40万枚の種紙を一手にお買上げなさらんか。なるべく安くします。そしてそのうち20万枚を焼いてしまえば、あとの種紙はうんと価値が出てきますぞ」

この雨敬の提案に対し、外国商人のボスは「アメミヤ将軍の提案はよく分かりました。検討させてもらいます」と、5人の委員を選び、彼らに一任した。外商たちの協議が続く一方、日本側の荷主も5人の委員を選出し、協議を続けた。雨敬は当時を回顧して語る。

抜け駆けは許さぬ

「こうなると抜け駆けをしたがる者が出るだろう。人に焼かせてしまって、自分だけ高く売ろうという者が出るだろうと思ったから、これを防ぐため、町会所へ残らず蚕種紙を積んでしまって、巡査を20人がかり頼んで番を付けておいた。戸外には種紙の荷主が黒山のように集まって成り行き見守っている。……傍聴人が騒ぎ出し『雨宮が1人で甘い汁を吸ってこんなことを言う。太い奴だ。殺してしまえ』という騒ぎ。そのうちにも夜が明ける。話はまとまらない」

40万枚の種紙を7万円なら一括して買い上げ、そのあとで20万枚を焼却するという外商たちの結論に対し、日本側はもっと高く売れるはずだといって応じようとしない。外商たちは日本人の往生際の悪さを見ながらこう述べている。

「どうも日本人はバカでしょうがない。私どもは、これ以上に余計な金は出せません。今売らなきゃ、いくら経っても売れっこない。これが野蛮人の常だ。アメミヤ将軍には気の毒でならないが、仕方がない。明日の10時まで待ちますが、その後は約束できません」といって帰ってしまった。雨敬は、夜が明けると町会所の2階で蚕種紙の上に上って、荷主一同に向かってこう吠えた。

「諸君に申し上げますが、7万円で売れれば、いくらかの金になって、1枚に付き17銭か18銭に売れるから、種紙商人が国へ帰る足代くらいは出る。もしここで売らなかった日には一文にもならない。そこで売れといえば、アメミヤが儲けるの、殺せなどとの騒ぎになる。もう仕方ありません。今日限り委任状を諸君に返します。後は諸君のいいようにしなさい」と言って、委任状を引き裂いて家に帰ってしまった。

雨敬を困らせた三井の馬越恭平

雨敬を困らせた荷主の1人に三井物産の馬越恭平がある。後にビール王と呼ばれる馬越だが、当時は三井の新進気鋭として益田孝社長を支えていた。馬越は蚕種紙の売却についてなかなか雨敬に委任状を出さなかったため、雨敬は８００人を雇って三井物産の周囲を取り巻かせ、やっと馬越に委任状を出させたといういきさつがある。

さて、曲折はあったが、一括売却と20万枚の焼却は実行された。この蚕種紙焼却事件は雨敬の若き日の武勇伝として「過去六十年事蹟」(雨宮敬次郎述)の中で燦然《さんぜん》と輝いている。日本の商人が外商たちを巻き込んで五分以上にわたり合うというこの日の一件は横浜開港以来､最初の快挙と言っていい。土師清二著「生糸」の中でも描かれているが、なぜか主人公は雨敬ではなく、天下の糸平になっている。

「数日のうちに集まった蚕種紙は40数万枚にのぼった。『いよいよ火葬に取り掛かりましょう』『結構ですね。臭いかも知れませんね』。原善三郎は洋服であった。天下の糸平と言われた田中平八は前垂れ掛けであった。蚕種紙40万枚は吉原の空地（現在の横浜公園）に運ばれ、第1回の焼却として、火を付けた。当時の写真が残っているが、おびただしい蚕種紙である。これを見た外国商人たちは『ニホンの商人､無茶をする』と驚き、あきれた。買わなければ儲けることができないので、そろそろ買い始めた」

外商を相手に丁々発止とやって蚕種紙相場の暴落を回避できたため、雨敬は大いに株を上げた。それというのが、洋行体験がモノを言っている。約8カ月間の欧米旅行ではあったが、この時の体験で雨敬からは外人コンプレックスが消え去っていたのだ。

洋行中の珍談奇談

雨敬の初洋行の珍談奇談を拾うと――。

明治9年11月26日横浜を発ってサンフランシスコへ向かう船の中で。どてら姿で真っ昼間の甲板を歩いていると、通訳の横浜正金銀行の川島某から「日本国の恥辱です」と厳重に注意される。仕方がないから人が寝静まってからどてらで甲板をのし歩いた。サンフランシスコに着いて初めてエレベーターというものに乗る。「極楽とはこういうものか」としきりに感心している。

鉄道でサクラメントに向かう。老夫婦の営む牧場を見学して、日本に帰ったらぜひ、こういうことをやってみたいとの思いに駆られる。後年軽井沢の開拓に着手するのはサクラメント体験による。汽車で7日7晩かけてニューヨークへ。この国の豊かさは一体何によるものだろうか。小麦の粉が輸出品の大宗で富の源泉であることを知らされる。雨敬が後に製粉工場を始めるのはこの時の見聞による。

ニューヨーク滞在中のある日、仲間が出払って1人で食事をすることになる。雨敬は語る。「困ったといって、こんなに困ったことはない」。

雨敬は黒人のボーイを従えてレストランを巡回しながら、他人の食っているのを見て、

「あれが食いたい、これが食いたいと指を差すわけだ。食堂中をぐるぐる回って、これくらいでいいだろうと思って自分の席について待っていると、どんどん料理を持ってくる。客は皆、びっくりして私の方を見ているではないか」。山のような料理をどう処理したかは語っていないが、豪胆雨敬も肝をつぶしたことだろう。

ニューヨークから大西洋を横断してヨーロッパ大陸へ。雨敬ら日本人はだれ1人船酔いする者がいない。ヨーロッパ人は酔わない日本人に驚いたらしい。花のパリではナポレオンの墓などを見学、おびただしい醜業婦の出没に一行は驚く。「アラビア馬の二頭曳きで、御者が立派な服装をしている。醜業婦にもこんなに立派なのがあるのかと思った」と記すが、それ以上の記述はない。リヨンに行って、久々に湯に入るが、寒中の水風呂でほうほうの体。

雨敬、安田善次郎に心服す

雨敬はエピソードの多い男である。「実業家奇聞録」（実業之日本社編、明治34年刊）は明治経済人のエピソード200題を収録しているが、雨敬が4つを占める。その一つ。「雨宮敬次郎、安田善次郎に心服す」は以下の通り。

「雨宮敬次郎、かつて3、000円の金に窮し、割引手形を携えて融通を安田銀行に求む。しかれども、行員はその行規にそむくものあるをもって応ぜず。雨敬怒って曰く。『われは天下の雨敬なり。なんぞ3、000円の信用に乏しからんや』と。しかれども行員はがんとしてこれを峻拒す。たまたま頭取の安田善次郎が一室に在り。聞いて雨敬を引見して従容として曰く。『安田銀行は行則を守って、行員その業務をみだりにせず、これ予の大いに喜ぶところにして銀行としてまた、まさにしかるべきところなり。しかれども予は今、足下の急を聞いて、これを救わざるは義にあらず。予は私財を足下に融通すべきものなり』と。ただちに10万円の手形を書いて雨敬に渡す。さすがの雨敬も、呆然としてなすところを知らず。百拝叩頭《こうとう》してその厚意を謝して帰る。雨敬はただちにその金をもって勝利を商界に博し、わずか3日で正金10万円を整えてこれを善次郎に償う。傍若無人の雨敬もこれより、ひとり安田善次郎に心服するに至りしという」

安田善次郎には心酔した雨敬だが、渋沢栄一には嫌われたらしい。「雨敬不遜、渋沢栄一に嫌われる」の章がある。

「雨敬、豪放磊落にして客に対して常に不遜なり。横になったまま巻きタバコをふかし、あるいは鼻くそを丸めて指で弾き飛ばし、貴賓の衣を汚すことあり」

こともあろうに6歳も年上の財界の大御所、渋沢栄一に向かって鼻くそを弾いたため、渋沢を怒らす。渋沢いわく「貴様はなかなかうまい考えを持っているが、きたなくて話ができない。これからは用がある時は手紙でやりとりすることにしよう」といって以後、2人が直接面談することはなかったという。

「傲岸不遜」は雨敬の代名詞ともされているが、そんな雨敬でも役人には頭が上がらない。官尊民卑がいかにひどかったかを如実に物語るエピソードがある。「雨敬、属吏に叱られてパンを数える」という章がそれである。雨敬が製粉会社を起こして軍用食パン7、8万個を第1師団に贈って食べてもらおうと兵営を訪ねた。真夏のことで、単衣の絽の羽織を着て、紳士のいでたちで営門をくぐろうとすると――。

役人「貴様が雨敬か。しばらく待て」

炎天下で待たされること約1時間、雨敬の怒りは爆発寸前である。ようやく現れた役人の口を突いて出た言葉とは――。

役人「こらこら、上納品をこっちへ運べ。そのままではいかん。よく数えて出せ」

この無礼極まりない言葉にも雨敬は耐えて従うしかなかった。

「雨敬、余儀なくパンの行李を解き、流汗淋漓、せっかくの紳商もまるでぬれネズミの如し」

雨敬が製粉工場を作るのは明治13年のことだが、その当時でも役人は威張りちらし、天下の雨敬でも、噴き出す汗で、ぬれネズミのようになって上納するパンの数を数える羽目に陥るほどだった。

スルのも早いが儲けも早い

閑話休題。明治14～15年のインフレ下で洋銀相場で大儲けするが、済物浦事件で大損してそれまでの儲けを吐き出してしまう。「済物浦事件というのは、明治15年7月23日に起きた朝鮮内乱による日本公使館襲撃事件である。この時花房公使がイギリス軍艦に助けられて済物浦まで引揚げたとの一片の電報で、国内の銀貨は紙幣1円に付き1円50銭という未曾有の大暴落に見舞われた」（甲州財閥）。

雨敬は、家までたたき売って9尺2間の裏店住まいに逆戻りする。世間では「雨敬も今度ばかりは再起不能だろう」と絶望視するばかりだった。だが、失敗に失敗を重ねながら成功の階段を登っていくのが雨敬の投機人生双六である。次なる標的は公債。旧士族たちが投げてしまった額面100円の秩禄公債（明治6年から同8年までに秩禄を奉還した士族に交付した公債）が60円台に落ち込んでいたのを片っ端から仕込んでいく。ほどなく暴騰して笑いが止まらない。

「雨宮はスルのも早かったが、儲けるのも早かった。いつも明暗背中合わせでめまぐるしく七転び八起きした。生糸相場、洋銀相場、雨宮は横浜で最も激烈な商戦に出て、命

がけの相場を張った。そして勝っても、負けても、雨宮の心境は全く悲壮感というものがなかった」（同）

軽井沢の土地を買収

公債を買いまくった雨敬は次には土地を買いまくる。東京はもとより、信州浅間山のふもとに広大な土地を買い、開墾を始める。明治16、17年ころのことだ。当時は肺病をわずらい、血を吐いたから、もう長くないと観念し、墓場を作るつもりで軽井沢に乗出してきた。自伝に書いている。

「自分の墓場を残しておきたいという気持ちで着手した。決して自分はこの世に生きているうちに開墾して儲けて栄華をしようというのではなく、ああいう不毛の地であるから開きたいというのも一つの理由であった。……根本の根本をお話すれば、アメリカの大陸を通った時に開墾によって立派な村落を作り、不毛の原野に一都会ができておった。それを見て、是非こういう事業をしてみたいという気持ちを起こした」

雨敬は鉄道敷設情報を注意深く把握しながら、中山道が開設されれば浅間山のすそ野、東海道を通れば富士の裾野というように開墾地を選定していた。イチかバチかではない。政府の開発情報を読み切っての行動開始であった。

長野県が所有する土地を500町歩（1町歩1円50銭）払下げを受ける一方、民有地を500町歩（1町歩2円）買収した。こうして約1，000町歩の土地を手に入れた。このころには肺の方もすっかり良くなり、体力も回復してきた。いよいよ本格的な土地投資の時代に突入かと思われた途端、土地の転売に動く。

これまで買い集めた東京の地所をどんどん手放していった。それには訳がある。明治19年のことだが、外交官の青木周蔵※から「メキシコとの条約が批准になった。これからは土地が上がるに違いない」と土地購入を勧められた。この話を聞いて、雨敬は土地放出を決断したのだ。

※青木周蔵　明治時代の外交官。長州藩士、駐英公使、外務大臣などを歴任、条約改正につとめた。（1844～1914）

東京の土地売却、鉄道株に乗り換え

雨敬いわく。「私はこれを聞くと同時に買うは愚か、売ろうと決心した。私の考えでは、青木さんなどが買えという時分には、世間の人はとっくに知っている。世間の人が地所を買うのが得と気付いた時分に買いにかかったのでは遅い。幸い自分はそれ以前に沢山地面を買っておいたから、ここが売り時だろうと思ってどしどし売った。今、小石川の鳩山さんの住んでいるところも、もとは小野金六氏から2、500円で買ったものだが売った」

わずか3年足らずで、2倍から3倍にハネ上がっていたのである。当時の雨敬の投機対象はめまぐるしく変わる。銀貨→紙幣→公債→地所→鉄道株。軽井沢の土地だけを残し、都内の土地はそっくり売却、その金を鉄道株に乗換えてしまう。自伝でこんなことも言っている。

「私は他人より少し先が見える傾きがある。であるから先が見えたことは皆思う通りにやってみた。しかるに明治15年に大きな損をして折角積んできたものをすっかりなくしてしまった。一、二、三、四、五、六、七、八、九と十のものが九までうまくいっても残る一つでつまづく時は今まで積んできたものがすっかり、ふいになってしまう。こんな危険なことはない」

雨敬の無二の親友で「19世紀最強の相場師」と自他ともに認める「天下の糸平」、田中平八が死に臨んで周りの者に「貴様たちのようなボンクラに投機はとても無理だ」と諭す一件とよく似ている。

ブドウ、麦は失敗、落葉松林へ

さて、雨敬の軽井沢開発だが、いずれも失敗に終わった。雨敬は回想する。

「何しろ海抜三千二百尺の高地で、寒気が零度以下ときているからたまらない。凍って根が枯れるばかり。ブドウで苦しむこと3、4年、今度は黒麦を蒔いたらよかろうと、わざわざロシア種を10俵取り寄せて蒔いてみた。しかるにいつまで経っても芽が出ない。ほじくってみると、黒麦はそのままちゃんとして一粒だって生えない。それもそのはず、乾燥した黒麦ばかりだったのだ」

ブドウも黒麦もこの地に適さないことを知ると、落葉松を植えてみた。これは適地だったとみえ、明治末年には落葉松林が立派にでき上がった。雨敬が開拓民に貸し与えた土地は、初め40～50戸で「雨宮新田」と名付けられたが、後年、ゴルフ場や別荘地となって、国際的リゾート地に生まれ変っていたのはよく知られるところ。先年出た雨敬伝「天下の雨敬、明治を拓く――鉄道王雨宮敬次郎の生涯」（江高隆之著）の中で雨敬は述懐している。

「俺が軽井沢でやる貯蓄は、木を植えることだ。不毛といわれ続けた軽井沢の荒野に、針葉樹を植えるんだよ。そうだ、落葉松がいい。あれなら年に四、五尺は伸びる。それも千本、二千本なんていうちゃちな数ではなく、十万、百万という単位で、植えるんだ。見ていてご覧、今に軽井沢は落葉松の林が至る所にあって、落葉松の緑が荒野を覆う。それも俺の夢なのだ……」

雨敬の夢は、今や700万本の落葉松林となって、人々を癒やし続ける。今日でも雨敬の足跡は軽井沢の随所に残っている。雨敬御殿、雨敬橋、雨敬山、そして雨敬の墓も軽井沢にある。詩人の北原白秋がこの地を訪れた時、詠んだ「落葉松」の絶唱は雨敬なかりせば、世に存在しなかったはずである。

「からまつの林を過ぎて
からまつをしみじみと見き。
からまつはさびしかりけり。
たびゆくはさびしかりけり」

雨敬は演歌にまで歌われている。「天下の雨敬」（小林和生作詞、本田義孝作曲）は雨敬讃歌である。「先が見えればとことん勝負」。

安田善次郎、雨敬を語る

安田財閥の鼻祖安田善次郎が雨敬との交遊録をつづるのは、雨敬が他界して1年余り経った雑誌「太陽」（明治45年6月15日号）誌上である。雨敬が横浜でドル相場のサイ取りをやっていたころ安田の目に止まる。だが、2人の間で商売上の交際が始まるのはずっと後のことだった。

安田「雨敬はサイ取り小僧で横浜仲通りの西村という店に出入りしておった。そのころ私は東京で両替屋をやっておったから、私も始終西村の店に行く。私はこの店では客分、向こうはホンのサイ取り小僧で、身分が違う。だから私と交際するわけにはいかなかったけれども、その時からあの人には目をつけておった。たくさん若い者はいるが、あの雨宮という小僧はよほど変わっている。先々きっと働きをする人物だと見込んでおった」

明治12年ころ、雨敬が紙幣を抵当に安田にドルを借りにきた。当時、紙幣は暴落していた。それというのが舶来品の輸入が急増して正貨の流出が日々30万～40万ドルに上り、政府は不換紙幣を増発するが、舶来品は紙幣では買えないので、2分金、1分銀小判に換えて買うことになる。そこで、紙幣は下落し、1円の銀貨を得るには紙幣を1円50銭も持っていかなければならぬという状況であった。雨敬が暴落した紙幣を買集めて安田のもとに持ち込んだのが交際の発端である。そして明治20年ころから安田は親身で雨敬の世話をする関係に発展する。

安田「世の中には積極家と消極家がいる。一口でいえば、その道の事柄に早く考えついて、いつも世間一般より一歩先へ、一歩先へと踏み出して働いていく気性の人と、念には念を入れなければ呑み込みのできない、用心深いやり方の人と、二通りの性格がある。雨宮君の如きは、無論積極の部に入る人で、極端な積極家であった。先見の明があったとでも言おうか、鋭敏な想像力を持っていたとでも言おうか、要するに時勢の要求を見抜くことが一歩速い頭脳を持っておった。そのうえ非凡な実行力を持っておった」

天性想像力に富んで思い付きの速い人はいくらもいる。しかし実行力が欠けているのでなにごとも成就しない。想像力と実行力を兼ね備えた人物として、安田善次郎は以下の人物をあげている。浅野総一郎、大倉喜八郎、岩谷松平、そして雨宮敬次郎。安田の雨宮評は続く。

安田「人並みはずれて自信力に富み自尊の念の厚かったことが雨敬の特長の一つであった。一見していかに負けじ魂の人であるかということは彼の顱頂骨《ろちょうこつ》(頭頂部を形成する一対の扁平な骨、頭蓋の上壁。頭頂骨)の高く飛び出していたことで誰も気付いたであろう。きかん気の男で、いったんこうと信じた以上、人の説には滅多に耳を貸さない。どこまでも自説を押し通す。これが彼の長所であり、同時に短所であった。世間から随分非難も受け、時には社会の激しい攻撃の的にもなった」

雨敬はまれにみる太っ腹な男で、そのうえ大きな事業が好きで、みずから「天下の雨敬」と公言してはばからなかった。自伝の出版に際し、「吐血録」と題した。血を吐きながらの奮闘的生涯であった。
安田「私は彼がその一生に遺した事業よりも、むしろその奮闘的気力の盛んであった点に感服している。死ぬまで事業のことは口に絶えなかったくらい、彼の奮闘的精力は死ぬまで燃えておった」

明治商界の2大怪傑

雨敬を語る時、外せないのが「天下の糸平」のことだ。

「天下の糸平と謳われた田中平八、雨敬こと雨宮敬次郎、この2人は明治の時代が生んだ商界の2大怪傑である。2人とも甲州の人間だが※、由来この甲州は、上は武田信玄から下は甲州無宿の長脇差しに至るまで、剛情我慢をもって、広い天下を横行するふてぶてしい気風である」（山川利沼著「糸平と雨敬」現代・大正12年1月号所収）

※糸平は信州で生まれ、甲州で育った。2人は兄弟のようであった。糸平は雨敬よりひと回り年上だが、雨敬が相当名を成してからも「貴様のような馬鹿でも——」などと乱暴な口を利く。

「この2人は兄弟以上に相許していたものだ。実際、生活も境遇も、2人はよく似ていた。第一、2人は事業を起こすということは単に金儲けがしたいというためではなく、事業のために、国家のために、というように常に大所高所に着眼してやる。豪爽不屈のわがまま者で、傍若無人の大荒事師であるというところも、よく似ていた。糸平は丁稚小僧から魚屋になり、駅夫から繭商人になったように、雨敬は14歳から商売を始めて一分銀4枚の元手で蚕卵紙の買い付けに飛び回り、魚屋から古着屋に変わり、さらに裸一貫から銀相場をやり、数万円を儲けたが、瞬く間にすってしまうなど、2人とも波瀾重畳、千変万化である」

2人はともに肺を病み、血を吐きながらも屈しないで死ぬまで奮闘した。明治15年、糸平の肺病は相当重くなって、医者から見離され、「死に座敷」と称する家を新築して話題になるところだが、雨敬が銀相場に失敗してすってんてんになったことを知る。この時糸平は「雨敬のヤツ、『一生金は借らぬ』とホザいた手前、あの剛情者、どうするか、一番見てやれ」と聞き流していたが、もともと任侠の士である糸平だから、雨敬の窮状を放置できなくなった。

あの雨敬に、このお信

「あの男をここで殺してしまうのはなんとも惜しい」と、ひそかに使者を出して雨敬の妻お信を呼んだ。

糸平「雨敬がまた馬鹿なことをやったそうじゃが、マア仕方がない。どうか、これを受け取ってもらいたい、わしの志だ」

「御香典　田中平八」と認めた紙包みをお信の前に投げ出した。糸平としては、剛情な雨敬のことだから、やるといってはなおさらのこと、貸すといっても受け取るまい、死んだ人間にしてしまって「香典」とすれば断ることはできないだろうと考えた末の業であった。糟糠の妻として知られるお信の言やいかに。

お信「なんの御用かと思いましたら、生きた人間の香典でございますか」

糸平「そうだ。どうせ死ぬ命、心よく納めてもらいたい」

このころ糸平は肺病が重く死を覚悟していた。

お信「このお金はいただけません」

あの雨敬にして、このお信あり。お信は毅然として辞退の弁を述べる。

お信「雨宮も男一匹、決してこのまま落ち込んでいく人間とは考えられません。いつも私に申します。『おれは死ぬということがまるっきり頭にない。だから、どんなに落ち込んでいても苦しいとは思わぬ。きっと起き上がる。今度の失敗も、おれの出世の首途じゃ』などと申しております。お志はありがたいことですが、この香典はいただかれません」

そういうと、紙包みを糸平に押し返した。

糸平「これはわしが悪かった。わしは死に座敷まで建てたが、こんなことするのは死ぬということが忘れられんからじゃろう。そうだ、人間は死ぬ気になれんけりゃ、何事もできん。雨敬は無鉄砲じゃが、言うことは理ある」

そして糸平は「帰ったら雨敬に言ってください。『糸平は明日からガンガン売る』と伝えてもらいたい」と言ってお信を帰した。

雨敬のため売り出動

お信から糸平の伝言を聞いた雨敬はむっくと起き上がった。当時ドル相場を左右する影響力を持っていた糸平が売る――暗におれにチョウチンを付けろよというサインであることはすぐ分かった。だが、素寒貧の雨敬は手の出しようがない。せっかく盟友糸平が売り場をお膳立てしてくれるというのに資金がない。この時お信が差し出した大判2枚のへそくり。山内一豊の妻よろしく、差し出した軍資金で雨敬は売りに出る。以前、引用した都新聞の記事では買いに入ったとあるが、糸平の恩情に甘えて売りに出る方がドラマチックである。

「翌日になると果然、糸平は例の巨腕をドル相場に現した。『サア買う奴は出てこい。いくらでも売ってやる』と例のドラ声で吠えた。あたかも猛虎が土壇場で荒れ狂うが如きすざましい売り攻勢を見ては、ただ1人として買い向かう者はいない。みるみるうちに相場は大崩落を演じた。その日の夕方、朝鮮の騒動が静まったという電報が入ったから たまらない。相場はさらに底抜けの大惨落！」(「糸平と雨敬」)

さすが糸平。雨敬が利食ったのを見届けると買い戻しに入る。大量の売り玉を買い戻すのだから相場は一転、急上昇となり、もとに戻ったため糸平は一切儲けはなかった。糸平が売り出動するに当たっては朝鮮の騒動について機密情報をつかんでいたとの説もあるが、いずれにしろ、雨敬を生き返らせたのは糸平の弟分を気遣う義侠心の賜物であった。2年後、糸平は他界するが、記念碑を建立するに際し、長々しい能書きはいらない、「天下之糸平」でいいといって伊藤博文に書かせたのは既述の通りである。

たった1人の親友「天下の糸平」

雨敬は自伝で「ただ1人の親友」として糸平との関係を精しく述べている。それはまた、雨敬自身の生き方を語ることでもある。

「私は明治3年初めて国を出て来た時、生糸蚕紙商をやめて洋銀(メキシコドル)の相場に手を出した。その当時、洋銀相場などは糸平が一番大きくやっておった。そこでこの者と友達になって洋銀の相場をしなければならぬと決心したから、機をみて非常に親しく往復した。向こうは『天下之糸平』でもって御一新以降の盛名を博した人間、この人と友達になるというのは容易なことではなかった」

雨敬はどうやって糸平と交友がきたのか。それは明治6年、平民でも乗馬が許されるようになって、2人はともに乗馬を好み、馬が取り持つ縁であった。そして10年、糸平が没するまで友情が続いたのは、銭の貸し借りがなかったからだと雨敬はいう。

「金を借りることのいやな私は糸平に向かっても金を貸せとは言わなかった。人間は金持ちなどと交際すると直に金を貸せと言い出す。借りてしまえば、つい返せなくなる。だんだん敷居が高くなって疎くなる。私はそうしたことをしない。相場でいくら損をしようが、金を貸してくれとは言わなかった。対等に交際していたから非常に懇意になった」

雨敬が糸平のことを話し出したら止まらない。次々と糸平から直《じか》に聞かされた話が飛び出す。明治11年東京株式取引所が発足する時のことだ。1月2日、兜町の渋沢栄一宅で発起人会が開かれた。雨敬がちょうど年始のあいさつ回りで糸平宅を訪れた。

糸平「今日は公債の相場会社が立つので、おれはその発起会に出掛けてくる。貴様は泊まっていけ」

夜更けて糸平が帰ってきた。どうもご機嫌がよくない。それには訳がある。渋沢宅で下座に座る羽目になったことが面白くない。糸平がやおら口を切った。

糸平「今晩は相場会社の寄り合いですか。それなら私が末座に座っていては都合が悪いでしょう」

というと上座でご免とばかり、床の間に進み出て、どかんとあぐらを組んだ。一座は糸平の挙動にあっけに取られた。糸平はこの一件を得意げに雨敬に語るのだった。雨敬は、いかにも糸平らしいと笑った。

200円賭けの大勝負も

糸平と雨敬は碁敵でもあった。雨敬の方が少し上手であった。2人は賭け碁をやる。1円賭けから始めて、段々増えていって200円賭けの大勝負になることもあった。糸平が負けると賭け金を倍々と増やしていくからだ。ある時こんなことがあった。
糸平「こういう時はどうするか」
雨敬「こう打ったらどうだ」
糸平「そうか、そんならそうしよう」
打っていると雨敬が負けてしまった。糸平は賭け金をふところへ納めた。
雨敬「貴様、なぜ取る。おれに教わって勝ったじゃないか。教わらなければ負けていただろう」
糸平「貴様くらい馬鹿な奴があるものか。敵に教える奴があるか」
雨敬「教えてくれというから教えたのだ」
糸平「敵に教える奴があるか」
糸平に一杯食わされた雨敬だったが、糸平亡きいま、懐かしく思い出される。

北炭株買占め図る

雨敬は神出鬼没である。砂金掘りに血眼になったかと思えば、鉄に入れ込む。そして炭坑株の買占めに賭ける。草創期の株式市場では米商会所株の買占め（田中平八）、参宮鉄道株の買占め（石田卯兵衛）が語り草になっているが、もっと大がかりなものとしては雨敬と横山源太郎による北海道炭鉱鉄道の買占めがある。明治31年のことだ。北炭は資本金650万円の超大型株であったが、日清戦争バブル景気が弾けて不況にあえいでいた。株価も100円台割れに沈んでいた。

そんな折、本庄伊太郎、井野粂吉、石見権兵衛、副島延一、矢島平造、水本徳兵衛、小林勇次郎といった有力仲買店が買いの手を振った。この時、黒幕は一体だれか、市場では様々な噂が流れた。「サミエル商会らしい」「いや英国が石炭の供給権を東洋で確立する狙いじゃないか」「フランスのカンという商人が買い本尊である」「米国の駐日公使だったダンが首謀者だ」などと、揣摩《しま》憶測が飛び交い、国際的な買占め戦が今にも始まりそうだった。

こうした買占めに売り向かったのが、2代目田中平八、今村清之助、さらに加東徳三といった一騎当千の猛者たちで、地場ではこの大勝負の行方に注目が集まる。後に金万証券社長になる南波礼吉はこう書き残している。

「当時私は、東株市場の若僧であったが、有名な相場師の連合的な売り向かいに対して、すこぶる巧妙な買占め的商略を用いる首謀者の腰の強さに感心していたが、世間の風説はその怪物が何者であるかという噂はまちまちで、いずれもまことしやかに伝えられていた。想像の波は広がりたいだけ広がった」(「日本買占史」)

明治30年9月から翌31年3月にわたる7カ月間、買い方は現株を引受けた。資金は無尽蔵かと思われるほど受けっぷりがよかった。圧倒的に買い方が優勢とみられていた。売り屋たちは北炭を外資の手に渡してなるものかと売り続けてはいたが、どこで踏むかというところまで追い込まれた。

雨敬、危うし

ところが、思いがけなく買い本尊は「天下の雨敬」と株界の風雲児横山源太郎であることが暴露された。外資ではないと分かると、売り方連合は雨敬らの糧道（買受け資金）を断つ作戦に出る。〝金くくり〟と呼ばれる戦術である。再び南波礼吉が語る。

「買占めの本体がはっきりした以上、その金融の穴（資金源）も判然としてくる。売り方としてはたちまち〝金くくり〟の挙に出ることもできるし、担保となっている現株を引出すことも容易である。ついに売り方と買い方の地位が転倒してしまって、没落を目の前に感じた今村らが蘇生し、勝利を謳われた雨宮らが、資金調達難で動きが取れなくなった。すなわち売り方は渡すべき株式を取りそろえたが、買い方はこれを取るべき資金を取引所へ納入できぬ」

横山は三井銀行から150万円の融資が決まっていたので安心していたが、今村が三井へ飛んでいって「横山へ貸したら危ないよ」と説得し、中止させてしまった。雨敬は大手呉服商の前川太郎兵衛を病床に訪ねて融資を頼んだ。横浜の高利貸し平沼専蔵にも20万円の融通をお願いした。「多少でも受けないと天下の雨敬の名折れになる」と金策に走り回るが、万事休す。証拠金の調達ができないまま、買い方の機関店は十数社が違約処分で取引所から退場させられた。

4月1日、東株の玄関に次の掲示が行われた。

「3月限受渡計算未処理ニ付特ニ本日ノ直取引、延取引、定期取引ヲ休会致候」

解合が難航し、取引所の再開に手間取り阿部彦太郎、渡辺治右衛門、池田謙三の3氏に調停を頼み、関西から磯野大阪株式取引所理事長、田中京都株式取引所理事長なども上京し仲裁の労を取った。取引所が35万円の犠牲を払うことでようやく決着した。4月25日にやっと立会が再開された。3週間を超す立会停止は空前絶後の大椿事である。長谷川光太郎は買占め派の資金源などについてこう記している。

「雨敬は炭砿株買占めに9分まで成功し、最後の一瞬で失敗したが、その軍用金については久しく『なぞ』とされていたが、後になって十五、丁酉《ていゆう》、帝国商業の3行から融通されていたことが明瞭になった。丁酉、帝国商業は十五の子銀行で、親銀行から差し金されたままでのこと、十五銀行が買占め団の背後にあったわけである」

十五銀行は池田章政侯が頭取を務め華族系銀行として知られるが、重役に山っ気のある連中がいた。特に支配人の山本直成が三度の飯より相場が好きであった。雨敬一派に対する融資は格別熱心で、雨敬が炭鉱株を持ち込むと、十五銀行が持っている公債や株券を雨敬に渡す。雨敬はそれを仲買人井野粂吉らの名義で第三、安田などの数々の大手銀行へ入れ、金を引き出していたのである。井野は東株草創期の最有力仲買で、雨敬とはことのほか親密であった。

意志強く度量広い傑物

明治37年11月14日、週刊「経済新聞」は雨宮敬次郎を第1面のトップに据えてその人となりを評した。この経済新聞は現在の日経新聞とは別物だが、1週間前に創刊したばかり、その時は安田善次郎を第1面に据えたが、2番手として雨敬の登場である。雨敬の経済界での重みを知ることができる。

「日ごろ黒羽二重の紋付、馬車で押し出すところはいいが、ともすれば大アグラ、黒桟の大きなカマス煙草入れ、六寸余のナタ豆のキセルで灰吹きをたたき立て、甲州なまりのベランメ口調でほらを吹き立てる雨宮敬次郎はゼントルマンがる銀行などからは、いかにも粗野に思われ、『また雨敬が……』といやがられる。しかもその志大にして小成に甘んじない意志の強き、度量の宏き一個の傑物、その計画はやや理想をかねて、世を益し人を利したことも少なくない」

若いころは横浜でゴロゴロしていたが、相場で勝ちまくり、大先見家、大経済家として大化け、天下の雨敬と自他ともに認めるところとなる。経済新聞の評価はすこぶる高い。

明治23年ころ、経済は不況にあえいでいたが、アメリカの某富豪が来日した時、「安全に確実にミリオネール（百万長者）たる道は多くの鉄道株を保有するにある、社会の進歩につれて鉄道の収入は増える、利息は年々下がる、配当で利息を払って、余りをさらに株に投じていけばマルチミリオネール（数百万長者）たることは決して難事ではない」と説いた。雨敬はこの説に感服して直ちに実行に移した。

鉄道株を買え

まず着眼した株は甲武鉄道と北炭であった。この2社の相場が払込み価格内外であったため、買っては銀行の担保に入れ、それでまた買うといった具合で、力の及ぶだけ所有した。その持株は甲武1、000株、北炭7、000株に達した。すると、経済界は同24年1月を底に漸次回復の機運に向かったため、雨敬は人を見れば「株は上がるぞ」と吹き立て松方正義や後藤象二郎らも説いて数千株持たせた。

超低利になるとともに諸株は高騰、甲武や北炭は1年も経たないうちに3倍値に進む。雨敬の名は九天に昇る。この時、雨敬は一切利食い売りをせず、ひたすら買い続けた。その辛抱強さは経済新聞も驚くばかりだ。

「雨敬くらい株を売買しない男はいない。雨敬は三井よりも三菱よりも、皇族よりも官員（役人）よりもはるかに株屋に遠い。その昔、明智光秀が毛利元就に見参した時、元就は光秀の頂骨の高きを見て叛相ありとし、抱えなかった。雨宮の頂骨も非常に高い。おまけに禿頭までそっくりだ。それかあらぬか、雨敬も常々大望を企てて、いつも四面九面悩んでいる」

雨敬はさまざまな事業に手を出したが、鉄道の開発にも力を入れた。「明治の鉄道王」と呼ばれるほど手広く鉄道敷設にかかわった。雨敬が最初に乗り出した鉄道事業は甲武鉄道だが、明治16年に内藤新宿（現ＪＲ大久保駅付近）から西多摩郡羽村（現東京都羽村市）を経て八王子まで鉄道を敷設する計画を政府に願い出た男がいた。元の神奈川県知事・井関盛艮と岩田作兵衛である。岩田は美濃国（岐阜県）出身で25歳の時、横浜に出て大倉喜八郎の大倉組に入り、相場師、鉱山師として、事業家として大車輪の活躍をする人物。

甲武鉄道巡るゴタゴタ

明治19年になって鉄道条例ができて民間で鉄道事業に手を出すことが可能になった。甲武鉄道にもゴーサインが出るのは間違いない。この時、雨敬は甲府へ飛んだ。県令（県知事）の藤村紫朗に強談判するためだ。甲武鉄道が新宿—八王子間で止まったら山梨県民には何のメリットもない、甲武鉄道と名乗るからは少なくとも甲府までは延伸しないとだめだと思ったからである。

雨敬「甲州者としては甲州へ便利が就かなくてはならぬ。甲武という名があって八王子で止まってしまうのは何事だ。これでは甲州の人間は永く日の目を見ることができん。せめて笹子まで持って来なくてはいけない。そうでなければ一切許可にならぬようにと運動して大騒ぎをやった。ところが政府は構わず許可してしまった。許可になると株の分配について大波乱が起こった」

もめごとが起こると雨敬の出番である。雨敬が仲裁して決着が着いた辺りから雨敬と甲武鉄道の切っても切れない縁ができる。甲武鉄道内の主導権争いを収めた雨敬は北海道へ砂金の採取に出掛けてしまう。ところが、思惑が外れて帰ってきた。すると、甲武鉄道の内紛がますますひどいことになっていた。

井関系と大隈（重信）系が鋭く対立、大隈の子分たちは皆株を売って、甲信鉄道に乗換えてしまったのだ。甲信鉄道とは富士の裾野（御殿場）から甲府を経て信州へ行く線である。このため甲武鉄道の株は暴落する。雨敬は暴落した甲武鉄道株をせっせと買い込んだ。

雨敬「これはうまい金儲けができるぞ。いま日本に一つといって二つとない鉄道の株券が払込み値段で買えるとは、天がタダで金をくれるようなものだ。こいつは一番腕によりをかけて買おうと決心した。それでとうとう60万円の株を38万円まで買ってしまった」

雨敬は甲武鉄道株の資本金60万円のうち60％強に相当する38万円分の株を買占めたのである。

大隈、甲信鉄道に乗り換え、株急騰

江宮隆之著「天下の雨敬、明治を拓く」でこう述べている。

「甲信鉄道は大隈が右腕の平沼専蔵を使って前年の明治20年に出願させておいたものだった。八王子からではなく東海道線の御殿場から篭坂峠、さらに富士山の裾野を巡って御坂峠を越え芦川、市川大門から甲府に至り、さらには松本に出る路線計画であった。この甲信鉄道への乗り換えを大隈系の株主たちが図ったために、甲武鉄道は破綻の窮地に追いやられた形になった。甲武鉄道の株は大暴落していた。50円という払込価格がこの騒動によって20円にまで落ち込んだ」

雨敬は暴落した甲武鉄道株を買占めるとともに、大隈の計画する甲信鉄道の計画は絶対容認できなかった。これでは甲州街道沿いの鉄道という計画は消滅してしまうからだ。

そして、ここで登場するのが雨敬の最大のライバル若尾逸平である。若尾は雨敬より26歳も年長で、甲州財閥の元祖と称させる超大物。大隈と親しく、甲武鉄道の大株主であったが、経営の主導権争いで大隈と行動を共にして、甲武鉄道株を売払い、甲信鉄道に乗り換える。

「大隈や若尾は、すでに客足も伸びて安定していた東海道線に継続することで多くの乗客が望めると考えていた。……甲信鉄道株は払込み価格1円の株券が3円80銭という急騰ぶりであった。雨敬は甲信鉄道株が急騰するのを尻目に、一切これを買おうとはしなかった。こんなことを若尾にいわれた。『相場の魔術師といわれた君なら、こんな時にはいち早く動いて甲信鉄道株で儲けるのだが』……」（「天下の雨敬、明治を拓く」）

この時、雨敬は先輩にこう反論した。

雨敬「私は鉄道株という相場で儲ける気は毛頭ありませんよ。鉄道は国の根幹ですからね。これからの国を開くのは鉄道ですよ。私が儲けるとしても株の配当です」

雨敬は鉄道株は売ったり、買ったりするものではないという強い信念を持っていた。以後、甲州閥の開祖若尾逸平とナンバー2雨敬との対立は決定的となる。

もちろん、雨敬は金があって買ったのではなく、借金しての買い占めだから、その株を友人たちに売りつけた。安田善次郎、田中平八（2世）、益田孝、森村市左衛門、川崎正蔵といった財閥の面々に分譲した。わしが責任を持つから安心してくれ、といい値で買ってもらった。その儲けた金を甲武鉄道の開設資金に充当する計画である。そして、社長に三浦泰輔を据え、雨敬が取締役、岩田が専務理事、この3人でやり上げることになる。明治22年のことだ。

甲武鉄道、社長人事でもめる

甲武鉄道の総会で社長人事を巡り、ひと悶着あった。安田閥の安田善次郎は「私どもは雨宮さんに勧められて持った株だから雨宮さんに一任しよう」と発言、多くが同調するが、三井閥の益田孝が「どなたを社長にするおつもりか」と質問する。雨敬が「三浦泰輔というひとを社長にするつもりだ」と答えると、株主たちは一斉にテーブルをたたいてブーイングの嵐。

「三浦泰輔とは何者だ。長州閥の藤田伝三郎に使われている月額50円から100円ほどの月給取りではないのか。あんなものに何ができるか。雨敬さん、あんたが社長になるべきだ」

この時雨敬は2つの理由を挙げて社長に就任しない弁をとうとうと語った。一つは、すでに新宿から八王子までは開通した。橋でいえば架橋工事は終わり、あとは橋のたもとで通行銭を取るだけで、わしのような血気盛んなものが、日がな一日「橋銭」を取るような仕事は務まらない。そしてもう一つの理由が雨敬の本音のように思われる。

雨敬「何百万円もの会社の社長になるものは学問がなければならぬ。技倆がなければならぬ。学問があって、技倆があって、そのうえひょいひょい飛び回らねばならぬ。そんな三拍子揃った人は三浦さんの外にはいない。したがって皆で平身低頭して三浦さんにお願いしようじゃないですか」

反対派もようやくホコを収め、三浦社長が決まる。甲武鉄道は初め、甲州街道沿いに走る計画だった。しかし、反対運動が激しく人家もない武蔵野の原野を直線で走ったが、これでも沿線住民の反対が強かった。雨敬は後世の発展を約束して説得に当たらなければならない。懐柔策、人心収攬術を必要とする。これは三浦社長には無理な〝荒事〟で、雨敬や岩田といった相場界で鍛えた海千山千の猛者でなければ務まらなかったであろう。砂川村の品川源五郎といった陰の協力者を探し出して手を結ぶのは雨敬や岩田の得意技であった。

雨敬案が若尾案を制す

さて、甲府までの路線延伸に当たって、甲武鉄道（雨敬案）でいくか、甲信鉄道（若尾案）を採るかを巡っては、紆余曲折があったが、最終的には雨敬案が採用され、明治29年、八王子から甲府までの区間が着工された。雨敬ルートが若尾ルートを制したのは同25年に公布された鉄道敷設法に基づいて設置された鉄道会議の答申によるものだ。

それによると、「中央線はわが国の頭脳たる首都と第二の要地たる大阪との連絡を安全確実ならしめるものにして縦貫鉄道中、最も重要なる部分なり（中略）然るに御殿場よりする時は、藤沢、国府津間において線路海に接し、海上より容易に敵の妨害を受くるは疑うべからざるなり」とある。この決定に雨敬は小躍りしたと伝えられる。雨敬の妻お信の喜びようを江宮隆之はこう描いている。

雨敬「おい、のぶ。これはもしかしたら、おれがやった事業のうち、後世に残る大事な仕事になるかも知れんな」

お信「ええ、旦那様の名前は中央線と共に永遠に人々の記憶に残りますよ。よかったわ」

鉄道会議は甲府から信州松本までは若尾案を採用し、大隈―若尾ラインの顔を立てた。甲武鉄道の開発を進める一方で、川越鉄道や豆相人車鉄道を目論んでいた明治26年、雨敬は芝の紅葉館に１００人を超す資産家や学識経験者を集めて東京市街鉄道（街鉄）の腹案を説明する。

街鉄株、皆で儲けよう

街鉄の発想はかねてから温めてあった。皆に儲けさせてやりたいという雨敬一流の義侠心から生まれたものだ。雨敬が「過去六十年事蹟」の中でしみじみと語っている。

雨敬「腕を組んで東京市を眺めてみると、小さな虫が１５０万ある。儲けたい、儲けたい、ということばかりに汲々として、目前により儲け物があるのを知らず儲けずにいる。この虫を相手に1人で儲けたところで仕方がない。外にも儲けさせてやろう。公益のことを知り、学者で怜悧であって、それで金のない人がある。これらの人に儲けさせてやろうという気を起こした。ただ、金のある人には儲けさせたくない」

雨敬が具体的に名を上げたのは益田克徳のような人。益田克徳は三井物産社長となる益田孝の弟で頭がよくて公共心もあるが金がない、こういう人に儲けさせる方法が街鉄だというのだ。益田克徳は明治34年、東京米穀取引所の理事長となるが、1年で辞め、翌年他界する。52歳だった。

さて、明治36年11月26日、益田克徳のような人物を１２０名集めてご馳走する。そしてこう話し出した。

雨敬「この東京市に電気鉄道を架ければ必ず儲かる。これを株式にして、その株を持っていて売ればすぐに1万円くらいは儲かる。しかし、その儲けをわずかの人で占めてしまっては申し訳がないから発起人には1人に付き200株より多くは持たせない。私も200株だけ持つ。それで皆さん、ひとつ発起人になってやってはどうだろう」

この雨敬提案には出席者が全員賛成、発起人に名をつらね、東京市街鉄道として政府に出願した。

雨敬の鉄道履歴書

雨敬自筆の経歴書の中から鉄道事業に関する部分を抜き書きしてみる。

明治21年　甲武鉄道ニ入リソノ取締役トナル

同24年　甲武鉄道ノ有志ト相謀リ川越鉄道ヲ発起、計画シ次イデソノ取締役トナル

同25年　鉄道国有論ヲ発表シ同時ニ狭軌鉄道ヲ広軌ニ変更セント欲シ……内閣総理大臣ニ数回ノ建議ヲナシ明治39年遂ニ鉄道国有ノ実行ヲ見ルニ至リタリ

同26年　北海道炭鉱鉄道ニ入リテソノ取締役トナル

10月率先シテ東京市街鉄道及ビ京浜電鉄ヲ登記シ、明治36年市街鉄道成立デ取締役会長トナル。年来ノ宿論ナル乗車賃三銭均一ヲ実行セントシニ東

同27年　京電鉄トノ合併問題アリ。モシコレト合併スルトキハ三銭均一ノ実行困難ヲ来スベキオソレアルト共ニ条件市街鉄道ニ不利益ナルヲモッテ極力之ニ反対シ遂ニソノ目的ヲ達シタリ。シカルニ三十九年五月ニ至り再ビ乗車賃値上ゲ問題起リシガ自己ノ意見容レラレザリシニヨリ社長ヲ辞シタリ

同28年　豆相人車鉄道ヲ創始シ、自身社長トナリテ之ヲ経営シ今日ニ至ル
我国鉄道ノ速力遅緩ナルヲ嘆キ、東海道松田駅ヨリ東京マデ1時間ニテ走ル鉄道ノ敷設セントシテ武相中央鉄道ヲ発起シ、明治30年仮免許状ヲ下付セラレ、自身創立委員長トナリ今日マデ勤続

同29年　明治37年マデ京浜電鉄ノ相談役、同年ソノ社長トナリ今日マデ勤続

同39年　江ノ島電鉄社長トナリ今日マデ勤続

雨敬が自筆経歴書で一番強調しておきたかったことは東京市街鉄道（街鉄）の発起と3銭均一料金制の確立であった。明治26年に東京に電車を走らすべく街鉄の創立を計画、政府に出願すると福沢捨次郎（福沢諭吉の息子）のグループも追っかけ出願、さらに星亨も名乗り出る。雨敬派は前出の岩田作兵衛、小野金六ら、福沢派は藤山雷太、星派は青木正太郎、利光鶴松ら錚々たる顔触れで3派が500万円ずつ出資で資本金1、500万円で会社を立上げることに決まる。

ところが、景気の悪化で1、500万円の資本金を集めるのはドダイ無理な状勢となり、同36年には300万円に規模を縮小する。と同時に3派が合併すべしという議論が優勢になっていくが、雨敬は当初から3派は独自に進むべしと非合併派であった。雨敬は電車賃は3銭均一料金を掲げ、この案が認められれば合併も仕方がないという考えに立っていた。

大荒れの臨時株主総会、社長を辞める

同36年7月28日臨時株主総会が大荒れとなる。午後1時に始まったが、夜中の12時になってもまだ決着しない。議長の雨敬は「すでに12時を経過したので本日の総会は散会です」と宣言する。すると合併派の株主は藤山雷太を議長に担いで一潟千里に合併案を可決してしまった。そんな決議が法律上有効なはずがないと、雨敬は告訴、仮処分を申請する。

9月23日には第3回の臨時株主総会が開かれるが、警察は治安警察法により総会の解散を命ずる。こうして合併はとうとうご破算となる。

雨敬「3銭均一は単に会社として利益になるだけでなく、公衆にとって非常に利益であるから私は一命を捨ててもこの意見をひるがえすことはできなかった。好みもしない喧嘩をして、役にも立たない金を使って、時としては壮士に狙われ、警官の保護まで煩わして一生懸命闘ってきたのも、実はこの3銭均一を行いたいからである」

ところが明治39年、雨敬は街鉄の取締役を突如辞任してしまう。それというのが株主に突き上げられた重役達が次々と値上げ派に転じ、雨敬ただ1人「3銭均一」を固執することができなくなったからだ。重役たちは3社共通で5銭に値上げする案を主張する中で、雨敬は「3社共通で3銭均一」でも十分経営は成り立つが、それでは不安だというなら「3銭均一、ただし乗換え料金として1銭とすれば必ず儲かるとねばる。雨敬は持論の「3銭均一」の旗は降ろすわけにいかないが、乗り換え料1銭という妥協案を提示するが容れられず、身を引くしかないと判断した。雨敬は苦渋のうちを語る。

雨敬「株主多数が値上げ論者である。しかし私は大反対だ。反対だけれども社長は株主の代表者で、株主多数の値上げの願書に判を捺してくれというのを拒むわけにはいかぬ。そうかといってこれを捺せば私の主義にそむく。そこで仕方なしに社長を辞めてしまった」

当時の新聞は電車賃値上げ問題を連日、大きく報じている。一番しつこく追うのが黒岩涙香が率いる万朝報だった。本郷座で開かれた電車値上問題市民大会の模様とは――。

「その筋の警戒はすこぶる厳重にて本郷署は非番巡査の総出のうえ、大谷、浅草、深川の三署より75名の応援を乞い、制服巡査は総員180余名、角袖（私服刑事）は数知れず、場内廊下はほとんど警部と巡査にて埋め、角袖はところどころにもぐり込み、動議提出の時と演説の始まる時にキョロキョロ目にて『あの人はなんという人でしょう』などと空とぼけて視察に怠りなく、私服の憲兵も大分見受けられたり」

独占はよくない

このものものしい演説会における宣言は「内務大臣（原敬）は一私企業のために4銭均一の値上げを認可し、200万市民の公益を犠牲にしたわけで、これを取り消さんことを熱望し、もし肯ぜざる場合は適当な手段をとる」というものであった。雨敬は九段の自宅で「ざまあ、みろ」とはき捨てるようにつぶやいた。「独占企業はよくない。特に鉄道は国民の足であるから社会事業的精神でやらねばならぬ」と持論を繰り返すのだった。その後の雨敬の鉄道事業については小林和生著「伝記天下の雨敬」に精しい。

「街鉄の会長を辞めた雨敬はその後は鉄道事業に挫折することはなく、地方交通と都市交通と二股かけて新しい企業精神を燃やした。運輸交通の賃率が安くなければ国家の殖産興業は発達しないという持論から、軽便鉄道を各地に発起した。東京近郊では京浜鉄道、江ノ島電鉄の社長となり、房総鉄道の相談役ともなって、鉄道経営に手腕を発揮した」

明治版・東商取の誕生

雨宮敬次郎が東京商品取引所の理事長に就任するのは明治35（1902）年のことだ。雨敬自筆の履歴書にはこう記されている。

明治35年　内国商品ノ発達ヲ計ラントセバ必ラズ先ヅ完全ナル商品取引所ヲ設立シ凡テノ商品ニ対シ厳密ナル検査ヲ施シ取引所ノ保証ヲ以テ之ヲ売買セシメザルベカラズト信ジ入ツテ東京商品取引所ノ理事長トナリタリ

雨敬は自伝で、理事長を引き受けた理由を精しく述べている。

「そもそも商品取引所は後藤象二郎さんが農商務大臣をしておられる時に起こったもので、私がこのことに賛成したのは、日本の商品が見本と品が違って不揃いで困る。これを一定のものにしなければならぬ。そのためには商品取引所を興して、商品に対して安い金利で金を貸す。すると商人は皆商品を取引所へ持ってくる。それをちゃんと検査する。すると需要者、供給者双方に利益になる。それでこの商品取引所に賛成した」

リスクヘッジや公正な価格形成といった機能より以前の商品の品質を一定にし、取引の円滑化を図るというのがそもそもの商品取引所創設のねらいであったと雨敬は言う。

平成版・東京商品取引所の源流をたどっていくと明治27（1894）年設立の明治版・東京商品取引所に行き着く。前年制定された取引所法に基づいて設立される株式会社東京商品取引所の登場に際しては大きなドラマがあった。当時の新聞はこう報じた。

「東京商品取引所の認可。三品派代表・雨宮敬次郎、九品派代表渡辺治右衛門、及び仲裁人真中直道の三氏は昨日午後、榎本武揚農商務大臣、若宮商工局長に面会して協議するところあり。なお同所の株式は未払込にもかかわらず、すでに34・5円にて売り手なき由」

東京商品取引所の認可を巡っては2派が競願の形となった。雨敬を代表とする三品派（紳商派）は他に田中平八、米倉一平、喜谷市郎右衛門門らを発起人に加え、油、塩、綿糸の取引所を作るというもの。

対する九品派（商人派）は東京の大富豪渡辺治右衛門を代表とし、他に渋沢喜作、柿沼谷蔵らが発起人に並ぶ。そして上場商品としては三品派が掲げる油、塩、綿糸の他に綿花、木綿、雑穀、蚕糸、砂糖、諸金属の九品目を売買対象とする計画。両派のつば競り合いは前年から続いていた。郵便報知新聞はこう報じた。

「東京商品取引所の設立については紳商派と商人派の二派に分かれ出願中なりしが、同一地区内に同種の出願をなしたるものにつき、双方合同して更に出願すべき旨、内諭せられ、昨日東京府庁は両者の出願を却下せりと」

すでに東京では米穀取引所が認可になっていた。加えて油、塩、綿花などの取引所の設立が出願になったわけだが、同一地区に同種の取引所は1カ所に限るとの前提があるため、競争はし烈を極めた。主務省（農商務省）からは両派の代表に一本化を図るように説得するが、雨敬も渡辺も後に引かない。渋沢栄一と東京府知事、東京商業会議所会頭の3氏に白紙委任してはどうか、との提案にも両派は応じる気配はない。また綿紡績業界の顔役佐久間福太郎も見かねてあっせんに乗り出すがラチがあかない。

半年に及ぶすったもんだの末、明治27年4月になって雨敬派も渡辺派も疲れ果て、妥協の動きとなる。元特許局審判官の真中忠直が双方の仲を取り持ち、とうとう一本化が成立、榎本武揚農商務大臣も安堵の胸を撫でおろす。東京商品取引所に限らず、明治26年から翌27年にかけての取引所設立ラッシュ時の陣情合戦は空前の激しさであった。それだけ取引所に対する期待が大きかったのである。

日夜、設立運動に狂奔

各県に「取引所期成同盟会」が組織され、東京京橋にその連合本部が設けられ日夜運動に狂奔した。この結果、農商務省はその対応に苦慮、「取引所設立委員が漫《みだ》りに上京し滞在するを禁止の件」という局長通達で沈静化を図った。金時計1個で農商務次官がそのポストを棒に振ったと茶の間を騒がせた事件もこの時のことだ。「星亨伝」（前田蓮山著）にエピソードが記されている。

「明治26年6月、取引所法実施に際し、取引所設置の出願するもの90余社に達し、農商務省に猛運動を試みたが、その結果は18社が許可されたに過ぎなかったので選にもれた会社が次々スキャンダルを飛ばして機関紙に後藤象二郎、次官斉藤修一郎及び星亨（自由党の事実上の統領で衆院議長）が関係者の小宴に出席し、賄賂を受けたという記事を掲げた。星は直ちに同新聞を告訴したが、世論は轟々として止まなかった。星が後藤、斉藤とともにその招宴に出席したこと、斉藤が取引所法実施の記念に金時計1個を大臣の許しを得て受領したことは事実であった。後藤は銀製のコーヒー・スタンドを贈られたが、1本の礼状をもらえば沢山だといって受けなかったので頌徳的礼状を呈したというのが事実であった」

結局、3人ともその職を辞すという事態に発展するが、斉藤はその2年後、東京米穀取引所理事長に就任する。政争の具にされての退任だったから彼の才能を惜しむ面々が東米理事長というポストで彼を復活させたのであろう。

さて、東京商品取引所は明治27年5月25日、日本橋倶楽部で発起人総会を開き、6月

5日浅草鷗遊館で創立総会を開く。初代理事長には銀林綱男（前埼玉県知事）が選出された。雨敬でも渡辺でもない第三者によってまず融和を図ろうという狙いだった。そして10月1日、初立会が行われた。塩と大麦の売買が活発に行われた。場所は米穀取引所からすぐの日本橋区蛎殻町3―11で仲買人は約70名。

銀林は2年後の明治29年、退任、2代目理事長には渋沢喜作が就任する。渋沢栄一の従兄で、若いころは彰義隊の隊長を努めた逸材であった。東京株式取引所が発足する際に胆煎（理事）を務め、2代目頭取に就く。渋沢喜作は明治19年に東京回米問屋組合が結成される時には初代総行司（理事長）に推される。これがいわゆる深川正米市場。「喜作は現物商業のみならず投機市場についても豊富な経験を持っており、その表裏に通じていた。それゆえ東京商品取引所の理事長になると、その運営がきわめて適切であったので市場は活況を呈し、彼の在任中が、この取引所の最盛期となった」（石田朗著「戦前の理事長」）。喜作は直情径行、統率力と決断力に富み、その行動は果敢で、古武士の風格があったと伝えられるが、好事魔多し、部下の使い込み事件が発覚、責任を取って辞任、雨敬にバトンを渡す。

塩こそドル箱

東京商品取引所の上場商品は塩、砂糖、石油、植物油、肥料、木綿、綿糸、綿花、金属（銅）、雑穀（大麦、大豆、小豆）など多彩を極めたが、塩がドル箱で最も人気が高く、次いでは大麦だった。ところが、明治39年塩が専売制になったため、取引の中心は大麦、綿糸、生糸となり、日露戦後に大豆粕が登場するが、ドル箱を失った東京商品取引所の苦戦はおおうべくもなかった。

東京商品取引所は初代銀林理事長が2年、2代目渋沢、3代目雨敬理事長がそれぞれ6年、通算14年でその歴史を閉じるが、同取引所は人気の米穀取引所のかげで終始脇役を務めた。株価推移にもそれはうかがえる。東商取の場合、明治30年から同40年に至る11年間で、最高値が２１０円（同40年上期）、最安値が31円50銭（同37年上期、下期）だった。

同じ期間の東米の株価はピークが３６０円（40年上期）、ボトムが92円（同31年下期）であった。両取引所とも40年上期にピークをつけているが、これは一般株価のピークが明治40年1月につけているので蛎殻町人気もこれを反映したものだろう。また東商取の資本金は当初から45万円（東米は当初20万円、30年上期40万円、40年上期１００万円）で、40年初めには１５０万円に増資する動きがあった。事実、40年春の総会では増資が議決されたが、その後の景気後退で無期延期となった。

営業成績は同34年までは塩、大麦、生糸、綿糸などの人気を映して株主配当も20～32％の高率配当を実施してきたが、雨敬が理事長に就任する35年以降は冴えない。渋沢理事長の信認厚かった竹屋光豊専務理事による不正経理が発覚、内外の信用を失墜し、苦吟する状態が続いた。雨敬の神通力をもってしても信用回復に至らず、同41年東米に合併するしかなかった。

雨敬、合併へ動く

日露戦後のバブル景気は明治40年1月にピークアウトしたことは前述したが、景気回復の芽はなかなか見出せない。バブル期に続出した泡沫企業の整理淘汰に時間を要し、蛎殻町の不況も長期化必至である。特に東商取の商い不振がより深刻であった。さすがの雨敬も自力での立ち直りはあきらめた。東米の青木正太郎との会談が頻度を増していく。明治41年7月3日付報知新聞が以下のように報じた。

「両取引所の合併談は昨今再燃し、すでに青木米穀取引所理事長は雨宮商品取引所理事長と数回会見し、大体合併して双方の利益なることは一致をみたが、合併条件を協定するに当たり、その前提として仲買人身元保証金が米穀7、000円、商品は4、000円なるにより、合併の時には身元保証金の関係で失業者が出る恐れがある。この際、あらかじめ合併の趣旨と利益を説明しておく必要があると今日1日全仲買人を集めて雨宮氏よりこんこんと説明した。いずれもその趣旨には賛成し、組合総会を開いた上、回答するということで、一同引き取った」

合併交渉は紆余曲折の末、以下の通り決着した。

①東米の資本金100万円を50万円増資、増資株のうち6、000株を商品側株主に交付し、4、000株は東米の株主に所有株式に応じ配分する。②商品側は所有株式、家屋什器等（時価32万円）を東米に引き継ぐ。③身元保証金は半額の3、500円は代用証券を認めるが残る3、500円は現金で収める。④社名は東京米穀商品取引所とする。⑤理事長は青木正太郎（旧東米）、専務理事は菊島生宣（旧東商取）。雨敬は相談役に就任。

東米商が発足、雨敬、相談役に就任

明治41年12月1日、東京米穀商品取引所が発足する。だが、人気のコメと同一市場での立会であってみれば、旧東商取の商品の売買は低調にならざるを得なかった。「杉之森市場編年史」（根岸真三郎編）は口惜しさをにじませながらこう記している。

「コメ及び商品の売買取引を開始したが、商品のうち大麦、綿糸、生糸の出来高にはみるべきものもあったが、コメと同一市場においてなしたる結果、値動きの荒いコメの投機取引全盛期のこととて大樹の下の植物が繁茂せざるが如く、次第に注文の大半は米穀取引に吸収圧倒され、逐年漸減の一途をたどり、ついに商品の売買取引は皆無という悲運をなめるに至った。また紡績事業は発展の途上にあったが、一般委託者は綿糸相場を左右する綿花、為替、銀塊などの諸材料に関する知識は極めて貧困の時期でもあった」

雨敬が東米商の相談役当時の新聞評が面白い。蛎殻町に本社を置く毎夕新聞は雨敬の本質を見抜いている。

「天下に一種の雨敬主義を唱えてその旗頭となった人。やり口はいつも大ザッパで、いわざるとなると天風一遇して万籟（風に吹かれて立てる音）吠えるおもむきがある。元来、相場で仕上げた腕前だけに、なんでも一挙してやっつける癖がある。事業の創設に長じて維持、経営の才が存外鈍いかもしれない」

雨敬は相場師として腕を磨いた人だけに一挙に勝負に出て白黒をつけるタイプ。そして創業型で守勢型の人ではない。雨敬は日頃、こんなことを言う。「田舎で橋を架ける時は知事や部長や土地の有力者が来て落成式をやるが、完成したあとで『渡り賃』を徴収するのはジイさん、バアさんで十分だ」。雨敬は橋をかける人であり、橋賃を取る人ではない。毎夕記者の雨敬評は続く。

「太っ腹な男児である。傍若無人、四方ガラ開き、体裁も作らず虚飾もない。褒めていえば、『天空海闊』（人の度量が空のようにからりとして、海のように大きいこと）というのであろう。『おれは無学だからなあ』と無学を公然と唱えている。氏はかつて朝吹英二のことを『少しばかり学問があるので大きなことができた』と嘲笑した。これを聞いた朝吹は『雨敬に少し学問をさせておいたらまだまだ大事業を成したであろう』といったという話がある。思うに雨敬をアメリカに生まれさせたら面白かった。雨敬には日本は狭過ぎる。雨敬はいま片瀬海岸で持病の治療中で肺病だというが、肺病も妙なお門違いをやったものだ」

雨敬の手掛けた数々の事業の中で大失敗に終わったのが砂金採集である。雨敬は砂金の出そうなところは隈なく歩いた。技師よりもはるかに豊富な砂金の知識を習得したが、モノにならなかった。雨敬は悔しがる。「要するに砂金には私一代の5分の1の時間と5分の1の金とを使い捨てた。今でもいつかはやってみようと思っている」。

鉄管事件で獄中の人

明治28年、日清戦勝活況景気下、雨敬は鉄管事件で獄中の人となる。雨敬は富国強兵の基礎は製鉄業を盛んにすることだと考えた。明治25年末になって東京で水道を敷設することになり、鉄管が必要になる。雨敬は国産の鉄管を採用するよう主張するが、財界の大御所渋沢栄一は日本製は品質が劣るので輸入物をやるべしと輸入派。世論が2つに分かれたが、雨敬たちは月島に日本鋳鉄合資会社をこしらえて鉄管の製造を始める。この辺りは雨敬らしい決断力である。

東京市の水道管工事は予算総額8、000万円という巨額プロジェクトで、従来の木管をすべて鉄管に改めるというもの。これを受託すべく創設された日本鋳鉄の初代社長は赤松則良、2代目が雨敬、そして3代目社長が雨敬の相場師仲間の浜野茂。浜野の時に事件が発覚する。

「鉄管鋳造の技術に熟練した者が少なく、鋳造するものは精良ならず、そのために市吏の検査に合格しないものが続出するありさま。会社の人はこれを憂い、いったん不合格になった鉄管に手工を施して完全なものの如く装い、監査係を瞞着《まんちゃく》して市に納付してきたが、浜野の時代に至って鉄管の不正が発覚し、騒然世の物議を招くに至った。元職工の密告によるもので、この問題は市会議場で論議されるまでになった」（小島徳弥著「大事件の真相と判例」）

東京市参事会と東京府知事が日本鋳鉄社長の浜野茂を告訴する。明治28年10月のことだ。浜野や雨敬を含む25名がつかまり、翌29年8月公判が始まる。東京市民の関心は高く、600人に限って傍聴が許された。数回の公判を重ねた末、埋没した鉄管を掘り出して再検査を行うなどした結果、浜野ら4名が重禁固4年・罰金40円、ほか全員が有罪となる。控訴の結果、第2審では浜野ら7名が証拠不十分で無罪となり、8名が有罪となる。

この事件には一つのエピソードがある。それは東京市参事会の首席に渋沢栄一がいて、同時に日本鋳鉄会社の顧問として渋沢の名があったことだ。発注する側に渋沢の名があり、受注する側の会社の顧問として渋沢の名があった。渋沢は責任を感じて市参事会員を辞任する。

「が、悪いことに、渋沢は実業界の巨頭で、第一銀行に立てこもってその地歩を固め、三十幾会社の重役を兼ねて、重役の名義料だけでも月に数万という金を得ていた。その不誠実なやり方が鉄管事件にも現れてきたので、浜野と雨敬の背後には渋沢がかくれてこの大仕事をしたのだと、世間の人々はもっぱら疑った」

そんなある日、渋沢が兜町の自宅を出て馬車に乗った時、1人の壮士が斬りかかった。足を斬られた馬は猛スピードで走り、三井銀行の前でピタリと止まった。渋沢は馬のおかげで危ういところを命拾いした。

鉄管事件に苦い目にあったが、鉄に対する熱い思いはむしろ強まる。明治27、28年の履歴書に明白である。

明治27年　製鉄事業ノ忽《ゆるがせ》ニスベカラザルヲ覚悟シ日本鋳鉄会社ノ社長トナリ翌28年辞職

明治28年　製鉄事業ニ対スル熱心尚容易ニ消磨スベカラザルモノアリ。陸中国（岩手県ノ大部分ト秋田県ノ一部）仙人鉄山ヲ買受ケ独力ニテ之ガ経営ヲ開始ス。中途経済界不振ノ悲運アリ。事業ノ困難ニ陥リタレドモ万苦シテ之ヲ忍耐シ明治33年初メテ完全ナル鉄ヲ製出ス。以後海軍省ノ御用仰付ケラレ間接《ママ》明治37、38年戦役ニ貢献シタル所少カラズ。

漱石が日記に書いた雨敬の豪胆ぶり

雨敬の死から5カ月後、夏目漱石の日記に雨敬の豪胆ぶりが記される。要約すると以下のようになる。

一．雨敬は花札が好きで、2晩続きで徹夜することもあった

一．雨敬は紳商（紳士と称されるほどの身分の商人）であった

一．雨敬は花札で負けが込んできても平然としていた

一．「神色自若」たる態度であった（神色＝顔色。自若＝大事に直面しても沈着冷静で態度は平常と少しも変わらぬさま）

一．久松家が甲武鉄道の株をどっさり買ったのは、雨敬のようにハラの座った大物が投資している会社なら安心できると、雨敬にチョウチンをつけたこと

勝負事は人格がよく表れるといわれるが、花札賭博で負けが込んでくると、目が血走って電話口に呼び出されても、うわの空で話にならない人が多い中で、雨敬だけは平常心を保ち続けた——と漱石を感服させたのだった。

あとがき

本書は明治から昭和にかけて活躍した代表的勝負師、相場師7人の戦闘録です。明治初期の投機界を代表するのは「天下の雨敬」**雨宮敬次郎**です。この時代は「天下の糸平」田中平八の天下でしたが、糸平は広く喧伝されているので、ここでは糸平の盟友、雨敬に登場してもらいました。

明治44年1月、大逆事件で幸徳秋水以下24名が死刑判決を受け（翌日12名が無期懲役に減刑）、1週間後には処刑されるという騒然たる中で雨敬が死にますが、その時のマスコミの扱い方はまさに「巨星、堕つ」の感がありました。雨敬は相場師として、事業家として明治を代表する巨人と言えます。リスクと闘い続けた65年の生涯でした。「人はオギャーと生まれた瞬間から投機をしている」というのが持論でした。他界して5カ月後、夏目漱石の日記に雨敬が登場します。花札賭博など勝負事で負けが込んでくると電話口に呼び出されても、上の空で話にならない人が多い中で雨敬だけは平常心を持ち続けた——とその胆の太さに感服しています。

明治中期から後半にかけて「明治の天一坊」と恐れられたのが**松谷元三郎**。先物取引を利用して一文なしで堂島米穀取引所を買占めるという快挙というか、暴挙でオーナー気取りの松谷。理事長の首をすげ替えわがもの顔ですが、コメ相場に失敗して株を手放す羽目となり、松谷の天下は5カ月で終わります。頻発する仕手戦にシテとして、時にはワキとして参入するばかりか、八溝金山という鉱山会社をでっち上げ、株式取引所に上場させたうえで大芝居を打ちます。さらには株式取引所の筋向いに証券交換所を出現させ挙句の果てには高値で株式取引所に買い取らせる放れ業でアッといわせます。

リスクのそばに利益がある。安全地帯には儲けはないとみた明治の後半の勝負師たち。日本の近代化が進んで株式取引所も品ぞろえが進んできます。それまでのコメ、生糸、為替から株が投機対象の代表にのし上がってきます。兜町や北浜、伊勢町が投機の中心地帯となってきました。日清、日露の両戦役で相場が大きくうねったことも追い風となって奇利を博す勝負師たちは一夜大尽一夜乞食の饗宴に明け暮れます。

この時期を代表するのは「鈴久」**鈴木久五郎**でしょう。弱冠27歳で兜町の話題を独り占めにする荒稼ぎ。「成金」という言葉は鈴久のために作り出された。東鉄、東株、日糖、鐘紡など当時の人気株を次々に買収、モノいう大株主として企業改革を推し進めた。最盛期の資産は1、000万円、今日の価値に直せば500億円を誇りますが、師匠格の大隈重信の忠告に従わず、突っ走ったため日露戦勝バブル景気の崩壊とともに成金がもとの歩に逆戻りしたと揶揄されます。

没落した時桂太郎が銀行に手を回してくれましたが、鈴久は銀行に支援を求めようとはしませんでした。鈴久はまた中国革命の父、孫文を支援しました。日中交流史に鈴久の名は不滅です。鈴久は自ら広言するように「単なる相場師ではない」巨人でした。その相場戦術にも注目したい。

「入丸将軍」**村上太三郎**は女婿の望月軍四郎と呼吸を合わせ日糖株の売り崩しで名を上げますが、その余勢をかって時代の寵児鈴久を相手に突貫売りに出て巨利を占めます。東株理事長を長く務めた郷誠之助が村上のことを「同時代の株式仲買人の中で村上はすこぶる上品で金銭に執着するところが少なく正々堂々、線の太い人だった」と評しています。幼い時人相を見る僧侶から「お前さんは投機の世界に向かったら成功する」といわれて相場界に身を投じ将軍の名を頂戴するわけですが、仲買人に対する政府の〝迫害〟に抗議する形で兜町を去ります。「おれたちは虚業家ではない」と仲買業に高いプライドを持っていました。

大正時代は投機街が一番燃え盛った市場経済の黄金期と言えます。この時代は評論家の小汀利得に言わすと「日本経済界のデタラメ時代」で欧州大戦景気下、派手な立ち回りが演じられました。岩本栄之助が150円ヤリと叫べば、高倉藤平が250円カイとやり返す場面に象徴されますが、この時代を代表する勝負師は「梟雄」**島徳蔵**でしょう。

北浜（大阪株式取引所）の理事長として開所来の隆昌を演出する一方、久原株で奇利を占める。その一方で中国人の投機好きを当て込んで大陸に次々と取引所を創設、プレミアムを稼ぐ錬金術師でもありました。塀の中も一度ならず経験しますが、阪神電鉄社長時代の大胆な改革と腹心の裏切りによる失脚、高野山入山の件には一抹の悲哀が漂います。「悪名でもいい、無名よりましだ」と広言する生涯でした。「毀誉褒貶を超越して果断決行の勇気は経済界広しといえども、他に例を見ざるところ」と「大阪財界人物史」は評しています。

島徳と同じ時代に北浜を舞台に生きた**岩本栄之助**。「北浜の聖人」と称された父栄蔵の血を受け継いで清廉潔白、義侠心一筋に生きた。「駆け引き万能の相場の世界には不適格な人物」とも評されるが、３００万円の資産の中から１００万円を中之島公会堂建設資金に寄付。地場の仲買人たちが相場に曲がって岐路に立つたびに大株の大株主たる岩本にＳＯＳを発信する。地場の連中の救済機関のような岩本ですが、欧州大戦景気の大相場に売り向かって憤死する。公会堂建築の槌音が高まる中、ピストル自殺、大新聞は義人の死に号外を発行するほどでした。「その秋を待たで散り行く紅葉哉」の一句を残した。岩本歿して１００年、中之島公会堂とともに21世紀に生き続けています。勝負師は儲けた金を社会の発展のために散ずべしとの信念のもとに実践した人物です。

昭和を代表する相場師は多士済々、雲霞の如しですが、ここからは「山昭」こと**霜村昭平**の登場です。「相場の神様」山崎種二、越後正一、「桐生筋」川村佐助、株の是川銀蔵、近藤信男、「静岡筋」栗田嘉記、「桑名筋」板崎喜内人……数えられないくらいの勝負師の中から知名度の低い山昭を選ぶのは、先に述べた糸平ではなく雨敬を選んだのと同じ理由からです。12歳から新聞の相場欄を読み始め相場の申し子といわれる山昭はほとんど負けたことがない。『不敗のショッペイ』と呼ばれるゆえんです。後継者に人を得なかった山昭は自ら創業した山梨商事を同業者に30数億円で売却、その直後、商品先物市場は崩壊に向かい「さすが山昭」と同業者をうならせたものです。勝ち逃げを嫌う山昭は先物業界の悲境に殉じるかのように生前葬を済ませ、世間との交遊を絶ってしまい今では消息はつかめません。

ここに登場する7人は皆相場師であって、相場師にとどまらない巨材たちばかりです。相場師といえば日本の近代化の過程で咲いたあだ花のように見られることもありますが、事実はそうではない。近代化のリーダーとしてリスクを恐れず突っ走った猛者たちです。一筋縄ではいかない癖者ぞろいですが、人間的魅力を兼ね備えていたからこそ市場史にその名を刻むことになるのでしょう。

参考にさせていただいた諸文献はそのつど引用箇所に記載するように努めました。本書の校閲は畏友小野寺幹夫氏を煩わし、編集、装幀は㈱ＣＤアートスタジオの吉澤美加子さんにお世話になりました。また出版に際してはパンローリング社の大蔵貴雄氏にご面倒をおかけしました。改めて御礼申し上げます。

平成29年6月

鍋島　高明

鍋島 高明 *Nabeshima Takaharu*

昭和11年高知県生まれ。34年早大一政・経済卒、日本経済新聞社入社。47年商品部次長、58年同編集委員、夕刊コラム「十字路」「鐘」、朝刊「中外時評」執筆。日経産業消費研究所、日経総合販売を経て、現在は市場経済研究所会長。

著 書

「蛎殻町一隅の記」(米穀新聞社)、「大番頭　金子直吉」(高知新聞社、第58回高知県出版文化賞受賞)、「相場の世界 昔と今と」(米穀新聞社)、「中島及著作集　一字一涙」(高知新聞社)、「介良のえらいて」(五台山書房)、「高知経済人列伝」(高知新聞社)、「人はみな相場師—勝つための法則」(河出書房新社)、「細金鉚生、かく闘えり」(市場経済研究所)、「岩崎弥太郎—海坊主と恐れられた男」(同)、「語り継がれる名相場師たち」(日経ビジネス人文庫)、「マムシの本忠—吉原軍団が行く」(パンローリング)、「一攫千金物語」(河出書房新社)、「日本相場師列伝」(日経ビジネス人文庫)、「日本相場師列伝II」(同)、「反骨のジャーナリスト中島及と幸徳秋水」(高知新聞社)、「幸徳秋水と小泉三申—叛骨の友情譜」(同、第52回高知県出版文化賞受賞)、「相場師と土佐」(米穀新聞社)、「相場師秘聞」(河出書房新社)、「賭けた 儲けた 生きた」(同)、「相場ヒーロー伝説」(同)、「相場師奇聞」(同)、「相場師異聞」(同)、「今昔 お金恋しぐれ」(同)、「鎧橋のほとりで」(米穀新聞社)、「市場雑観」(五台山書房)ほか。
日経新聞・電子版で「相場師列伝」(週1回)、モーニングスター「株式新聞」で「アマチュア相場師列伝」(月1回)を連載中。

実録　7人の勝負師

2017年8月1日　　初版第1刷発行
著　者　鍋島 高明
発行者　後藤 康徳
発行所　パンローリング株式会社
〒160-0023　東京都新宿区西新宿7-9-18-6F
TEL03-5386-7391　FAX03-5386-7393
http://www.panrolling.com/
E-mail　info@panrolling.com
装幀・編集　株式会社CDアートスタジオ
印刷・製本　シナノ印刷株式会社

ISBN978-4-7759-9151-0
落丁・乱丁本はお取り替えします。